노인 보건·복지

Health and Welfare of the Elderly

조 현 · 고준기 공저

계축문화사

머리말

사람이 건강하게 사는 것은 사람으로서 삶의 유지를 위한 기본적 조건이다. 사람은 고령화되면 육체적 · 정신적으로 매우 허약해지고 상병구조도 비감염성 만성질환으로 변화하게 된다. 만성질환은 완치가 불가능하고 질병관리 비용부담이 높고 장애를 수반하는 경우가 많아 삶의 질을 저하시키게 된다.

고령화 사회로 진전되면서 사람들이 가장 무서워하는 정신장애 중의 하나가 치매이다. 치매 유병률은 매년 크게 증가하여 환자의 치료 및 관리 비용 증가로 인해 국가의료재정에 큰 부담으로 작용하고 있다. 치매 관리대책의 일환으로 노인장기요양법, 치매관리법 등 관련법이 존재하고 있지만 아직은 초보적인 수준에 머물고 있다.

가족은 노인 돌봄의 일차적 책임을 갖는 집단이다. 그러나 노부모 부양에 대한 가치관과 가족 기능의 변화 및 가족내 여성의 역할 변화로 인하여 사적 부양체계에서의 노인돌봄 기능이 약화되고 있다. 이를 위해 정부에서는 2008년부터 가족의 노인장기요양 부담을 완화하고 노인의 삶과 질을 향상시키려는 목적으로 노인장기요양보험제도를 시행하고 있다. 이 제도의 도입으로 치매 등 노인성 질환으로 인하여 거동이 불편한 노인들에게 간호 등 요양서비스가 제공됨에 따라 자식들의 정신적 · 육체적 부담이 감소하고 노인들의 복지수준과 삶의 질이 크게 향상되고 있다.

또한 최근 정부에서는 치매 질환을 국가가 책임지고 관리하여 치매 환자와 가족이 지는 경제적 · 정서적 부담을 국가와 사회가 나눠지겠다는 '치매국가책임제'를 추진하고 있다.

본서에서는 고령화 · 노화에 따른 각종 질환, 노인보건의료의 현황과 제도, 치매노인과 장기요양보험제도의 현황 및 치매노인 요양을 둘러싼 실무현장에서 나타나고 있는 문제점 등을 다루고 있으며 관련분야 전공자나 실무자들에게 도움이 되도록 노력하였다.

끝으로 본서가 출판되기까지 수고해주신 계축문화사 주영일 사장님을 비롯한 편집부 직원 여러분들의 노고에 감사드린다.

2021년 2월

저 자 드림

차례

제4장 치매노인의 장기요양보호를 둘러싼 현장의 사례 145

제5장 장기요양보험제도와 치매노인요양을 둘러싼 실무현장에서 나타나는 문제점 159

제6장 일본의 개호보험제도와 치매노인개호 183

제7장 노화와 질환 205

1

노인보건의료의 현황과 법 제도

제1장

노인보건의료의 현황과 법 제도

I. 서 론

사람은 태어나고 세월이 흐르면 언젠가는 죽게 된다. 하지만 사람은 세월이 흘러 점점 늙어 가면서 젊어지려고 노력을 한다. 아무도 늙고 싶지 않지만 노화가 발생한다.

우리가 흔히 '콜라겐, 엘라스틴' 등의 탄력 섬유소들이 손실되면서 피부는 탄력을 잃어가고 모발은 하얗게 변하며 골다공증 등이 발생하고 성(性)기능이 감퇴될 때 늙어 간다고 말한다. 하지만 이러한 현상은 표면적인 현상이고, 신체 내부로 들어가게 되면 이러한 현상이 오기 오래 전부터 우리 몸은 노화 현상이 진행되고 있다는 사실을 알 수 있다. 일반적으로 40세 이후부터 우리의 신체는 쇠퇴의 길로 들어서기 시작한다. 다만 그 정도는 개인이나 장기에 따라 다양하게 나타난다. 나이가 들어감에 따라 체내 수분량이 감소하거나 체지방이 증가하고 동맥과 폐 탄성도가 감소하며 내분비 및 위장 기능의 저하 또는 신경계 기능의 저하가 발생하는 등 이러한 변화에 의해 본의 아니게 질병의 상태가 될 수 있다. 최근 서구화된 식습관 및 체질 변화로 인해 이러한 노화는 좀 더 앞당겨졌으며 결과적으로 많은 사람들이 신체적으로는 65세보다 더 일찍 노인이 될 수도 있다. 다만 양호한 영양상태를 유지하고 운동과 사회활동을 계속하면 노인들도 보다 나은 건강상태를 유지할 수 있다는 연구결과와 같이 우리의 건강은 단지 나이에 의해 결정되는 것은 아니다.

사람이 건강하게 산다는 것은 사람으로서 삶의 유지를 위한 기본적 조건이다. 질병에 걸렸을 때 건강회복 수단으로서의 의료 및 이에 관한 의료보장관련법은 사회보장의 중요한 영역이다[1]. 인구가 고령화되면 전체 인구의료비 가운데 고령인구에 지출되는 의료비의 비중은 증가하게 된다[2]. 관련통계에 따르면 노인인구 비율도 늘었지만 노인 진료비 비율은 더욱 상승했다. 전체 인구의 14.5%를 차지하는 노인이 고령화 영향으로 65세 이상 노인에

1 荒木誠之, 社會保障法讀本,新版補訂, 東京: 有斐閣, 2000, p.25.

2 Pieters, Danny, Changing work patterns and social security, London:Boston:Kluwer Law International, 2000, p.71.

대한 진료비 비중은 41.4%로 폭증하였고 주요 5대 상급종합병원 쏠림 현상도 심화되었다. [표 1-1]을 보면 2030년에 노인인구 23.1%로 초고령사회로 넘어서면 노인의료비 비중이 47.9%로 거의 1/2에 가까운 수치를 나타내고 있다. 이는 노인인구가 증가한 데에 따른 것이지만 노인들의 의료서비스 이용량이 꾸준히 늘어난 결과로 보인다. 건강보험 · 의료급여 등의 재정을 압박하는 경향은 갈수록 심화될 전망이다. 국민건강보험법상의 치료비의 일부 부담률은 연령에 따른 제한이 없기 때문에 상대적으로 질병의 발병률이 높고 장기간의 요양을 해야 하는 특징을 갖는 노인을 부양하는 부양자가 있을 경우는 부양자의 부담이 늘면서 세대 간의 갈등을 초래할 수 있다.

[표 1-1] 고령화와 노인의료비의 전망: 2000~2030

구분	2000	2001	2010	2030
over 65 years old ratio(%)	7.2	7.6	10.7	23.1
medical expenses ratio(%)	20.3	22.2	30.1	47.9

자료 : Health insurance policy research institute (2012.7.2)
주 1) 노인의료비는 전체 국민의료비를 추계하고 그 중 노인의료비 비중을 추정하여 계산(*노인의료비 비중은 선진 6개국의 노인의 인구비중과 의료비 비중을 참조하여 추정) 단, 2000~2001년은 당시 추세치를 이용
2) 국민의료비는 의료비의 소득탄력성 1.119를 이용하여 추정. 다만 2000~2001년은 당시 추세치를 이용

이 논문에서는 노인질환으로 인해 의료비용 부담이 증가함으로써 사회적 문제로 발전됨에 따라 노인보건의료의 현황을 토대로 노인보건의료의 법적 대응 실태를 파악한다. 현행 노인보건의료보장 관련법상의 문제점을 도출하여 외국의 법적 대응을 통하여 관련법의 개선방안을 제시하고자 한다.

Ⅱ. 고령사회와 노인보건의료의 실태와 특징

1. 보건의료서비스의 현황

1) 일반 현황

건강보험정책연구원 발표 자료를 살펴보면 국민의 병원 문턱은 낮아지고 의료기관 방문일수는 증가하였고 요양기관수도 증가하였다. 영아 사망률도 감소하여 OECD 국가들 가

운데 가장 낮은 수준이고 암 5년 생존율도 증가하였다. 건강보험 적용인구가 확대되어 2018년 말 5,255만명(건강보험 적용인구 5,107만명, 의료급여 적용인구 148만명)이 건강보험 적용을 받고 있다. 의료비에 대한 가계부담(전체 국민의료비 지출 중 본인부담금의 비중)이 지난 30년간 지속적으로 경감해왔다. 다만 OECD 주요국의 가계부담비율 평균은 20.3%(2016년)인데 한국은 33.3%로 높아 우리나라 국민 1가구당 의료비 부담 비중이 경제협력개발기구(OECD) 회원국 평균보다는 여전히 높다. 적용인구 1인당 연간보험료 및 연간급여비가 증가하였으며 건강검진 수검률도 증가하였으며 GDP 대비 건강보험 진료비 비중은 지속적으로 증가하고 있다. 진료형태별 진료비 현황을 보면 입원진료비 점유율이 증가추세로 나타나고 있고 진료비 대비 약제비 비중이 증가하고 있다. 건강보험 총 진료비도 크게 증가하였고 주요 종합병원의 진료비 점유율도 증가추세를 보이고 있다.

2) 노인보건의료

한 나라의 평균수명은 1인당 국민소득과 상당한 관계가 있다. 이와 같은 사실은 [그림 1-1]에서 보는 바처럼 소득인 높은 편인 마카오, 싱가포르, 홍콩, 호주, 일본, 한국, 뉴질랜드 등의 국가는 소득이 높은 반면 평균수명도 높다는 것을 보여준다. 소득이 높을수록 좋은 물을 마시고 의료기술의 발전, 균형잡힌 식사가 가능한 생활이 이루어지기 때문이다.

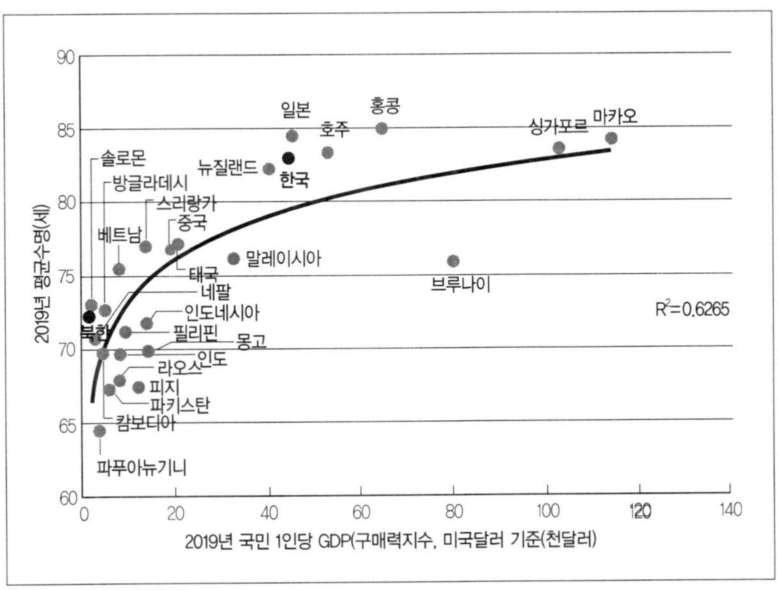

[그림 1-1] 아시아 태평양지역 국가의 평균수명과 1인당 국민소득

2020년 한국인의 평균수명은 83.5세(남자 80.5세, 여자 86.4세)로서 OECD국가의 평균 수준을 넘어서고 있다. 우리나라는 1955년이 되어서야 여자 평균수명은 50세를 넘겼고 남자 평균수명은 1960년이 되어서야 50세를 넘겼다. 1980년 65.9세에서 2010년 80.7세로 30년간 14.8세가 증가하였다. 2016년 현재 우리 국민 기대수명은 82.4세로 1970년(62.3세)에 비해 20년 이상 늘어났다. 반면 건강수명은 73세로 '건강하지 않은 노후' 기간이 약 10년이다. 이 시기 노인들은 경제활동을 중단해 의료비 부담 능력이 약해진 상태에서 많은 의료 처치를 받는다.

[표 1-2] 우리나라의 평균수명 변화

	1980	1987	1989	1990	1995	2000	2010	2020
average	65.9세	69.9세	71.0세	71.4세	73.5세	76.0세	80.7세	83.5세
male	61.8세	65.8세	66.8세	67.3세	69.6세	72.3세	77.2세	80.5세
female	70.0세	74.0세	75.0세	75.5세	77.4세	79.6세	84.1세	86.4세

자료 : OECD Health Data 2020

노인인구증가율에 비하여 전체 진료비 중 노인진료비율이 급증하였다. 65세 이상 노인의 진료비는 35조8,247억원으로 전년보다 13.2% 늘어 전체 상승률을 훨씬 웃돌았다. 전체 진료비에서 노인진료비가 차지하는 비중도 41.4%이다. 2019년 노인 인구는 전년보다 37만 1,000명 늘어난 746만 3,000명으로 전체 인구의 14.5%를 차지했는데 저출산고령화로 노인 비중은 날로 늘고 있다. 노인 인구 만큼이나 진료비도 증가하고 있다. 노인 1인당 월평균 진료비는 40만 9,536원이다.

[표 1-3] 연도별 65세 이상 노인진료비 현황 (단위 : 억원, %)

구 분	2001년	2005년	2008년	2009년	2010년	2011년	2019년
medical expenses of the Aged	31,627	60,731	107,371	124,236	141,350	153,768	358,247
over 65 years old ratio(%)	6.9	8.3	9.6	9.9	10.2	10.5	14.5
medical expenses ratio of the Aged	17.7	24.4	30.8	31.6	32.4	33.3	41.4

자료 : Health insurance policy research institute(2020)

9세 이하는 진료비 점유율이 감소하고 50대 이후는 증가를 보이고 있는데 특히 70세이상은 큰 폭의 증가추세를 보일 정도로 연령증가에 따라 진료비 지출이 많다.

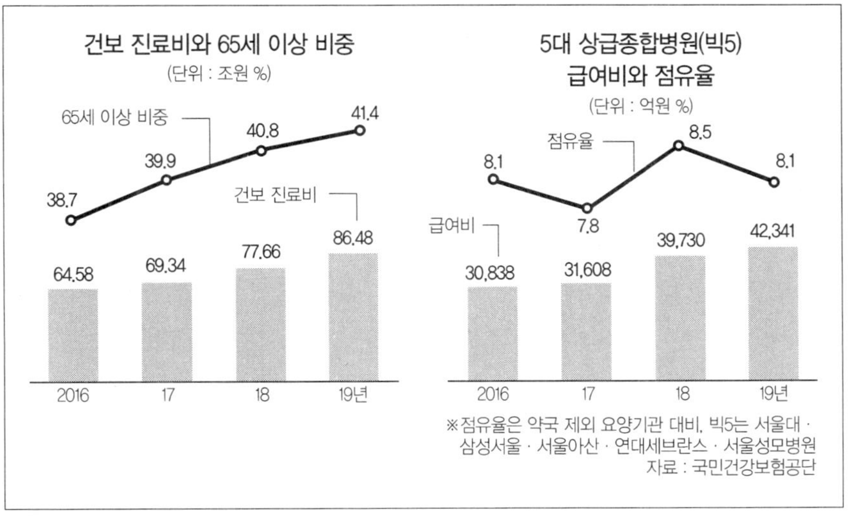

[그림 1-2] 전체진료비 중 노인진료비율

우리나라 만성질환자 중에서는 고혈압 환자수가 가장 많고 다음으로 관절병증, 고지혈증, 당뇨병 순이다. 또 만성질환에 따른 연간 본인부담의료비는 증가 추세인 반면 심장 · 뇌질환과 악성신생물 환자의 외래 연간 본인부담의료비는 줄어드는 추세이다. 만성질환 중에서는 당뇨병의 연평균 본인부담의료비가 가장 높다.[3]

다빈도 질환은 근육골격계통 질환, 순환기계통 질환, 내분비 · 영양 및 대사질환, 소화기계통 질환, 호흡기계통 질환 순이다. 이 가운데 건수가 1%를 초과한 질환은 총 20개며 고혈압이 전체 질환 건수의 12.3%로 최다빈도 질환이다. 주요 만성질환 가운데 가장 많이 앓고 있는 질환은 고혈압으로 질환자 수가 전체 가구원 수의 24.7%를 차지한다. 이어 관절병증(21.4%), 고지혈증(13.9%), 당뇨병(10.0%) 순으로 빈도가 높다.

주요 만성질환 유병률을 성별로 보면 남자 28.9%, 여자 34.6%로 여자의 비율이 더 높으며 연령별로는 65세 이상 연령대에서 3개 이상의 질환을 앓고 있는 가구원의 비중은 70.3%이다.

---

3 한국보건사회연구원 김남순 선임연구위원팀 '2016년 한국의료패널 기초분석보고서(II) – 질병 이환, 만성질환, 건강 행태와 건강수준' 연구보고서 참조

2. 노인의 건강 및 보건의료 실태

1) 심리적 특성

인간은 누구나 늙기 마련이다. 나이가 듦에 따라 신체의 각 부분도 노쇠 현상을 일으켜 자신의 의지와는 다르게 점차적으로 몸의 각 기능이 퇴화되고 성격도 변화되어 간다. 같은 말과 같은 상황 아래에서도 젊은이들에 비하여 노인들은 더 노여워하고 서러워 할 수 있다.

노년기의 심리적 특성의 변화를 보면

첫째, 우울증 경향이 증가한다.

우울증적 경향은 노년기 전반에 걸쳐 증가하게 된다. 신체적 질병, 배우자의 죽음, 경제능력의 약화, 사회와 가족으로부터의 소외 및 고립, 일상생활에 대한 자기통제의 불가능, 지나온 세월에 대한 회한 등이 많은 원인이 되어 우울증이 증가하게 된다.

둘째, 내향성 및 수동성의 증가이다.

노년기에는 자기 자신의 사고(思考)나 감정에 의해서 사물을 판단하게 되는 경향이 많아지고 누군가의 도움을 받아 문제를 해결하려고 하는 수동적 경향이 증가하게 된다.

셋째, 경직성의 증가이다.

노년기에는 경직성이 증가되어 새로운 환경에 적응하기가 어렵고 이로 인하여 노인의 학습능력과 문제해결 능력이 저하된다.

넷째, 조심성의 증가이다.

일반적으로 노년기에는 조심성이 증가한다. 노년기에는 노인 스스로의 의지로서 정확성을 중요시하기 때문에 조심성이 증가하게 되며 시각, 청각 등의 감각능력 쇠퇴를 비롯한 신체적, 심리적 기능이 쇠퇴하여 부득이 조심스럽게 되기도 한다. 또한 노인의 경우 결정에 대한 자신감이 쇠퇴하기 때문에 확실성이 확인될 경우에만 결정이 용이하게 되기도 한다.

다섯째, 의존성의 증가이다.

노인은 신체적, 경제적 능력의 쇠퇴로 인하여 의존성이 증가하는 경향이 있으며 의존성의 유형은 네가지로 들 수 있다.

① 경제능력 약화에 따른 경제적 의존성, ② 신체적 기능의 약화로 인한 신체적 의존성, ③ 중추신경 조직의 퇴화로 인한 정신적 의존성, ④ 생활에서 의미있는 중요한 사람을 잃으므로서 생기는 사회적 의존성과 심리 정서적인 의존성 등을 들 수 있다.

여섯째, 친근한 사물에 대한 애착심의 증가이다.

노인이 될수록 오래 사용해 온 물건에 대한 애착심이 증가한다. 집, 가재도구, 사진, 골동품, 일용품 등 여러 가지 친숙한 물건들은 노인들로 하여금 지나온 과거를 회상하고 마음의 안락과 만족을 느끼게 하며 비록 자신의 주변 세상과 세월은 많이 변하였지만 자신과 자신의 주변은 변하지 않고 일정한 방향으로 유지되고 있다는 느낌을 갖게 되어 노인에게는 마음의 안정을 갖게 하는 좋은 역할을 한다.

노년기의 본능적 욕구로서 노인은 젊은이보다 배고픔을 오래 참고 식욕이 약한 편이므로 조금씩 자주 식사를 하도록 유도하고 소화가 잘 되는 음식이 좋다. 성욕 자체는 남녀불문하고 연령의 증가에 따라 약화되는 것이 사실이지만 없어지는 것은 아니다. 그러므로 나이가 들어서도 이성 노인과 어울리기를 좋아한다. 활동을 하고 싶은 욕구는 연령의 증가에 따라 다소 줄어드는 경향이 있으나 연령증가의 요인보다 신체의 에너지가 저하되므로 어떤 활동을 즉각적으로 하지 못하고 많이 망설이게 되나 한두 번 경험 후에는 활동하고 싶은 욕구를 느끼게 되어 자발적으로 참여하게 된다.

노년기의 감각 기능면에서 시각은 연령의 증가에 따라 수정체의 조절능력이 약해져서 근거리의 물체를 잘 구별하지 못하며 백내장이 생기는 경우가 많다. 또한 시신경의 기능이 부분적으로 저하되어 실명에 이르는 녹내장 질환도 많이 나타나고 수정체의 색체가 노란색으로 변하는 황화현상으로 노랑, 주황, 빨강색 계통은 잘 구분하지만 보라, 남색, 파랑색은 구분은 어려움을 느끼게 되며 동공의 지름이 줄어들게 되어 60세 노인은 20대 보다 1/3정도 밖에 빛을 받아들이지 못하여 아주 밝은 것을 좋아한다.

청각은 나이가 많아짐에 따라 소리의 고저(시끄러움의 정도), 강도에 대한 감지능력은 큰 변화가 없다고 한다. 노화로 인한 노인성 난청은 50세 이후에 두드러지며 여성 보다는 남성이 더 많이 나타난다고 한다.

미각은 맛에 대한 감지능력은 약화되지만 70세 이전까지는 큰 변화가 없다고 하며 노인이 일반적으로 맛에 대한 감지능력이 약하므로 조미료를 더 많이 넣은 음식을 좋아하고 단맛 보다는 시큼한 음식을 더 좋아한다고 한다.

후각은 연령증가에 따른 변화가 거의 없다고 한다. 촉각은 신체 부위에 대한 접촉의 민감성은 대체로 45세경 까지는 증가하다가 그 이후는 현저히 감퇴되는 경향이 있다. 그러므로 노인들은 접촉의 강도가 높아야 쉽게 접촉감을 느낄 수 있다.

노인들은 자신의 노화를 긍정적으로 받아들이고 노년기의 변화에 성공적으로 적응해 나가도록 하기 위해서는 노인 자신 뿐만아니라 사회와 국가 모두가 노인에 대한 배려가 필요하다. 노인을 더 이상 무능한 사람으로 보지말고 인생의 마지막 발달 단계에서 성숙한 일생을 정리하는 유용한 존재로 보고 노인도 자신에게 주어진 인생의 단계에서 가정과 사회에서의 적절한 역할수행을 함으로써 당당하고 떳떳한 여생을 마칠 수 있도록 해야 한다. 노인 개개인의 특성을 살려 시간을 소일하고 건강유지에도 도움이 되는 건전한 놀이나 노인에게 맞는 체육활동을 하는 것도 좋으며 변화하는 갖가지 새로운 지식들이나 관심분야에 대한 지식을 얻을 수 있는 종교 활동에의 참여, 자연보호, 청소년 지도, 기술전수 등의 자원봉사 활동을 통해 사회에도 이바지하며 보람도 찾을 수 있도록 하는 것도 바람직하다.

2) 건강상태 및 의료서비스 이용

보건복지부 자료(2018년)에 따르면 65세 이상 노인의 절반 이상이 만성질환을 3개 이상 보유하고 있다. 만성질환이란 오랫동안 지속하며 계속해서 재발하는 질환을 말한다. 고혈압, 관절염, 당뇨병 등이 대표적이다. 노인이 3개월 이상 앓고 있다고 보고한 만성질환 중 고혈압이 가장 높은 유병률을 보이고 관절염 및 류머티즘 관절염, 당뇨병, 요통 및 좌골신경통, 골다공증, 고지혈증 등의 순으로 나타났다. 3개 이상의 만성질환을 앓고 있다면 대사증후군을 앓고 있을 확률이 높다.[4] 대사증후군은 혈당을 조절하는 호르몬인 인슐린이 제대로 기능하지 못해 복합적인 병증이 나타나는 질환이다. 운동부족과 과음, 과식, 스트레스, 유전 등이 영향을 미친다고 알려져 있다. 전반적인 신체 대사능력이 떨어지는 노인의 경우는 대사증후군을 겪고 있을 위험이 더 크다. 대사증후군이 있으면 우울증 발생 위험도 커진다. 고혈압, 당뇨병, 심장질환, 동맥경화 등 혈관성 질환이 뇌혈관 질환을 일으키고 신경생물학적 기능에 장애를 일으켜 우울증을 유발할 수 있기 때문이다.

노인의 21.0%가 지난 1년간 낙상을 경험하고 이 중 72.4%가 병원치료를 받았으며, 낙상 경험 장소는 실외(도로, 공원 등)가 56.0%로 가장 많다. 현재 노인의 47.4%는 낙상으로 인한 후유증을 경험하고 있고 노인의 75.7%가 평소 낙상에 대한 두려움을 갖고 있다.

---

4 대사증후군은 주어진 5가지의 기준 중 3개 이상을 충족시킬 때 진단한다. 5가지의 기준은 허리둘레 남자 90cm, 여자 80cm 이상, 중성지방 150mg/dL 이상, HDL 콜레스테롤 수치 남자 40mg/dL, 여자 50mg/dL 미만, 공복혈당 100mg/dL 이상 또는 당뇨약 복용 중 혈압 130mmHg/85mmHg 이상이거나 혈압약을 복용 중일 때이다. 즉, 비만, 이상지질혈증, 심혈관질환, 당뇨병, 고혈압 등으로 직접 이어질 수 있어 주의해야 한다. 대사증후군은 다양한 원인으로 발생하는 만큼 복합적인 치료가 필요하고, 복잡하고 장기적인 계획 하에 치료해야 한다. 따라서 미리 예방하는 것이 최선이다.

3) 건강행태

노인의 건강행태를 보면 흡연율은 12.6%, 연간음주율은 33.8%, 운동실천율은 50.3%이며 노인의 하루 평균 수면시간은 6.7시간으로 적정수면시간인 6~8시간의 수면을 취하는 경우는 45.2%이다. 지난 2년간 건강검진을 받은 노인은 81.6%이다. 과거보다 흡연율(17.6%)은 감소하였으나 음주율은 큰 변화가 없고 운동실천율과 건강검진율은 월등히 증가하고 있어 건강에 대한 관심이 높아졌다. 노인의 29.2%가 우울증상(우울증 척도에서 0~15점 중 8점에서 15점에 해당하는 경우)을 보이며 여성, 고연령, 저소득일수록 우울증상률이 높게 나타났다.

노인의 29.4%가 시력이 나쁘며 20.5%가 청력이 나쁜데 비해 씹기 상태가 좋지 않은 노인이 많아서 54.1%에 달하고 있다. 씹기의 경우 특히 보조기를 사용하는 비율이 52.9%임에도 불구하고 기능상태가 불편한 노인의 비율은 높은 것으로 나타났다. BMI지수를 통해 비만도를 살펴보면 노인의 5.5%는 저체중, 41.4%는 정상, 25.1%는 과체중, 25.5%가 경도비만, 2.5%가 중증도 비만이다.

4) 기능상태 및 수발실태

노인의 14.9%는 기능상의 제한(기본적인 일상생활수행능력 7개, 수단적 일상생활수행능력 10개 항목 중 1개 이상 제한)을 경험하고 있고 MMSE-KC(한국형 치매 자가진단테스트)를 활용한 인지기능 저하자를 산출한 결과 응답자의 28.5%가 인지기능 저하자로 나타났고 고연령, 무배우자, 읍면지역에서 인지기능 저하자의 비율이 높게 나타났다.

보건복지가족부가 「노인복지법」에 근거하여 실시한 노인실태조사 결과에 따르면 기능상태의 제한을 경험하고 있는 노인 중 76.3%가 수발을 받고 있다. 수발자로는 가족원이 72.1%로 가장 높으며 외부서비스 이용이 11.4%, 가족과 외부서비스를 함께 이용하는 경우가 13.1%이다. 수발을 받는 노인 중 외부서비스를 받는 비율이 24.5%로 노인장기요양보험제도가 도입된 이후 상당부분 증가하였다. 노인(65세 이상)의 노인의료복지정책에 대한 인식과 욕구를 보면 노인의 62.8%가 노인장기요양보험제도에 대하여 인지하고 있고 4.2%가 등급을 신청한 경험이 있고 83.1%는 실제 등급내로 판정을 받았다. 노인돌봄종합서비스와 치매조기검진서비스의 인지도가 높아 각각 41.8%와 41.3%이고 노인보호전문기관과 치매예방프로그램의 인지도는 22.7%와 22.3%, 치매치료관리비 지원사업의 경우 13.1%의 인지도를 보이고 있다.

노인이 현재 걱정하거나 고민하는 상황을 살펴보면 자신의 건강 및 기능악화라는 응답이 가장 많아 51.3%이며 경제적 어려움으로 18.0%, 별다른 걱정이나 고민거리가 없다는 응답은 11.9%이다. 노인이 중요하게 생각하는 노인복지서비스로는 가장 높은 응답률을 보인 것이 소득보장으로 31.8%이며 의료서비스 26.1%, 수발서비스 18.7%, 경제활동지원 9.4%, 여가생활지원서비스 9.0%, 노후주거지원 3.9% 기타 1.1%의 분포를 나타내고 있다.

5) 노인의 보건의료실태와 욕구에 대한 정부의 대응

노인의 보건의료실태와 욕구에 대응하기 위하여 정부정책을 요약하면 ① 건강위험군에 대한 방문건강관리서비스제공, ② 만성질환 예방 · 조절을 위한 건강생활실천 캠페인 전개, ③ 경로당, 공원, 학교운동장 등 접근성이 높은 공간에서 '건강 100세 운동교실' 운영 및 노인운동 바우처사업, ④ 치매 조기검진 및 치료관리지원 등 '노인보건복지종합계획'을 수립하여 추진 등이다. 노인들이 건강에 대해 중요하게 생각하고 관심이 큰 만큼 무엇보다 예방적 차원의 건강관리 서비스를 강화하는 것은 바람직하다고 평가된다. 아울러 ① 운동, 영양, 여가 등 맞춤형 건강관리 지원을 위한 지역사회 건강관리체계 구축 · 강화, ② 인지기능 저하자에 대한 치매 조기검진 활성화를 위해 국가건강검진체계를 개편하고, 치매고위험군에 대한 보건소의 사후관리 강화, 특히 '치매'에 대해서는 조기검진과 치료비 및 케어서비스 지원 등 집중적인 예방 및 치료관리 정책을 추진하여야 한다. 그리고 '요양시설 및 보호서비스'에 대한 노인들의 향후 이용욕구가 높은 점을 감안하여 노인장기요양보험 등급인정자를 확대하고 재가서비스 지원을 강화할 필요가 있다.

3. 노인성 질환

노인성 질환의 치료나 유지, 관리에 대한 의학적인 연구 노력은 전 세계적으로 고령화 사회를 앞두고 더욱더 박차를 가하고 있다. 이러한 노력은 노인들이 건강하게 장수하기 위해 반드시 필요한 일이다. 노인성 질환은 대부분 만성질환이며 젊은 나이에 병에 이환된 경우 평생을 치료받아야 하고 또한 건강한 노후를 보장할 수 없기 때문이다.

2020년 9월 통계청이 발표한 '2019년 사망원인통계'를 보면 암 · 심장질환 · 폐렴 등 순서로 많은 것으로 나타났다.

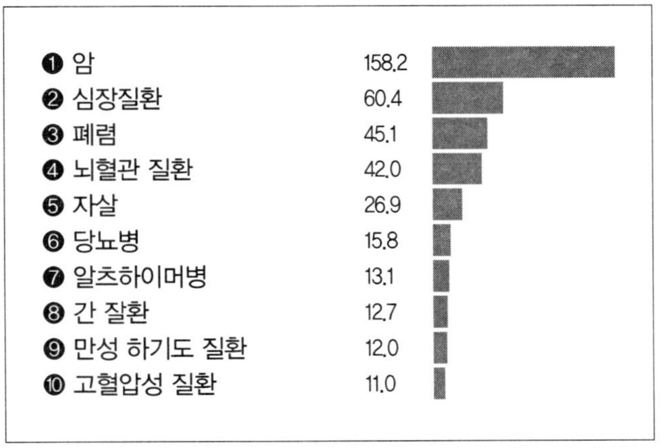

[그림 1-3] 사망률 순위(단위: 명(인구 10만명당))

자료 : 통계청

인구 고령화가 빠른 속도로 진행되면서 알츠하이머와 폐렴 등 노인성 질병 사망률이 급증한 것으로 나타났다. 자살에 따른 사망률도 2년 연속 상승하고 있다. 치매의 일종인 알츠하이머병 사망률(인구 10만명당 사망자 수)은 13.1명으로 전년(12.0명) 대비 9.5% 증가했다. 2009년 사망 원인 가운데 13위였던 알츠하이머는 매년 꾸준히 순위가 올라 7위를 기록했다. 알츠하이머를 포함한 치매 사망률은 20.2명으로 전년(19.0명)보다 6.3% 증가했다. 치매 사망률은 여자(28.2명)가 남자(12.2명)보다 2.3배 높았다.

10년 전과 비교해 폐렴 사망률은 254.4%나 증가했다. 이어 알츠하이머병(250.1%), 심장질환(34.4%), 대장암(22.1%) 순으로 사망률이 늘어났다.

사망원인 1위는 암으로 사망률이 158.2명에 달했다. 이어 심장질환(60.4명), 폐렴(45.1명) 순으로 사망률이 높았다. 자살로 사망한 사람은 인구 10만명당 26.9명으로 전년 대비 0.2명 증가했다.

자살률은 20대(9.6%), 10대(2.7%), 60대(2.5%)에서 증가했고 70대(-5.6%), 80세 이상(-3.4%)에서는 감소했다. 자살은 10대부터 30대까지 사망원인 순위 1위이며 40~50대에서는 두 번째로 사망원인 순위가 높았다. 자살률은 남자(38.0명)가 여자(15.8명)보다 2.4배 높다. 연령별로는 20~30대 여성, 월별로는 10~12월이 자살 증가폭이 크다.

고령화 현상이 지속되면 당연히 노인성 질환 환자 비율 또한 늘어나게 된다. 노인성 질환이란 노화에 따른 기능의 저하와 질병이 복합되어 발현되는 것이다. 노인성 질환은 완벽하게 분류되지는 않지만 대부분 노인증후군과 노인에서 흔한 질환으로 구분할 수 있다.

노인증후군은 노인에서만 나타나는 증상들로 치매, 섬망, 요실금, 골다공증 등이 이에 속한다. 반면 노인에서 흔한 질환이란 노인이 되기 전부터 발생하여 나이가 많아짐에 따라 발생률이 증가되는 질환으로 고혈압, 당뇨, 뇌졸중, 파킨슨병 등이 포함된다.

우리나라 65세 이상 노인들에게 많이 발생하는 질병은 무엇인지 자료를 통해 알아볼 수 있다.

[표 1-4] 2016년 기준 65세 이상 노인 다발생 질병 순위 (단위 : 천명, 백만원)

순위	질병명	진료인원	진료비
1	본태성(원발성) 고혈압(I10)	2,528	1,384,995
2	치은염 및 치주질환(K05)	2,228	191,990
3	급성기관지염(J20)	1,933	161,506
4	등통증(M54)	1,473	318,155
5	무릎관절증(M17)	1,434	877,228
6	위염 및 십이지장염(K29)	1,123	108,776
7	2형 당뇨병(E11)	1,042	782,613
8	위-식도역류병(K21)	972	154,307
9	기타 척추병증(M48)	940	448,511
10	치아 및 지지구조의 기타 장애(K08)	887	1,092,926

주) 수진기준, 순위는 진료인원 순
자료 : 건강보험공단, 2016건강보험통계연보, 2017.

2016년 기준으로 65세 이상 노인환자에게서 많이 발생하는 질병의 순위를 보면 1위는 고혈압으로 2,528천명, 2위는 치은염 및 치주질환으로 2,228천명입니다. 3위는 1,933천명의 급성기관지염 순이다.[5]

그 외에도 무릎관절증, 당뇨병 등 노인증후군과 노인에서 흔한 질환들로 구성되어 있고 그 중에서 만성질환이 많은 부분을 차지하고 있는 것을 볼 수 있다.

5 2016 건강보험통계연보, 2016.

[표 1-5] 2016년 65세 이상 노인 입원 다발생 질병 순위 (단위 : 명, 백만원)

순위	질병명	진료인원	진료비
1	노년백내장(H25)	204,671	261,113
2	알츠하이머병에서의 치매(G30. – +) (F00)	94,037	1,197434
3	상세불명병원체의 폐렴(J18)	89,568	309,003
4	뇌경색증(I63)	75,278	728,153
5	무릎관절증(M17)	68,226	455,845
6	기타 척추병증(M48)	59,261	152,091
7	요추 및 골반의 골절(S32)	50,177	126,340
8	협심증(I20)	48,528	194,310
9	감염성 및 상세불명기원의 기타 위장염 및 결장염(A09)	48,433	49,620
10	늑골, 흉골 및 흉추의 골절(S22)	46,262	97,182

주) 수진기준, 순위는 진료인원 순
자료 : 건강보험공단, 2016건강보험통계연보, 2017.

반면 65세 이상 노인의 입원 비율은 노년 백내장이 1위, 알츠하이머병에서의 치매가 2위 이외에 폐렴, 뇌경색증, 무릎관절증 순으로 발생률이 높은 것을 볼 수 있다.[6] 특히, 치매 등 환자의 치료 및 관리비용 증가로 인해 국가의료재정에 큰 부담으로 작용하고 있다. 치매환자 증가로 인해 장기요양 수요 급증 예상 65세 이상 노인의 치매환자 수가 큰 폭으로 증가할 것으로 전망된다.

65세 노인성 질환은 만성질환들로 많이 구성되어 있다. 만성질환은 그 위험도에 대해 인지하고 미리 예방하는 것이 무엇보다 중요하다.

고령화에 따른 뇌혈관성질환, 치매유병률이 급격히 증가함에 따라 국가부담이 증대되고 있다. 노인성 질환 진료비 상위 질환으로는 고혈압, 뇌혈관질환, 골관절염, 당뇨, 치매 순이다.

국민건강보험공단은 건강보험 진료비 지급자료를 분석한 결과 노인성 질환은 더 이상 노인들만의 고통이 아니고 노인성 질환자 중 40~50대가 20%에 이르고 있다.

건강보험정책연구원의 분석에 따르면 연령대별 노인성 질환 의료이용 현황을 보면 진료인원과 총 진료비는 연령대가 높아질수록 증가하였다.

노인성 질환별로 진료인원과 총 진료비를 살펴보면 뇌혈관질환, 치매, 파킨슨병, 기타

6 2016 건강보험통계연보, 2016.

퇴행성 질환 등이 많다.

노인성 질환의 1인당 총 진료비는 꾸준히 증가하였는데 '치매'와 '파킨슨병'의 증가가 두드러지게 나타났다. 노인성 질환의 발생을 예방하기 위해서는 노인성 질환의 위험인자인 고혈압, 당뇨, 고지혈증 등의 대사질환을 가진 환자를 조기 발견하여 관리하는 것이 필요하다. 국민건강보험공단에서는 건강검진 사업을 통해 고혈압, 당뇨, 고지혈증 등의 질환에 대한 위험인자를 가진 대상자를 조기 검진하기 위한 노력을 기울여 왔고 건강검진결과 유(有)소견자를 대상으로 건강정보 제공과 전화상담을 통한 건강검진 사후관리를 실시하여 왔으며 대사증후군 관리사업으로 확대함으로써 보다 적극적인 예방 · 관리사업을 실시하고 있다. 특히 '치매' 질환에 대해서는 66세를 대상으로 인지기능검사를 포함한 생애전환기 건강검진을 실시하여 치매의 조기진단을 위한 노력을 기울이고 있다. 또한 지자체 보건소에서는 60세 이상을 대상으로 치매 조기검진사업을 실시하여 치매 유소견자에 대한 관리를 적극적으로 실시하고 있다. 보건복지부는 치매관리법 제정 · 시행으로 범국가적 치매관리의 법적 기틀을 마련하였고, 앞으로 보다 체계적이고 효율적인 인프라를 구축하고 치매 가족의 부담을 경감할 수 있는 실질적인 방안을 모색하고 있다.

4. 노인보건의료의 특징

고령이란 본질적으로 건강이 쇠퇴하는 시기이다. 육체적으로나 정신적으로 매우 허약해지고 장애의 발생이 높아 다른 사람에게 의존 가능성이 커지는 시기이다. 노인계층의 상병구조도 전염성이나 급성질환 중심에서 비전염성 만성질환 중심으로 변화했다. 만성질환은 완치가 불가능하여 질병을 관리하는데 많은 비용을 소요하게 하여 질병에 대한 부담을 늘리게 한다. 만성질환은 장애를 수반하는 경우가 많다. 장애는 만성질환과 결부되어 만성질환 이환율이 높아지는 만큼 삶의 질을 저하시킨다.

한국노인의 건강상태와 요양보호 실태는 평균수명의 연장과 고령노인 인구증가에 따라 육체적, 정신적 장애를 경험하는 노인이 지속적으로 증가하고 있다. 전체 노인 인구 중 대부분이 장기간 치료 · 요양을 요하는 당뇨 · 관절염 · 고혈압 등 만성질환을 가지고 있다. 또한 버스타기, 전화걸기 등 일상생활이 곤란한 중증 장애상태, 모든 일상적 활동이 어려운 노인과 치매 등 정신건강상의 장애를 경험하고 있는 노인 등이 있다.

한국노인의 건강에 대한 문제는 일본, 미국, 독일, 한국, 스웨덴 등 5개국을 대상으로 5년마다 실시하는 「고령자의 생활과 의식에 관한 국제비교조사」(일본 내각부에서 실시하는 조사를 말한다)에서도 그 문제성이 단적으로 나타난다. 건강하다는 비율이 한국의 경우 37.9%로서 일본 등 3개국 56.6~60.4%에 비해 크게 낮다. 노인들의 고민 중 노후건강에 대한 고민이 56.0%로서 다른 4개국의 38.5~48.9%보다 훨씬 높게 나타났다. 그만큼 우리나라 노인의 건강상태가 저조한 것임을 단적으로 보여준다.

5. 응급의료인력과 중증응급환자의 치료역량 부족

보건복지부의 응급의료기관 평가 결과에 따르면 권역센터, 지역센터, 지역기관이 최소한의 법정인력요건조차 충족시키지 못한 채 운영되고 있는 것으로 나타났다. 노인들에게 잦은 급성심근경색 · 뇌혈관질환 등 중증응급질환의 치료가 가능한 응급의료기관은 환자 과밀화로 인하여 진료에 필요한 전담인력 · 중환자실 · 수술실 등이 부족한 실정이다. 특히, 중증외상환자 치료시설과 인력의 부족이 심각하여 우리나라의 외상환자 예방가능 사망률(Preventable Trauma Death Rate)은 아직도 선진국에 비하여 매우 높은 상황이다. '외상환자 예방가능 사망률'이란 외상으로 인한 사망자 중 적절한 시간 내에 적절한 병원으로 이송 · 치료를 받았다면 살았을 것으로 판단되는 사망자의 비율을 말하며 현재 우리나라의 외상환자 예방가능 사망률은 35.2%이고 미국 · 일본은 10~15% 수준이다.

응급의료인력 문제는 응급의료기관이 처해 있는 열악한 운영여건에서 기인하고 있는 측면이 크다. 응급의료기관 종류별로 24시간 진료체제 유지에 소요되는 적정 원가를 분석하여 응급의료수가기준에 반영하는 것이 보다 근본적인 해결책이 될 수 있다. 정부는 중증외상센터의 확충을 추진하면서 「응급의료에 관한 법률」의 개정을 통해 중증외상센터에 대한 행정적 재정적 지원근거 등이 마련되었다. 이러한 노력과 더불어 중증응급환자의 치료를 중심으로 현행 응급의료체계의 정비도 필요하다.

Ⅲ. 외국의 노인보건의료보장을 위한 법적 대응동향

2025년 세계 인구의 12억명은 60세 이상이며 이중 58%가 아시아 태평양 지역에 거주할 것으로 예상된다. 이 지역 국가의 사회경제적 발전이 이루어지기 전에 급격한 고령화가 이루어질 것으로 전망된다. 일반적으로 만성질환의 시기가 빨라지고 식생활의 변화로 인한 비만이 만연하고 있다.

사회 건강보험의 혜택은 공식 노동분야에 속한 근로자와 그 배우자 및 자녀가 받으며 퇴직자는 대상이 아니다. 일반 적용 체제가 아닌 경우 대다수의 노인들이 자금 부족 때문에 공공보건시설에서 무료 서비스를 제공받고 있다.

[표 1-6] 보건보호 재정

type	finances and application subject	nation
general application	사회건강보험 (취약계층은 일반세금)	호주, 일본, 몽골, 한국, 싱가폴
	일반세금	브루나이, 부탄, 쿠웨이트, 말레이시아, 뉴질랜드, 오만, 태국, 우즈베키스탄
part application	사회건강보험 및 일반세금 (사회건강보험의 적용을 받는 모든 피고용인과 자영업자)	터키
	사회건강보험 및 일반세금 (사회건강보험의 적용을 받는 모든 피고용인)	파키스탄, 필리핀, 라오스, 몽골, 베트남
	사회건강보험 및 일반세금 (사회건강보험의 적용을 받는 특정 집단)	중국, 인디아, 인도네시아, 이란, 이라크, 미얀마

자료 : collection materials by researchers

유형별로 나누어 보면 ① 노인 건강증진 접근 국가(한국, 태국 등), ② 노인 보건보호 시도 국가(호주, 일본, 한국 등)로 나눌 수 있다.

노인 건강증진을 위해 접근하는 국가는 노인 건강을 증진하려는 노력으로 만성질환을 예방하고 건강보험급여를 개선시켜왔으며 WHO는 2002년 급속한 고령화 진전에 대한 통합적 대응을 위한 프로그램을 시도하고 있다. 통합적 대응은 수요 증가에 따른 만성질환 치료 및 예방에 대한 새로운 접근에 중점을 두고 있다.

노인 보건보호를 위해 시도하는 국가로 호주, 일본, 한국 등 일반 적용 체계를 채택하고 있는 나라에서는 최근 노인을 위한 장기보호 보험체계 개발을 위해 노력 중에 있다. 이는 가족구조의 변화로 인해 가정 외에서 장기보호의 해결책을 찾기 위한 것이다.

독일의 경우 기존의 사회보험 4대보험 외에 1995년 개호보험(Pflegeversicherung)이 도입됨으로써 기존의 의료보험(Krankenversicherung)과 사회부조(특히 노인부조와 개호부조)의 취약점을 극복하는 완전한 사회보험 체계망을 갖추고 있다. 독일의 개호보험(Pflegeversicherung)의 경우 재가급여와 시설급여 및 요양서비스 제공자에 대한 급여로 나뉘어 진다. 재가급여가 우선이고 재가보호로 충분한 요양보호를 받을 수 없는 경우에 한하여 단기보호급여를 청구할 수 있으며 이러한 방법으로도 충분한 요양보호가 이루어질 수 없는 경우에만 시설에 입소시켜 시설보호를 받는 것이 독일 장기요양보험제도의 원칙이다.

일본의 경우 노인의 보건의료복지에 대해서는 노인복지법 이외에 노인보건법에 의해 40세 이상의 주민을 대상으로 하는 각종의 노인보건사업, 개호보험법에 의한 개호보장 등의 분야에서 법제개선과 정책을 실시하고 있다. 개호보험제도가 도입되기 전 일본의 국민건강보험은 노인의료비의 급격한 증가로 인하여 1982년 노인보건법을 제정하고 또 이것이 개호보험법을 제정하는 계기가 되었다. 그러나 개호보험의 재정도 빠른 고령화로 인하여 개호대상자의 수가 증가함에 따라 재정위기를 맞고 있다. 일본의 개호보험의 경우 재가서비스, 시설서비스로 나눌 수 있다. 재가서비스는 다시 재가서비스, 지역밀착형서비스, 케어메니지먼트로 나누어진다(개호보험법 제10조). 일본에서도 나타난 바처럼 일본의 개호보험제도는 비교적 순조롭게 진행되어 왔지만 개호서비스 양적 확충과 질적인 문제, 요개호 요지원의 판정문제, 케어매니저의 자질문제, 저소득층에 대한 대책, 가족 개호자에 대한 현금급여 등이 여전히 문제점으로 나타나고 있다. 개호와 의료와의 관계의 정비 등이 향후 과제라고 할 수 있다. 개호보험법에 의거하는 주택개수비지급제도와 각종 주택융자제도가 고령자의 주거환경정비를 지원하고 있다. 일본에는「고령자의 의료확보에 관한 법률」이 별도로 제정되어 있다. 이 법은 국민의 고령기에 있어서 적절한 의료의 확보를 위하여 의료비의 적정화를 추진하기 위한 계획의 수립 및 보험자에 의한 건강진단 등의 실시에 관한 조치를 강구하며 고령자의 의료에 대하여 국민의 공동연대의 이념 등에 의하여 전기고령자에 관련된 보험자간의 비용부담의 조정, 후기고령자에 대한 적절한 의료급부 등을 행하기 위하여 필요한 제도를 마련하여 국민보건의 향상 및 고령자의 복지증진을 도모하는 것을 목적으로 하는 법이다.

프랑스의 노인의 재가복지는 두 범주로 나누어 실시되고 있다. 의료서비스 및 간병보호를 목적으로 하는 의료사업정책에 속하는 것과 의료서비스 이외의 일상적인 생활원조서비스를 목적으로 하는 사회사업정책에 속하는 지원급여이다. 의료사업은 의료서비스이기 때문에 의사의 진단에 따라서 서비스가 제공된다. 비용측면에서 보면 사회사업은 원칙적으로 본인부담으로 되어 있다. 다만 사안의 사회적 성격을 고려하여 시장가격보다 저렴하게 가격이 결정되는 경우가 적지 않다. 생계능력이 없는 노인은 자치단체가 제공하는 사회부조와 각종 연금기금에 의한 비용부담이 있게 된다. 이에 비해 의료서비스는 기본적으로 질병보험에 의한 비용부담이 있게 된다.

프랑스의 노인의료사업에는 ① 재가간병서비스(services de soins à domicile : SSAD),

② 재택입원 및 간병인체류서비스 등이 있다. 재가간병서비스(services de soins à domicile : SSAD)는 노인의 재택을 촉진하는 것을 목적으로 한다. 재가간병서비스(services de soins à domicile : SSAD)의 주된 목적은 '의료 · 사회조건이 가능한 한 입원을 피하며 입원 후 즉각적인 귀가를 촉진시키고 수급인의 상태가 점진적으로 악화되는 것을 예방하거나 지체시키며 의료행위의 영역이나 장기체류시설에 들어가는 것을 피하거나 지체시킨다'는 데 있다. 이 서비스는 의료적 처방에 따라 실시된다. 이 서비스를 받을 수 있는 사람은 원칙적으로 60세 이상이다. 사회보험 적용자에게 제공되는 재가요양에 소요되는 비용은 질병보험제도에서 부담한다. 질병보험기관이 직접 재가간병서비스 제공기관에 비용을 지불하는 방식(제3자 전부지불 ; tiers payant intégral 방식)이므로 서비스수급자는 전혀 금전을 부담함이 없이 재가간병서비스를 받을 수 있다. 그렇다고 해서 질병보험기관이 무한정 재가간병비용을 부담하는 것은 아니다.

재택입원(hospitalisation à domicile)서비스는 병원이 주체가 되어 병원직원 및 각종 의료기구를 사용하여 노인에게 간병, 의료서비스를 제공하는 것으로 이들 서비스의 제공장소가 병원시설이 아닌 고령자의 자택이다. 재택입원시설은 정부의 허가시에 정해진 지리적 범위내에서 활동하며 환자의 입원은 허가된 수용능력의 범위내에서 이루어진다. 1986년 행정지침(circulaire)에 따르면 "병원입원을 피하기 위해 다양한 기관에 의해 설립되는 간병인체류서비스는 피보호인의 자택에서 주간과 야간 동안 항상적 또는 임시적으로 체류하며 의료와 식사, 대소변보기 등 일상생활행위의 수행을 지원하고 상태의 악화에 따라 의사에게 통보하는 것"을 목적으로 한다.

최근 다수의 외국에서는 중요 질병이나 장애에 대하여 복합적이고 연속적인 서비스 체계(continuum of care) 프로그램을 개발하고 특히 재가보호 또는 지역사회 서비스를 강화 및 다양화하며 또한 가족 수발자 지원 서비스를 강화하는 등 보호의 연속체계가 유지될 수 있도록 하는 추세이다. 재가보호 서비스를 다양화하고 서비스 질을 강화하여 지역사회에서 재가보호 서비스를 받도록 하는 것이 비용도 절약하고 노인의 심리적 및 사회적 측면에서도 바람직한 것으로 인정되고 있다. 그렇기 때문에 OECD 국가에서는 가족 수발자의 적극적 참여를 이끌어 내는 여러 가지 서비스를 제공하는 방향을 추구하고 있다. 또한 주거공간의 구조가 노인이 신체적 장애를 가지고 생활할 수 있도록 잘 설계되면 어떤 면에서 주거공간 자체도 중요한 장기요양보호 서비스가 될 수 있기 때문에 장애노인의 신체적 독립성을 높여줄 수 있는 주거 서비스로서 보호주택(sheltered housing), 의존주택(assisted living facility), 계속보호 실버타운(CCRC) 등의 제공과 입주 인센티브 등을 제공하는 등

주거 서비스도 주요 장기요양보호서비스로 고려되고 있다.

Ⅳ. 노인보건의료에 관한 법제도적인 문제점과 개선방안

1. 국제법상 노인의료관련 주요 인권협약

UN 총회의 결의로서 노인을 위한 UN원칙을 채택하고 회원국 정부에 대해 가능한 이 원칙을 국내 프로그램에 포함시킬 것을 권고하고 있다. 이 가운데 노인의 보건과 장기간 보호와 관련하여 '건강과 장기간 보호에서 효율적 비용의 의료비 지출에 관심을 가져야 한다'는 것을 제시하고 있다. 유엔의 노인 인권관련 활동에는 노인수발 문제 등을 다루기 위한 1982년 오스트리아 비엔나에서 개최된 세계고령화회의(World Assembly on Ageing)의 고령화 관련 비엔나 행동계획(Vienna International Plan of Action on Ageing)의 채택으로 이는 1982년 유엔총회의 승인을 받았다.

노인의 경제적 · 사회적 · 문화적 국제인권규약(ICESCR)은 노인의 국제적 지위와 관련해서 가장 많이 관련되는 인권관련 국제규약이다. ICESCR 제6조는 신체적 · 정신적 건강을 누릴 권리를 규정하고 있다. ICESCR 제10(1)조의 가족보호와 관련하여 비엔나 행동계획 권고 제25항 및 제26항에 따라 당사국은 가족 지원 · 보호를 강화하여 가족 중 노인이 필요로 하는 바를 도와주기 위하여 모든 노력을 다해야 하고 국가는 독거노인이나 사회활동을 원하지 않는 노인부부에 대해서도 재정적 · 물질적 지원으로서 교통수단, 먹을 거리 제공, 방문간호, 의사왕진이 이루어지도록 해야 한다고 정하고 있다. ICESCR 제12(1)조에서 당사국은 노인의 건강을 보전하기 위한 건강정책에 관한 지침을 제공하고 비엔나 행동계획 권고 제1항 내지 제17항에 따른 장기요양질병의 예방 및 재활 등을 고려해야 한다고 정하고 있다. WHO는 2002년 급속한 노령화 진전에 대한 통합적 대응을 위한 프로그램을 시도하고 있다. 통합적 대응은 수요 증가에 따른 만성질환 치료 및 예방에 대한 새로운 접근에 중점을 두고 있다.

2. 노인보건의료보장의 관련법체계와 문제점

노인보건의료와 관련한 입법정책의 기본이념과 관련한 큰 틀은 헌법 제10조 · 제34조,

사회보장기본법 제2조 등의 기본정신을 토대로 하고 있으며 전 국민을 대상으로 하는 국민건강보험법, 생활이 곤궁한 자에게 치료와 요양을 제공하는 의료급여법, 노인의 질환을 사전예방 또는 조기발견하고 질환상태에 따른 적절한 치료 · 요양으로 심신의 건강을 유지함으로써 노인의 보건복지증진에 기여함을 목적으로 하는 노인복지법 등이 있다.

[표 1-7] 노인의료복지 관련법체계

Related Act
「노인장기요양보험법」, 「의료급여법」, 「노인복지법」, 「치매관리법」, 「국민건강보험법」, 「사회복지사업법」, 「국민건강증진법」, 「보건의료법」, 「의료법」, 「공공보건의료에 관한 법률」, 「지역보건법」, 「저출산 · 고령사회기본법」, 「장애인복지법」 등

자료 : data for a report by researchers

저출산 · 고령사회기본법에서는 「국가 및 지방자치단체는 연령단계별 건강상의 특성과 주요 건강위험요인을 고려하여 국민의 건강증진을 위한 시책을 강구하여야 한다(동법 제12조 제1항)고 규정하고 있다. 국가 및 지방자치단체는 노인을 위한 의료 · 요양 제도 등을 확립 · 발전시키고 필요한 시설과 인력을 확충하기 위하여 노력하여야 한다(동법 제12조 제2항)」고 규정하고 있다. 이를 토대로 노인장기요양보험법에서는 「이 법은 고령이나 노인성 질병 등의 사유로 일상생활을 혼자서 수행하기 어려운 노인등에게 제공하는 신체활동 또는 가사활동 지원 등의 장기요양급여에 관한 사항을 규정하여 노후의 건강증진 및 생활안정을 도모하고 그 가족의 부담을 덜어줌으로써 국민의 삶의 질을 향상하도록 함을 목적으로 한다(동법 제1조)」고 규정하고 있다.

[표 1-8] 노인의 주요 노인의료복지 관련법체계

major related Act
「노인장기요양보험법」, 「의료급여법」, 「노인복지법」, 「치매관리법」 등

자료 : data for a report by researchers

우리나라는 노인장기요양보험법상 장기요양보호 대상 노인을 위한 급여와 가족요양보호제공자를 위한 급여로 분류된다. 전자는 재가급여와 시설급여로 분류된다. 재가급여(동법 제23조 제1항 제1호)는 가정에서 요양보호사와 간호사 등으로부터 식사 도움, 화장실 도움, 세면, 목욕, 말벗, 외출동행, 간호서비스 등을 받으며 집안청소 등 일상가사 지원서비스도 받을 수 있는 급여를 말한다. 시설급여(동법 제23조 제1항제2호)는 수급자를 장기요양기관이 운영하는 노인복지법 제34조의 규정에 따른 노인의료복지시설(노인전문병원은 제외)에 장기간 동안 입소시켜 신체활동 지원 및 기능회복훈련 등을 제공하는 장기요양급여를 말한다. 특별현금급여(동법 제23조 제1항 제3호)로는 가족요양비(제24조), 특례요양비(제25조) 요양병원간병비(제26조) 등 3종을 규정하고 있다.

치매관리법은 치매의 예방, 치매환자의 진료 · 요양 및 치매퇴치를 위한 연구 등에 관한 정책을 종합적으로 수립 · 시행함으로써 치매로 인한 개인적 고통과 피해 및 사회적 부담을 줄이고 국민건강증진에 이바지함을 목적으로 하는 법이다(동법 제1조).

의료보장은 두 가지 의미를 가진다. 질병 등의 건강상태 악화로 인한 진료 및 치료보장과 노인의 총체적 건강악화로 인하여 수반되는 노인 수발의 의미로서 장기요양보장을 포함한다.

사회보장에서 의료보장제도의 중심을 차지하고 있는 개별법률인 국민건강보험법과 의료급여법은 일반 국민을 대상으로 하는 것이므로 노인을 위한 독자적 의료보장제도로는 사회복지영역의 노인복지법과 사회보험영역의 노인장기요양보험법이 노인 의료보장에 있어서 중요한 의미를 갖는다.

일반적으로 요양서비스는 시설보호와 재가복지서비스를 통해 이루어진다. 이는 일반적인 규범은 사회복지사업법에 규정하고 있다. 노인에 관하여는 노인복지법과 노인장기요양법이 특별법으로 존재한다. 치매관리 및 치매환자에 대한 지원에 관하여는 치매관리법이 특별법으로 존재한다.

[표 1-9] 공적의료보장 관련법구조

scope	contents of Benefits	related Act	target
Social Insurance Act	단기적 건강보험급여 · 질병보험 · 건강보험 장기적 요양급여 · 노인장기요양보험	국민건강보험법 노인장기요양보험법	일반 국민 노인
public assistance Act	생활곤궁자에 대하여 무갹출 무상으로 의료보장	의료급여법	일반 국민
Social welfare Act	노인의 최저 의료보장실현	노인복지법	노인

자료 : data for a report by researchers

노인복지법상 노인의료복지시설 중 요양시설, 노인요양공동생활가정과 재가노인복지시설 중 방문요양, 주 · 야간보호, 단기보호 및 방문목욕에 관한 규정이 노인장기요양보험법상 시설급여 및 재가급여와 동일한 의미와 성격을 가지고 있다. 수급자범위에서 노인복지법이 기존의 서비스대상자 외에 노인장기요양보험법상 수급자를 포함하고 있다. 서비스 내용에서 노인장기요양보험이 신체활동지원을 중심으로 하는 직접적 서비스인 반면 노인복지법상 서비스는 이러한 서비스 외에도 보조적 성격의 신체활동지원과 예방적 사업, 사회안전망구축사업 및 긴급지원 등을 제공하도록 하고 있어 노인장기요양서비스에 대한 보충적 성격을 가지고 있다

현재 매달 건강보험료를 내면서 일부를 노인장기요양보험료로 적립하고 있다. 2020년 기준 월평균 보험료는 11,424원 수준이며 장기요양 혜택을 받고 있는 87만명의 노인과 가족들은 월 80만원[7] 이상의 장기요양 서비스 혜택을 받고 있다.

노인장기요양보험의 혜택으로 65세 이상 노인 중, '요양등급'을 받은 노인들은 요양보호사의 방문 인건비의 85%(기초수급자나 의료경감 대상자의 경우 최대 100%까지 지원)를 국가에서 지원해주고 있다.[8] 노인장기요양 등급은 총 5등급까지 존재하며 각각 아래와 같은 대략적인 기준으로 나눠진다.

1등급 : 완전히 누워서 생활하는 노인
2등급 : 누군가의 부축이 있으면 이동이 가능한 노인
3등급 : 보조기구를 이용해서 이동이 가능한 노인
4등급 : 지팡이를 짚어서 이동이 가능한 노인
5등급 : 치매진단을 받은 노인에 대한 특별 등급

정확하게는 건강보험공단 직원이 방문해서 설문을 진행하고 환경을 체크한 후 점수를 매기게 된다, 그 점수를 기준으로 등급이 나눠지기는 하지만 실질적으로는 위와 같이 나눠진다.

노인장기요양보험수급자는 치료 · 요양에 대하여 이미 노인장기요양보험을 통해 그 목적을 달성할 수 있음에도 불구하고 다시 노인복지법에 규정하고 있어 양제도의 중복성의 문제가 있다. 그러나 1~5등급자 중 노인장기요양보험 수급자 이외의 수급자에 대해서는 보호체계가 마련되어 있지 않다. 예컨대, 경제적 사정 등으로 인하여 노인장기요양서비스를 이용하지 못하는 경우라면 이에 대해 노인복지법이 개입할 필요가 있음에도 불구하고 아

7 이것은 2019년 1~8월 인정자 1인당 장기요양급여(요양원 및 방문요양 · 방문목욕 · 방문간호 · 주야간보호 · 복지용구 급여 이용 등을 포함) 월평균 실제 이용금액이다.

8 그 외 요양시설을 사용하시거나 의료기기, 복지용구를 구입, 대여하실 때도 재정적인 지원을 해주고 있다.

무런 규정도 없다.

3. 노인의료복지 관련법체계상의 문제점

의료보장의 경우 무엇보다 노인의 특수성을 반영한 의료서비스의 질적 수준의 개선이 필요하다. 특히 노인이라는 특수한 계층의 사회복지서비스영역으로 보더라도 노인에 관해서는 다른 사회복지의 영역보다 보건과 복지의 통합화가 강하게 요구된다. 그러나 ① 노인의료보장 관련 노인복지 개별법 간의 체계가 정합성을 이루고 있지 못하거나 ② 관련법 간의 상호보완성 결여나 위계성 등 관계의 모호성으로 인한 급여공백이 생기며 ③ 관련법들 간의 관계의 중복성 등의 문제점이 발생하게 된다. 우리나라도 일본과 같은 「노인의 의료확보에 관한 법률」을 제정하여 현행법체계의 미비점을 보완하고 급증하고 있는 노인의료비에 대응하기 위하여 제정할 필요가 있다. 이 법의 제정을 통해 노인에게 적절한 의료 확보를 위한 의료비의 적정화를 추진하기 위한 계획을 수립하도록 하고 보험자에 의한 건강진단 등을 실시토록 하며 노인의 의료에 대하여 국민 전체 공동연대의 이념을 토대로 비용부담의 조정 등을 행하도록 할 필요가 있다.

V. 결 론

우리나라는 건강수준과 의료접근성의 획기적인 향상, 보장성강화 노력, 건강검진제도의 내실화 등에도 불구하고 세계 최고수준의 고령화 속도와 보험료부담 계층의 감소 그리고 만성질환 진료비 급증 등 환경요인을 고려할 때, 건강보험 보장성을 더욱 강화하고 건강보험제도의 지속가능성을 담보하기 위해서는 미래에 대한 준비가 필요한 시점이다.

이 논문에서는 노인보건의료의 현황을 토대로 노인보건의료의 법적 대응실태를 파악하였고 현행 노인보건의료보장의 관련법상의 문제점을 도출하여 외국의 법적 대응을 통하여 시사점을 도출하여 관련법의 개선방안을 제시하고자 하였다. 이를 위해 현행 노인보건의료보장의 관련법 체계의 문제점, 현행 노인장기요양보험법상의 문제점을 도출하고 개선방안으로서 건강보험의 보장성 강화, 장기요양보험료 재정 건전성 확보문제, 노인복지와 장기요양보험제도의 연계와 상호보완 기능을 강화하고 치료요양에 대한 노인장기요양보험제도와 노인복지법의 중복성 문제, 등급판정체계의 개선, 재가서비스 지원강화 등 노인의 특수성을 반영하여 의료서비스의 질적 수준의 개선이 필요하다고 보고 노인장기요양법제의 개선과제를 제기하는 등 노인의료서비스의 지원확대 개선이 필요함을 제시하였다.

외국의 법적 대응 동향을 볼 때 대체로 증가되는 장기요양보호 비용을 고려하여 본인부담을 증가시키는 방향으로 가고 있다고 볼 수 있는 점은 우리나라에서도 향후 고려해야 할 점이라고 본다. 서비스 종류 및 수준에서는 보호의 연속체계(continuum of care)를 강화하고 있는 점, 재가보호 서비스에 중점을 두면서 특히 OECD 선진국에서는 비용을 절약하는 면에서 재가보호 또는 지역사회보호를 지향하는 방향으로 나가고 있다는 점, 가족 수발자의 적극적 참여를 이끌어 내는 여러 가지 서비스를 제공하는 방향을 추구하고 있다는 점, 주거 서비스를 주요 장기요양보호 서비스로 간주하고 있는 점은 우리나라에서도 향후 관련법 개선에 시사하는 바가 크다. 특히 외국의 노인보건의료 비용증가에 대한 법적 대응 동향을 볼 때 노인장기요양 보호에 대한 사회적 비용증가를 억제하고 있다는 점을 고려할 때 시행시기가 다소 늦은 우리나라에서도 재정안정방안을 마련해야 한다는 점을 보여주고 있다. 이를 위해 중앙정부와 지방정부의 재정 분담 경향, 장애정도가 높은 대상자 우선의 서비스 지향, 사적보험에 의한 비용보완 지향 등의 방안 마련이 필요함을 보여주고 있다. 급증하고 있는 노인의료비에 대응하기 위해서 「노인의 의료확보에 관한 법률」의 제정방안을 제시하였다.

전달체계의 측면에서 보면 선진 외국의 사례에서 볼 때 의료서비스와 사회서비스의 통합 · 조정이 필요하다는 점, 시설 입소 전에 노인이 독립적 생활 기능이 어느 정도인가를 정확히 평가하는 것이 필요하다는 점, 장기요양보호 서비스에서 케이스 매니지먼트를 중요시하는 방향으로 나가야 한다는 점, 보호 계획과 서비스 선택에 가족이 참여하도록 해야 한다는 점, 비용의 절약과 더불어 서비스의 효과성을 높이기 위하여 서비스의 질을 높여야 한다는 점을 보여주고 있다.

최근 일본 등 일부국가에서는 노인을 위한 장기보호 보험체계 개발을 위해 노력 중에 있음을 확인할 수 있다. 이는 가족구조의 변화로 인해 가정 외에서 장기보호의 해결책을 찾기 위한 것이다. 우리나라도 현행 노인장기요양보험법상의 한계를 보완할 수 있는 제도적 개선이 필요하다. 현재 노인장기요양보험제도를 이용을 하지 않는 경우도 많다. 이 제도를 이용하고 있지 않는 나머지 노인을 돌보고 있는 가족돌봄자들을 위한 제도적인 보완도 필요하다. '요양시설 및 보호서비스'에 대한 노인들의 향후 이용욕구가 높은 점을 감안하여 노인장기요양보험 등급인정자를 확대하고 재가서비스 지원을 강화할 필요가 있다.

노인을 대상으로 하는 중증응급의료서비스의 질을 제고하기 위해서는 적정 응급의료자원의 확보뿐만 아니라 그 효율적 운영체계의 마련도 중요하다. 다만, 현 시점에서는 적정 응급의료자원, 특히 응급의료 인력의 확보가 가장 시급하다. 이를 위해 응급의료수가체계의 개선, 취약자에 대한 국가의 지원 강화, 그리고 이를 바탕으로 한 응급의료기관에 대한 관리 · 감독의 강화가 필요하다.

우리나라는 치매에 대한 법제도적 대응방안으로 노인복지법, 노인장기요양보험법, 치매관리법이 존재한다. 보다 효과적인 치매관리 대책을 위해 관련법과 정책의 추진에 있어서 다음과 같은 개선이 필요하다. 첫째, 치매 검진을 65세 이상노인에 대한 국민건강보험의 건강검진 항목에 반드시 포함시키고 1차 검진에서 이상이 발견되면 진료를 계속 받을 수 있도록 하는 것이 필요하다. 둘째, 치매의 특성상 치매는 증상이 심해질수록 치료 효과가 적고 가족들의 부담도 급격히 증가한다. 치매예방사업과 조기 검진을 통해 치매 발병을 예방하거나, 발병 시기를 늦추고 조기 발견하여 치료를 받도록 하여 사회적 비용을 최소화하는 것이 필요하다. 셋째, 현재와 같은 노인장기요양보험법상의 장기요양급여내용의 획일성으로는 경증 치매 등 요양노인의 욕구를 다양하게 충족시키기 어려운 부분이 있다. 등급판정기준 완화와 서비스 이용대상의 확대가 필요하다.

[참고문헌]

강병근, "노인과 국제법", 「노인법제연구」-노인복지 패러다임의 전환과 노인의 인간다운 삶을 위한 법제연구-, 삼우사, p.280, 2009.

박재간, "프랑스의 노인간병보호정책", 「노인복지정책연구」 제12권, 한국노인문제연구소, 1998. p.147, 1998.

보건복지부, '2008 치매 유병률 조사' 자료 참조.

석재은, "공급자 관점에서 노인장기요양보험제도의 개선방안", 보건복지포럼, 한국보건사회연구원, p.34~34, 2010.

이규식, "고령화시대의 의료보장정책", 「나라경제」, p.37면 이하, 2002.9.

이호용, "우리나라 노인복지법제의 현황과 과제", 법학논총 제35권 제2호, 2011.

장봉석, "노인장기요양보험 시행 이후 노인복지법의 역할에 관한 소고", 전북대학교 법학연구 통권 제32집, p.409, 2011.5.

足立正樹,各國の介護保障,京都:法律文化社, p.86-89, 1998.

한국보건사회연구원, 노인실태조사, 2011.

荒木誠之, 社會保障法讀本,新版補訂, 東京: 有斐閣, p.25, 2000.

Circ n° 81-8, 1r October 1981.

Circ n° 86-14, 7 mars 1986.

Department of Health and Human Services, 2011.10.4. Press Materials.

Dr. Aviva Ron, 「A Regional Overview」, UNESCAP 「Gender Society protection Workshop」 Report, 2004. 9.

Joel, Blau and Mimi, Abramovitz, The dynamics of social welfare policy, New York:Oxford University Press, p.250, 2004.

Lee, Eunyoung, "Study on he complexity plan according to the exchange programs of welfare facilities for the Aged and elementary School", Architectural Planning Studies doctoral dissertation, Hongik Graduate School, p.24, 2009.

Lee, yunkyung, 'Old ages Longtermcare insurance Grade decision Present condition and problem' Report, Korea Institute for Health and Social Affairs, 2012.5.7.

Maeda denbo, "Revised Provision and Future Direction of the Basic Aged Society Measures", Nisei Basic Institute, 2012.8.31.

National Health Insurance Corporation, Health Insurance Review and Assessment Service, Health Insurance Statistical Yearbook, 2020.

OECD. Long-term Carr for Older People. Paris : OECD, 2005.

Park, Jeagan, "Care Protection Policy of the Aged in France", 「Elderly Welfare Policy Research」 Book No.12, Korea Institute on problems of the aged, p.154, 1998.

Park, Myoungsuk, Nam Youngshin, "A Comparative Study on the Elderly Welfare System of Korea and Japan, the elderly on welfare", 「Eurasian Studies」 book 7, Issue 1 (No. 16), p.312, 2010.3.

Pieters, Danny. Changing work patterns and social security, London : Boston:Kluwer Law International, p.71. 2000.

S. J. Choi, What we expect from the dementia management law, article of Friday column, Senescence Times, 2012.5.4.

SGB XI 제28조.

SGB XI 제3조.

SNU Institute of Industry and Academy, Study on the preparation of dementia management law, 2010.

United Nations, Vienna International Plan of Action on Ageing, New York : United Nations, 1982, GA Res 37/51, (http://www.un.org/ageing/vienna-intlplanofaction.html).

You, Dongha, "Problems and improvement direction of the current emergency health care delivery system", 「Issues and Controversies」 Section 572, Department of Parliament Legislative Survey 2012.12.3.

2

노인장기요양보험법의 현황과 과제

제**2**장

노인장기요양보험법의 현황과 과제[1]

I. 서 론

사람은 고령화되면 건강이 쇠퇴하며 육체적 · 정신적으로 매우 허약해지고 장애의 발생이 높아 다른 사람에게 의존 가능성이 커진다. 노인계층의 상병구조도 전염성이나 급성질환 중심에서 비전염성 만성질환 중심으로 변화하고 있다. 만성질환은 완치가 불가능하여 질병을 관리하는데 많은 비용을 소요하게 하여 질병에 대한 부담을 늘리게 한다. 만성질환은 장애를 수반하는 경우가 많다. 장애는 만성질환과 결부되어 만성질환 이환율이 높아지는 만큼 삶의 질을 저하시킨다.[2] 인구구조 변화에 대응할 수 있는 의료비 제도를 정비해야 한다. 개인도 지금의 고령자 의료지원제도만 믿고 의료비 준비를 소홀히 해선 안 된다. 10~20년 뒤 고령자가 급증하면서 환자 본인부담금과 보험료가 인상되는 상황을 감안한 대비책이 필요하다.

[표 2-1] 고령화와 노인의료비의 전망 : 2000~2030

구분	2000년	2010년	2030년
노인인구 비중(%)	7.2	10.7	23.1
노인의료비 비중(%)	20.3	30.1	47.9

註 : 1) 노인의료비는 전체 국민의료비를 추계하고, 그 중 노인의료비 비중을 추정하여 계산(*노인의료비 비중은 선진 6개국의 노인의 인구비중과 의료비 비중을 참조하여 추정) 단, 2000~2001년은 당시 추세치를 이용
2) 국민의료비는 의료비의 소득탄력성 1.119를 이용하여 추정. 다만 2000~2001년은 당시 추세치를 이용

가족은 노인돌봄의 일차적 책임을 갖는 집단이다. 성인자녀는 노부모에게 경제지원, 가사지원, 정서지원 등을 제공해야 하는 존재로 인식되고 있다. 그러나 노부모 부양에 대한 가치관변화와 함께 사회적 규범의 변화, 가족기능의 변화, 가족 내 여성 역할 변화 등 사회

1 이하의 내용은 고준기, "노인장기요양보험법의 문제점과 개선방안", 동아법학, (2012.12) 게재논문을 수정보완하였음.
2 이규식, "고령화시대의 의료보장정책", 「나라경제」, 2002.9, 37면 이하.

구조적 변화로 인하여 사적 부양체계에서 노인돌봄 기능이 약화되고 있다. 이에 노인부양 체계의 사회화에 대한 논의가 대두되었고 정부는 2008년 7월부터 노인장기요양보험제도를 시행하고 있다. 노인장기요양보험법은 가족의 노인장기요양부담을 완화하고 노인의 삶의 질을 향상시키려는 목적으로 제정되었다. 독립적인 일상생활 영위가 불가능한 노인 등에게 신체활동과 가사지원 등을 사회적 연대원리에 의해 제공하는 것이다.[3] 노인장기요양보험제도의 도입으로 치매 · 중풍 등 노인성 질환으로 인하여 거동이 불편한 자들에게 세수 · 목욕 · 배변 · 간호 등 요양서비스가 제공됨에 따라, 노인수발에 따른 자식들의 정신적 · 육체적 부담이 감소하고 전문적 장기요양서비스를 적은 비용으로 제공받을 수 있게 되어 노인복지수준이 크게 향상되고 있다. 하지만 재정의 마련과 운영방법, 시설 · 인력 측면의 인프라구축 미비 등 다양한 문제가 발생할 것으로 예상된다.[4]

이하에서는 공적 노인요양보장 법제의 구조 등 노인보건의료에 관한 법적 체계를 검토하고, 현행법상의 나타나고 있는 개별적인 문제점을 도출하여 노인장기요양서비스의 질적 제고와 다양화 및 급여확대를 위한 법적 개선방안을 마련하고자 한다.

II. 노인장기요양보험제도의 개요

1. 장기요양제도의 의의와 필요성

노인장기요양보험제도는 고령이나 노인성 질병 등으로 거동이 불편하여 일상생활을 혼자 하기 어려운 노인 등에게 신체활동이나 가사활동지원 등의 급여를 제공하여 노후의 건강증진 및 생활안정을 도모하고 그 가족의 부담을 덜어주어 국민의 삶의 질을 높여주는 사회보험제도를 말한다. 이미 오래전부터 급속한 고령화로 사회불안 문제를 겪은 영국, 호주, 스웨덴, 독일(1995년 수발보험), 일본(2000년도 개호보험을 전 국민 대상 실시), 네델란드, 미국, 캐나다 등 선진국은 우리나라보다 앞서 다양한 방식으로 장기요양급여를 제공하고 있다.

우리나라는 고령화 진전과 함께 핵가족화, 여성의 경제활동참여가 증가하면서 종래 가족의 부담으로 인식되던 노인장기요양은 이미 그 한계에 도달한 상태이다. 일반적으로 나

---

3 최인희, "노인을 돌보는 가족돌봄자 지원정책: 노인장기요양보험제도 개선방안 및 추가적 지원방안", 2011 Issue Paper(K-WDI: 한국여성정책연구원), 2011.12, 125-126면 참조.

4 조지현, 노인장기요양보험의 문제점과 개선방안, 노인법제연구, 삼우사(2009), 149면 참조; 최은영 외, OECD 국가의 노인장기요양서비스 체계 비교와 정책적 함의, 한국보건사회연구원, 2009.

이가 들면 사회적 · 경제적인 일상생활 활동능력이 크게 줄거나 상실되며 신체기능도 쇠약해져 치매 · 중풍 등으로 혼자 살기 어려워지므로 가족의 도움과 함께 사회적인 보살핌을 필요로 한다. “오랜 병수발에 효자 없다”란 말이 있듯이 보호기간 장기화(평균 5년 이상 41.8%)로 가족과 요양대상자의 심리적 · 경제적 · 육체적 부담이 커지고 있다. 선진국의 경우 85세 이상 연령층의 약 30%가 치매를 앓고 있으며 우리나라는 세계에서 치매환자가 가장 빨리 늘어나는 국가가 될 것으로 전망되고 있다. 국내 치매 인구는 2013년 57만 명 수준이었으나 2030년에는 127만 명을 넘어 2050년에는 271만 명으로 예측되고 있다. 고령화로 치매노인 문제가 모든 가정의 문제가 되어 가고 있는 것이다. 치매로 인한 사회적 비용 또한 크게 증가할 것으로 예측되고 있다.

2. 장기요양급여 종류

장기요양급여는 크게 재가급여, 시설급여, 특별현금급여로 나눈다.

1) 재가급여

- **방문요양** : 장기요양요원이 수급자의 가정 등을 방문하여, 세면, 배설, 화장실 이용, 옷 갈아입기, 머리감기 등 신체활동과 취사, 청소, 주변정돈 등 일상생활 등을 지원하는 급여
- **방문목욕** : 장기요양요원이 목욕설비를 갖춘 장비를 이용하여, 수급자의 가정 등을 방문하여 목욕을 제공하는 급여
- **방문간호** : 장기요양요원인 간호사 등이 의사, 한의사 또는 치과의사의 지시에 따라 가정 등을 방문하여 간호, 진료의 보조, 요양에 관한 상담 또는 구강위생을 제공하는 급여
- **주 · 야간보호** : 수급자를 하루 중 일정한 시간 동안 장기요양기관에 보호하여 신체활동 지원 및 심신기능의 유지, 향상을 위한 교육, 훈련 등을 제공하는 급여
- **단기보호** : 수급자를 일정기간 동안 장기요양기관(단기보호시설)에 보호하여 신체활동 지원과 심신기능의 유지 · 향상을 위한 교육 · 훈련 등을 제공하는 급여
- **기타재가급여(복지용구)** : 수급자의 일상생활 · 신체활동 지원에 필요한 용구로 보건복지부장관이 정하여 고시하는 것을 제공하거나 대여해 주는 급여

2) 시설급여

장기요양기관이 운영하는 노인의료복지시설 등에 장기간 동안 입소하여 신체활동지원 및 심신기능유지 · 향상을 위한 교육 · 훈련 등을 제공하는 장기요양급여이다.

3) 특별현금급여

가족요양비, 특례요양비, 요양병원간병비가 있으며 현재는 가족요양비만 시행하고 있다.

- **가족요양비** : 수급자가 장기요양기관이 현저히 부족한 지역(도서 · 벽지)에 거주하는 경우, 천재지변 등으로 장기요양기관이 제공하는 장기요양급여를 이용하기 어렵다고 인정되는 경우, 신체 · 정신 · 성격 등의 사유로 인하여 가족 등으로부터 방문요양에 상당한 장기요양을 받은 경우에 수급자에게 지급하는 현금급여
  ※장기요양등급에 관계없이 월 150,000원

3. 장기요양급여 이용 절차

1) 인정 신청

국민건강보험공단의 노인장기요양보험운영센터에 직접 방문하거나 우편, 팩스, 홈페이지(www.longtermcare.or.kr)를 통해 신청한다. 인정 신청자격은 65세 이상의 노인 및 65세 미만으로 노인성 질병(치매, 뇌혈관성질환, 파킨슨병)을 가진 자이다.

노인성 질병의 종류

구분	질병명	질병코드
한국 표준 질병 사인 분류	가. 알츠하이머병에서의 치매	F00
	나. 혈관성 치매	F01
	다. 달리 분류된 기타 질환에서의 치매	F02
	라. 상세불명의 치매	F03
	마. 알츠하이머병	G30
	바. 지주막하출혈	I60
	사. 뇌내출혈	I61
	아. 기타 비외상성 두개내 출혈	I62
	자. 뇌경색증	I63
	차. 출혈 또는 경색증으로 명시되지 않은 뇌졸중	I64
	카. 대뇌경색증을 유발하지 않은 뇌전동맥의 폐쇄 및 협착	I65
	타. 뇌경색증을 유발하지 않은 대뇌동맥의 폐쇄 및 협착	I66
	파. 기타 뇌혈관 질환	I67
	하. 달리 분류된 질환에서의 뇌혈관 장애	I68

한국 표준 질병 사인 분류	거. 뇌혈관 질환의 후유증	I69
	너. 파킨슨병	G20
	더. 이차성 파킨슨증	G21
	러. 달리 분류된 질환에서의 파킨슨증	G22
	머. 기저핵의 기타 퇴행성 질환	G23
	버. 중풍후유증(中風後遺症)	U23.4
	서. 진전(振顫)	U23.6

※질병명 및 질병코드는 「통계법」 제22조에 따라 고시된 한국표준질병사인분류에 따른다.
※진전은 보건복지부장관이 정하여 고시하는 범위로 한다.

2) 방문 조사

인정신청을 하게 되면 간호사, 사회복지사, 물리치료사 등으로 구성된 공단 소속장기요양 직원이 직접 방문하여 「장기요양인정조사표」에 따라 아래의 항목을 조사한다.

영역	항목
신체기능 (12항목)	옷 벗고 입기 / 세수하기 / 양치질하기 / 식사하기 / 목욕하기 / 체위변경하기 / 일어나 앉기 / 옮겨앉기 / 방 밖으로 나오기 / 화장실 사용하기 / 대변 조절하기 / 소변 조절하기
인지기능 (7항목)	단기 기억장애 / 지시불인지 / 날짜불인지 / 상황 판단력 감퇴 / 장소불인지/ 의사소통 · 전달장애 / 나이 · 생년월일 불인지
행동변화 (14항목)	망상 / 서성거림, 안절부절못함 / 물건 망가트리기 / 환각, 환청 / 길을 잃음 / 돈, 물건 감추기 / 슬픈상태, 울기도함 / 폭언, 위협행동 / 부적절한 옷입기 / 불규칙 수면, 주야혼돈 / 밖으로 나가려함 / 대 · 소변 불결행위 / 도움에 저항 / 의미 없거나 부적절한 행동
간호처치 (9항목)	기관지 절개관 간호 / 경관영양 / 도뇨관리 / 흡인 / 욕창간호 / 장루간호 / 산소요법 / 암성통증 간호 / 투석간호
재활 (10항목)	운동장애(4항목) 우측상지 / 우측하지 / 좌측상지/ 좌측하지
	관절제한(6항목) 어깨관절 / 팔꿈치관절 / 손목 및 수지관절 / 고관절 / 무릎관절 / 발목관절

국민건강보험공단 소속 장기요양직원(간호사, 사회복지사 등)이 신청인과 그 가족에게 사전 연락하여 방문일시와 장소 등을 협의한 후 방문한다.

조사내용은 신청인의 신체기능, 인지기능, 행동변화, 간호처치, 재활 등 인정조사 부분과 희망급여, 생활환경, 질병 및 증상 등 급여계획을 수립하는데 필요한 항목을 조사한다.

3) 장기요양인정점수 산정

신청인의 심신상태를 나타내는 52개 항목의 조사 결과를 입력하여 「장기요양인정점수」를 산정한다.

4) 등급판정위원회의 심의 · 판정

(1) 등급판정과정

1	장기요양인정신청 및 방문신청(국민건강보험공단)
2	장기요양인정 및 장기요양등급(등급판정위원회)
3	장기요양인정서(국민건강보험공단)
4	장기요양이용계약 및 장기요양이용계획서 송부(국민건강보험공단)

(2) 등급판정 기준

공단직원이 방문하여 조사한 결과와 의사소견서를 토대로 6개월 이상의 기간 동안 일상생활을 혼자서 수행하기 어려운 경우에는 장기요양등급판정위원회에서 장기요양급여를 받을 자로 판정하고 장기요양등급을 부여한다. 신청인의 신체기능, 인지기능, 행동변화, 간호처치, 재활 등 인정조사 부분과 희망급여, 생활환경, 질병 및 증상 등 급여계획을 수립하는데 필요한 항목을 조사한다.

공단의 각 지사별로 설치한 장기요양등급판정위원회는 공단소속 장기요양직원이 방문하여 조사한 결과와 의사소견서를 토대로 6개월 이상 기간 동안 일상생활을 혼자서 수행하기 어려운 경우에는 장기요양급여를 받을 자로 판정하고 장기요양등급을 부여한다. 등급은 노인의 기능상태, 활동상태 등 장기요양이 필요한 정도에 따라 판정된다.

등급판정은 "건강이 매우 안좋다", "큰 병에 걸렸다." 등과 같은 주관적인 개념이 아닌 "심신의 기능상태에 따라 일상생활에서 도움(장기요양)이 얼마나 필요한가?"를 지표화한 장기요양인정점수를 기준으로 한다. 장기요양인정 점수를 기준으로 다음과 같은 6개 등급으로 등급판정을 한다.

등급	심신의 기능상태
1등급	심신의 기능상태 장애로 일상생활에서 전적으로 다른 사람의 도움이 필요한 자로서 장기요양인정 점수가 95점 이상인 자
2등급	심신의 기능상태 장애로 일상생활에서 상당 부분 다른 사람의 도움이 필요한 자로서 장기요양인정 점수가 75점 이상 95점 미만인 자
3등급	심신의 기능상태 장애로 일상생활에서 부분적으로 다른 사람의 도움이 필요한 자로서 장기요양인정 점수가 60점 이상 75점 미만인 자
4등급	심신의 기능상태 장애로 일상생활에서 일정 부분 다른 사람의 도움이 필요한 자로서 장기요양인정 점수가 51점 이상 60점 미만인 자
5등급	치매환자로서(노인장기요양보험법 시행령 제2조에 따른 노인성 질병으로 한정) 장기요양인정 점수가 45점 이상 51점 미만인 자
인지 지원 등급	치매환자로서(노인장기요양보험법 시행령 제2조에 따른 노인성 질병으로 한정) 장기요양인정 점수가 45점 미만인 자

(3) 등급판정 절차

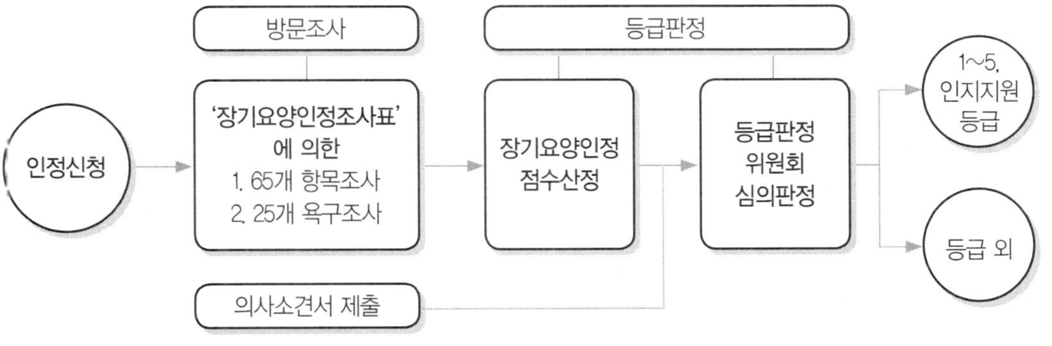

(4) 등급판정위원회의 심의 · 판정

등급판정위원회는 방문조사 결과, 의사소견서, 특기사항 등을 기초로 신청인의 기능상태 및 장기요양이 필요한 정도 등을 등급판정 기준에 따라 다음과 같이 심의 및 판정한다.

- 요양필요상태에 해당하는지 여부를 심의한다.
- 요양필요상태인 경우 등급판정 기준에 따라 등급을 판정한다.
- 필요에 따라서는 등급판정위원회의 의견을 첨부할 수 있다.

① 심의판정자료

- 인정조사결과

- 의사소견서
- 특기사항

② 요양필요상태심의

- 일상생활 자립도
- 등급별 상태상 등

③ 등급판정 기준에 따른 등급판정

- 1등급 : 95점 이상
- 2등급 : 75점 이상 95점 미만
- 3등급 : 60점 이상 75점 미만
- 4등급 : 51점 이상 60점 미만
- 5등급 : 45점 이상 51점 미만 & 치매
- 인지지원등급 : 45점 미만 & 치매

④ 등급판정위원회 의견첨부

- 인정유효기간 변경
- 급여이용에 대한 의견제시 등

5) 인정 결과 통지

장기요양등급판정위원회의 등급판정결과에 따라 장기요양인정서, 표준장기요양이용계획서를 함께 송부한다. 장기요양인정 여부 및 등급이 판정되면 공단에서는 장기요양인정서(인정받지 못한 경우에는 장기요양인정 신청 결과 통보서)와 표준장기요양이용계획서를 장기요양신청자에게 발송한다.

▶ **장기요양인정서와 표준장기요양이용계획서**

- **장기요양인정서**
  장기요양인정자에게 장기요양등급과 유효기간, 급여의 종류 및 내용 등 안내
- **표준장기요양이용계획서**
  장기요양수급자에게 장기요양급여를 원활히 이용할 수 있도록 급여 종류 · 내용과 비용을 안내

---

6) 급여의 이용

수급자가 자율적으로 장기요양기관을 선택하여 급여계약을 체결한 후 시설 및 재가 장기요양급여를 받을 수 있다. 국민건강보험공단으로부터 장기요양인정서가 도착한 날부터 필요한 장기요양급여를 받을 수 있다. 장기요양수급자는 본인의 선택에 따라 장기요양기관을 선택하고 계약을 체결한 후 장기요양시설이나 집에서 장기요양급여를 받을 수 있다. 장기요양시설이나 재가급여기관은 장기요양수급자에게 표준장기요양이용계획서를 고려하여 구체적인 계약의 내용에 따라 급여를 실시하여야 하며 장기요양수급자와 체결한 계약의 내용을 '장기요양급여제공계획서'에 의하여 공단에 지체 없이 통보하여야 한다. 이때, 공단은 수급자(가족 등)에게 인정서와 표준장기요양이용계획서의 내용을 설명하고 급여이용절차 등을 안내하며, 정기적인 상담을 통하여 급여를 원활히 이용할 수 있도록 지원한다.

4. 재원 조달

장기요양급여에 소요되는 비용은 국민들이 납부하는 장기요양보험료와 국가부담(정부지원) 그리고 장기요양급여 이용자가 내는 본인부담으로 충당한다.

▶ **장기요양보험료**

- 장기요양보험료=건강보험료×장기요양보험료율
  ※보험료율은 장기요양위원회의 심의를 거쳐 대통령령으로 정함
- 보험료 납부대상:건강보험과 동일
  ※장기요양보험료율(%):장기요양위원회 심의를 거쳐 대통령령으로 정함
- 보험료 고지 · 납부 : 하나의 고지서에 건강보험료와 장기요양보험료를 구분하여 고지하지만 납부는 합산된 금액으로 통합 납부

국가는 예산의 범위 안에서 당해 연도 장기요양보험료 예상수입액의 20%에 상당하는 금액을 지원한다. 국가와 지자체는 의료급여수급권자의 장기요양급여비용 및 관리운영비를 전액 부담한다. 급여를 받는 본인이 부담하는 비용은 재가급여는 당해 장기요양급여비용의 15%, 시설급여는 당해 장기요양급여비용의 20%를 부담한다. 다만 다음과 같은 경우에는 면제하거나 경감한다.

- 국민기초생활보장법에 의한 수급권자는 본인부담금 면제
- 그 외 다른 법령에 의한 의료급여수급권자는 50% 경감

5. 급여 개시와 부당청구

개시일: 2008년 7월 1일부터 장기요양수급자에게 급여를 시작하였다. 노인장기요양보험 재정 누수를 방지하고 올바른 수급질서를 확립하기 위하여 부당한 방법으로 장기요양급여비용을 청구한 장기요양기관을 신고할 경우 포상금을 지급하고 있다.

▶ **신고대상**

- 방문요양 등 재가급여 시간을 늘려서 청구
- 시설급여 및 단기보호 일수를 늘려서 청구
- 급여를 실시하지 않고 급여비용을 청구
- 요양보호사 자격이 없는 사람이 제공한 급여비용 청구
- 급여제공기록지 거짓기재 및 급여내역 조작 청구
- 복지용구 관련 부당청구 등

신고인은 장기요양기관에 종사하거나 종사하였던 자, 복지용구 제조 · 판매업자에게 고용되어 있거나 고용되었던 자, 장기요양급여를 받은 자 또는 그 배우자와 직계존 · 비속, 기타 이외의 일반인 등이다. 신고방법은 방문, 우편, 인터넷[노인장기요양보험 홈페이지(www.longtermcare.or.kr)], 유선으로 할 수 있다. 신고대상은 거짓이나 그 밖의 불법 · 부당한 방법에 의하여 장기요양급여비용 청구와 관련한 모든 유형이 해당한다.

Ⅲ. 공적노인요양보장의 법적 구조

1. 기본구조

의료보장은 두 가지 의미를 가진다. 질병 등의 건강상태 악화로 인한 진료 및 치료보장과, 노인의 총체적 건강악화로 인하여 수반되는 노인 수발의 의미로서 장기요양보장을 포

함한다.[5] 사회보장에서 의료보장제도의 중심을 차지하고 있는 개별법률인 국민건강보험법과 의료급여법은 일반 국민을 대상으로 하는 것이므로 노인을 위한 독자적 의료보장제도로는 사회복지영역의 노인복지법과, 사회보험영역의 노인장기요양보험법이 노인 의료보장에 있어서 중요한 의미를 갖는다.

일반적으로 요양서비스는 시설보호와 재가복지서비스를 통해 이루어진다. 이는 일반적인 규범은 사회복지사업법에 규정하고 있다. 노인에 관하여는 노인복지법과 노인장기요양법이 특별법으로 존재한다. 치매관리 및 치매환자에 대한 지원에 관하여는 치매관리법이 특별법으로 존재한다.

[표 2-2] 공적노인의료보장관련법 구조

영역	급여내용과 성격 등	관련법	대상
사회보험법	단기적 건강보험급여 · 질병보험 · 건강보험 장기적 요양급여 · 노인장기요양보험	국민건강보험법 노인장기요양보험법	일반국민 노인
공공부조법	생활곤궁자에 대하여 무갹출 무상으로 의료보장	의료급여법	일반국민
사회복지법	노인의 최저 의료보장실현	노인복지법	노인

자료 : 연구자가 재구성한 것임

노인장기요양보험에서 가입자와 대상자가 일반적으로 불일치한다. 가입자는 전국민인데 반하여 그 혜택은 65세 이상의 노인 및 65세 미만의 자로서 치매 · 뇌혈관성질환 등 대통령령으로 정하는 노인성 질병을 가진 자에 한정되어 주어지고 있다(동법 제2조 제1호).

의료급여법은 생활이 어려운 자에게 의료급여를 실시하여 국민보건의 향상과 사회복지의 증진에 이바지함을 목적으로 한다. 이러한 공공부조로서의 의료보장은 무상으로 국민의 생존을 유지하도록 보호하고자 하는 생명권보장의 의미를 내포하고 있다.[6] 의료급여는 그 재정이 국민으로부터 나오며 이를 효율적으로 배분하는 것은 국가가 재정운영의 효율성을 기함에 있어서 중요한 원천이 된다. 공공부조를 통한 의료보장에서 전제되어야 하는 것은 의료재정의 효율적 활용을 도모하는 것이다.[7]

---

5 足立正樹, 各國の介護保障, 京都:法律文化社, 1998, 86–89面.

6 Gary R. Andrews, Aged Society and Responses in the World, World Responses to the Aged Society 10, 2004, p.38.

7 Stefano. Giubboni, Social rights and market freedom in the European constitution : a labour law perspective, (Cambridge, UK; New York: Cambridge University Press, 2006), pp.64–65.

2. 노인복지법과 노인장기요양보험법과의 관계

노인복지법상 노인의료복지시설 중 요양시설, 노인요양공동생활가정과 재가노인복지시설 중 방문요양, 주 · 야간보호, 단기보호 및 방문목욕에 관한 규정이 노인장기요양보험법상 시설급여 및 재가급여와 동일한 의미와 성격을 가지고 있다. 수급자범위에서 노인복지법이 기존의 서비스대상자 외에 노인장기요양보험법상 수급자를 포함하고 있다. 서비스 내용에서 노인장기요양보험이 신체활동지원을 중심으로 하는 직접적 서비스인 반면 노인복지법상 서비스는 이러한 서비스 외에도 보조적 성격의 신체활동지원과 예방적 사업, 사회안전망구축사업 및 긴급지원 등을 제공하도록 하고 있어 노인장기요양서비스에 대한 보충적 성격을 가지고 있다.[8]

2008년 노인장기요양보험법의 시행으로 인하여 노인복지법의 역할은 더욱 중요해졌다. 이는 기존의 수급자뿐 아니라 보험이후 발생한 새로운 사각지대에 대한 문제의 해결과 더불어 예방적 · 보충적 차원에서 노인복지법이 보다 다양하고 광범위한 역할을 수행해야 할 책임이 있다는 것을 의미한다. 노인장기요양보험법과 노인복지법은 다음과 같은 법의 취지나 목적과 성격이 서로 다르다.

[표 2-3] 상호관계

노인복지법	노인장기요양보험법
예방적 · 포괄적 · 공공부조적 · 보충적 성격, 국가 또는 지방자치단체가 재정 충당	사후적 · 제한적 · 사회보험적 성격
고령 또는 노인성 질환에 따른 신체기능의 저하로 독립생활이 어려운 노인에 대한 신체활동 지원을 중심으로 제공	고령이나 치매 · 중풍 등 노인성 질병 등의 사유로 일상생활을 혼자서 수행하기 어려운 노인들에게 장기요양급여를 제공하여 노후의 건강증진 및 생활안정을 도모하고 가족의 부담을 덜어줌으로써 국민의 삶의 질을 향상
주로 국민기초생활보장수급자 등 특정 저소득층을 대상으로 국가나 지방자치단체가 공적부조방식으로 제공하는 서비스 위주로 운영	소득에 관계없이 심신기능 상태를 고려한 요양필요도에 따라 장기요양인정을 받은 자에게 서비스가 제공되는 보편적인 운영체계

자료 : 연구자가 재구성한 것임

국민건강보험은 질환의 모든 국민을 대상으로 진단, 입원 및 외래치료, 재활 등을 목적으로 주로 병 · 의원 및 약국에서 제공하는 서비스를 급여대상으로 하는 반면, 노인장기요양

8 석재은, "공급자 관점에서 노인장기요양보험제도의 개선방안", 보건복지포럼, 한국보건사회연구원, 2010, 34~34면.

보험은 고령이나 노인성 질병 등으로 인하여 혼자의 힘으로 일상생활을 영위하기 어려운 대상자에게 요양시설이나 재가기관을 통하여 신체활동 또는 가사지원 등의 서비스를 제공하는 제도이다. 노인복지법상 노인요양은 주로 국민기초생활보장수급자 등 특정 저소득층을 대상으로 국가나 지방자치단체가 공적부조방식으로 제공하는 서비스 위주로 운영되어 왔으나 노인장기요양보험법상의 서비스는 소득에 관계없이 심신기능 상태를 고려한 요양필요도에 따라 장기요양인정을 받은 자에게 서비스가 제공되는 보편적인 운영체계이다.

노인복지법과 노인장기요양보험법의 목적과 성격의 차이로 다음과 같은 문제점이 나타나고 있다. 첫째, 노인장기요양보험법상 수급자는 노인복지법상 수급자에 포함되는 것인지, 만일 포함되지 않는다면 노인장기요양보험법상의 급여외의 서비스에 대해 이를 어떻게 제공할 것인지에 대한 문제가 있다.[9] 노인장기요양보험법 제정은 노인복지서비스의 욕구를 가진 저소득 내지 상위의 소득계층에 대한 진입장벽을 낮춰주는 효과를 가져왔다. 즉, 기초수급권자 · 차상위계층 및 저소득 노인위주의 복지서비스 공급체계를 서비스가 필요한 모든 노인으로 확대되고 서비스가 양적 · 질적으로 향상되었다. 특히 치매 · 중풍 등 질환 노인에 대한 의료대체적 내지 의료보완적 기능으로서 요양서비스가 제공되는 계기가 되었다. 우리나라 노인장기요양보험법의 제정은 수익자부담원리에 의한 새로운 노인복지서비스의 창설과 확대를 의미한다. 노인복지법의 기능을 축소하여 노인장기요양보험제도권에 포섭하는 것을 의미하는 것은 아니다. 오히려 노인장기요양보험법과의 연계강화, 상호보완성 기능을 강화하여 노인복지서비스가 그 역할을 제대로 작동하고 유지할 수 있도록 해야 한다.

그럼에도 불구하고 노인복지법의 관점에서 보면 시설서비스나 재가서비스 모두 그 수급자 범위에 특별한 변화는 없어 보이며 오히려 예방적 측면에서는 일반수급자나 장기요양등급탈락자 등에 적절히 대응하지 못하고 있다. 즉, 장기요양보험법상 수급권자임에도 서비스 이용이 현저하게 곤란한 자, 요양등급이 하락하거나 수급권자로 진입하지 못한 등급임에도 적절한 서비스를 받지 못하는 자 및 노인장기요양보험 시행 이후 노인복지법상 노인복지서비스 대상에서 제외된 자 등에 대한 보호체계는 고려되고 있지 않다.[10] 장기요양보험탈락자에 대해서는 노인복지법이 노인의 질환에 대한 사전예방 또는 조기발견을 통한 심신의 건강유지뿐 아니라 심신의 건강에 영향을 미칠 수 있도록 노인복지법이 제대로 작

9 예컨대, 노인장기요양보험법상 수급권자라도 경제적인 이유 등으로 인하여 그 이용이 어려운 자 또는 요양등급이 하락하거나 수급권자로 진입하지 못한 자에 대한 보호체계가 마련되어 있지 않다(장봉석, "노인장기요양보험 시행 이후 노인복지법의 역할에 관한 소고", 전북대학교 법학연구 통권 제32집, 2011.5. 409면).

10 이에 관한 자세한 연구는 장봉석, 위의 논문, 410~419면 참조.

동될 수 있어야 한다.

노인장기요양보험제도로 인하여 그동안 실시되었던 공공부조 중심의 노인복지가 포기되어서는 안 되며 그동안 수행했던 노인복지는 그대로 유지되면서 장기요양보험제도가 함께 연계성을 강화하고 조화롭게 운영되도록 하는 것이 노인장기요양보험법제 개선 과제가 될 것이다.[11]

둘째, 노인장기요양보험수급자는 치료 · 요양에 대하여 이미 노인장기요양보험을 통해 그 목적을 달성할 수 있음에도 불구하고 다시 노인복지법에 규정하고 있어 양제도의 중복성의 문제가 있다. 그러나 1~5등급자 중 노인장기요양보험 수급자 이외의 수급자에 대해서는 보호체계가 마련되어 있지 않다. 예컨대, 경제적 사정 등으로 인하여 노인장기요양서비스를 이용하지 못하는 경우라면 이에 대해 노인복지법이 개입할 필요가 있음에도 불구하고 아무런 규정도 없다.

3. 관련법체계상의 문제점

의료보장의 경우 무엇보다 노인의 특수성을 반영한 의료서비스의 질적 수준의 개선이 필요하다. 특히 노인이라는 특수한 계층의 사회복지서비스 영역으로 보더라도 노인에 관해서는 다른 사회복지의 영역보다 보건과 복지의 통합화가 강하게 요구된다. 그러나 ① 노인의료보장 관련 노인복지 개별법간의 체계가 정합성을 이루고 있지 못하거나, ② 관련법간의 상호보완성 결여나 위계성 등 관계의 모호성으로 인한 급여공백이 생기며, ③ 관련법들간의 관계의 중복성 등의 문제점이 발생하게 된다. ①의 경우로 노인장기요양보험법에서 장기요양서비스는 노인복지법에 의하여 설립된 노인요양시설, 노인요양공동생활가정, 재가노인복지시설의 지정이라는 행정행위를 통하여 이를 활용하는 형태로 운영되고 있으며 노인장기요양보험법에 따라 장기요양기관으로 지정된 노인복지법상의 노인요양시설 등이 장기요양수급자에게 행하는 서비스는 노인장기요양보험법상의 장기요양급여에 해당한다. 즉 장기요양시설의 설립 등 진입에 관한 규제는 노인복지법에서 하고 운영 및 관리에 관한 사항(예컨대, 장기요양기관의 종류와 기준, 장기요양기관의 지정기준, 재지정 금지기간, 장기요양요원 등) 중의 일부 내용은 노인장기요양보험법에서 하게 되어 있으므로 법의 체계 정합성이 문제될 수 있다.[12]

---

11 이호용, 앞의 논문, 28면.

12 이에 관한 자세한 연구로는 이호용, "우리나라 노인복지법제의 현황과 과제", 법학논총 제35권 제2호, 2011, 28면.

②의 경우 예컨대 노인장기요양보험은 사회보험으로서 보편적 서비스를 실시하게 됨으로써 종전의 노인복지법이 제공하던 공공부조적 서비스를 중단하게 되는 결과 노인요양서비스의 공백이 발생하게 되어 문제점으로 지적되고 있다. 기존의 노인복지사업을 하던 생활시설, 개별기관이 노인장기요양보험 기관으로 사업수행을 하게 됨으로써 노인복지법이 있음에도 불구하고 노인장기요양보험법이 상위법인 듯 지배하는 상황이 발생하고 이는 노인복지의 공공인프라를 무너뜨리는 것으로 인식되기도 한다. 종래 노인복지라는 사회복지서비스는 주로 공공부조라는 수단을 통해 시행되어 왔으나 장기요양보험이 시행되면서 공공부조의 성격은 감소하고 공공부조를 시행했던 기관이 장기요양보험기관으로 전환되면서 그동안 보호를 받던 노인들이 사각지대에 놓이게 되는 현상이 발생하게 된 것이다. 즉, 종전의 노인복지법상의 노인요양은 주로 국민기초생활보장수급자 등 특정 저소득층을 대상으로 국가나 지방자치단체가 공적부조방식으로 제공하는 서비스 위주로 운영되어 왔으나 노인복지법상의 노인요양시설 등은 노인장기요양보험법상 수급자뿐만 아니라 수급자가 아닌 65세 이상의 자(이용자로부터 비용의 전부를 수납받아 운영하는 시설의 경우 60세 이상의 자)에 대해서도 국가, 지방자치단체 또는 이용자 본인부담비용[13]으로 서비스를 할 수 있다. 기존의 노인복지서비스가 기초수급자와 저소득층의 요양요구가 있는 노인들을 대상으로 서비스를 제공하였다면 노인장기요양보험이 도입된 이후에는 소득수준과 무관하게 일정수준 이상의 요양욕구가 있는 노인을 대상으로 서비스가 제공되고 있다. 이와 같은 변화로 인하여 기존 서비스체계에서 요양욕구가 상대적으로 낮은 저소득층과 기초수급자는 서비스를 받지 못하는 문제가 발생하고 있다. 특히 장기요양보험제도에서는 노인의 요양욕구 이외의 가족 내 수발가능자원 및 소득수준을 고려하지 않음으로 인하여 요양등급에 포함되지는 못하였으나 요양보호를 필요로 하는 노인에 대해서는 서비스의 공백이 발생하게 된다.[14] 사실 노인장기요양보험제도는 치매 등 노인성 질병을 앓는 노인과 가족에게 유용한 제도다. 시설을 이용하는 노인은 장기요양급여 비용의 20%만 내고, 집에서

13 본인부담은 시설급여는 이용비용의 20%, 재가급여는 이용비용의 15%이며 단, 의료급여자 · 희귀난치성 질환자 등 50% 감면, 기초생활수급권자 무료이다.

14 예컨대, 1,2등급 환자의 경우 요양시설을 이용할 수 있는데 기초생활수급자가 아닌 경우에는 시설이용료의 20%를 환자가 내야 한다. 식사재료비와 이 · 미용비 등은 비급여 항목이라 본인부담금이 더 늘어난다. 2008년 전국요양보호사협회의 조사에 따르면 요양보험 이용자 및 보호자가 요양보험에 대해 토로한 가장 큰 불만은 본인부담금(44.4%)이다. 실제로 기초생활수급자에 포함되지 않은 차상위계층 중 자기부담금 때문에 시설을 이용하지 못하는 경우가 많다. 요양보험제도가 도입되기 전 상당수 차상위계층 노인들이 지방자치단체 등의 지원으로 무료로 돌봄서비스를 받아 온 점을 감안하면 상대적으로 불이익을 받고 있는 것이다. 보건복지부에 따르면 2010년 1~3등급 판정을 받은 노인 31만 5,994명 가운데 11%인 3만 4,000명이 요양보험을 이용하지 않았다. 이들 중 상당수가 본인부담금 때문에 요양보험 혜택을 포기한 것으로 추측된다(이호용, 위의 논문, 27면).

치료하는 노인은 15%만 부담하면 된다. 기초생활수급자는 전액이 면제되고, 차상위계층과 의료급여수급자는 본인부담금의 50%를 낸다. 여기서 사각지대가 생긴다. 바로 차상위계층과 의료급여수급자이다.

③의 경우 예컨대 노인복지법과 노인장기요양보험법은 서로 상이한 정책목표, 표적대상, 재원에 따라 급여종류의 확대 및 제공기관의 질적 수준의 제고 등이 이루어질 수 있는데도 위와 같이 동일한 내용을 규정하고 있는 것은 적절하지 아니하다. 이런 이유로 법개정 절차에서도 불필요한 절차가 반복된다. 예컨대 노인장기요양보험제도의 서비스 질 제고를 위해 장기요양급여 제공기관의 시설 및 인력기준을 제고하는 개정방향을 결정하게 되면 노인장기요양보험법의 개정이 아니라 노인복지법의 개정을 하여야 한다. 즉 노인장기요양보험법이 스스로는 노인장기요양보험에 관련된 내용을 완결적으로 규정하지 못하게 된다. 이러한 법체계 구조는 다른 영역의 법령에서도 발견될 수 있으나 문제는 양 법이 일반법, 특별법 혹은 기본법, 개별법의 관계에 있지 않으며 모두 노인복지서비스법이라는 동일한 성격을 가지면서 노인복지법의 시설기준은 현실적으로 노인장기요양보험제도를 위하여 주로 존재한다는 점이다.[15]

Ⅳ. 외국의 장기요양보험제도와의 비교 및 시사점

1. 제도적 특징

장기요양도입에 관하여 독일, 일본, 우리나라의 배경은 인구의 고령화, 가족기능 약화, 노인의료비 증가로 인한 건강보험의 재정악화라는 공통점 있다. 한편 우리나라와 일본의 경우에는 저소득층 중심의 기존제도의 한계성의 인식에서 특징을 가지고 있다.[16] 비교법적으로 보면 독일은 의료보험에 대응하는 수발보험법이 있지만 노인복지에 관한 별도의 법률은 없다. 일본의 장기요양보험은 노인복지법 시행령에서 노인복지법상 수급자에 장기요양보험수급자 또는 생활보호법상 수급자를 포함하고 있다.[17] 우리나라는 양 제도를 구분하고 있다. 반면 일본의 노인복지법은 신체적 · 정신적 건강유지, 생활안정을 위한 모든 필요한 조치를 강구하도록 하고 있다. 서비스 내용에서 우리나라는 신체활동중심서비스와 그

15 이호용, 위 논문, 29면 참조.

16 서명은, "주요국의 장기요양보험제도에 관한 비교 · 분석연구", 서울시립대학교 도시관학대학원(석사), 2009, 31면.

17 일본노인복지법 시행령 제1조 내지 제1조의4.

외의 서비스로 구분하고 있다. 반면 독일과 일본은 하나의 제도하에서 이를 모두 서비스로 규정하고 있다. 독일이나 일본이 특히 재가서비스에서 수급자에 대한 신체활동서비스 등의 요양서비스 이외의 서비스에 대해서도 인정하고 있다. 일본의 경우 예방적 · 보충적 성격의 서비스가 적절히 작동되고 있다.[18]

OECD 8개국의 장기요양보호 정책을 간략히 도표로 정리하면 [표 2-4]와 같다.

[표 2-4] OECD 주요국가의 장기요양보호제도 개요

국가	대상/자격	서비스 종류/수준	재정 방법		자산 조사	서비스 전달체계	서비스 수급노인 비율(%)
			기본방법	본인부담			
미국	장애인/65+	현물	조세/사회보험	있음	있음	공/비영/영	7.1
일본	40+	현물	조세/사회보험	있음	없음	공/비영/영	8.7
독일	전연령	현금/현물	사회보험	있음	없음	공/비영/영	11.0
룩셈부르크	전연령	현금/현물	사회보험	있음	없음	공/비영/영	8.8
네덜란드	전연령	현금/현물	사회보험	있음	없음	공/비영/영	14.7
영국	전연령	현금/현물	조세	있음	일부 있음	공/비영/영	25.4
캐나다	전연령	현물	조세	없음	있음	공/비영/영	–
호주	전연령	현금/현물	조세	있음	있음	공/비영/영	20.0
스웨덴	전연령	현물	조세	있음	있음	공/비영	17.0

자료 : OECD(2005)
*전달체계의 공은 공공체계, 비영은 민간비영리체계, 영은 민간영리체계를 의미함

2. 피보험자와 수급권자

OECD 주요국가의 대부분은 장기요양 보호 대상을 노인만으로 한정하는 경우는 없고 전국민을 대상으로 하고 있다. 그러나 노인이 가장 대표적이고 주된 장기요양보호 대상자가 되고 있다. 일본의 경우는 40-64세까지는 아주 제한된 서비스만을 제공하고 65세부터는 포괄적인 서비스를 제공하고 있다. OECD 국가 노인들의 20-25%가 장애를 가지고 있고[19] 대체로 2-8%의 노인들이 시설보호를, 3-20%의 노인들이 재가보호를, 전체적으로는 7-25%의 노인들이 장기요양보호서비스를 받고 있다.[20] 독일 장기요양보험(Pflegeversicherung : 양호보험, 간호보험)의 경우 연령이나 원인에 관계없이 모든 국민을 대상으로 하는 보편적 사회보장제도이다. 의료보험의 피보험자는 법에 의하여 당연히 장기요양보험

18 장봉석, 위의 논문, 418면.
19 Jacobzone, S. (2000). Coping with Aging: International Challenge. Health Affairs, 19, 3, 213-225.
20 OECD (2005). Long-term Carr for Older People. Paris: OECD.

의 가입자이다.[21] 사설의료보험에 가입하고 있는 자는 사보험에서 관리 · 운영하는 장기요양보험에 가입해야 한다.[22] 수급자격은 전 국민을 대상으로 한다. 육체적 · 정신적 또는 정서적 질병이나 장애로 인하여 일상생활을 통상적 · 반복적으로 수행하는데 적어도 6개월 이상 타인의 조력을 필요로 하는 사람을 그 대상으로 한다.[23] 이는 일본과 우리나라가 노인 또는 노인성 질환을 앓고 있는 자만을 수급권자로 인정하고 있는 것과 차이가 있다.[24]

일본의 장기요양보험은 피보험자를 제1호와 제2호 피보험자로 구분한다. 제1호 피보험자는 65세 이상 노인으로 요개호상태 · 요지원상태가 되면 그 원인에 관계없이 수급자격을 갖는다. 제2호 피보험자는 40세 이상에서 64세까지 의료보험 가입자로 뇌졸중, 노인의 초기치매 등 16종의 특정 질병에 수반하여 발생하는 요지원 · 요개호상태에 대해서만 보험급부를 받는다(장기요양보험법 제9조). 요개호상태는 노쇠하여 질환중에 있거나 치매 등으로 주택 및 시설서비스 개호를 항상 받아야 하는 경우를 말하고 요지원상태는 요개호상태로는 인정할 수 없으나 사회적으로 일상생활을 보내기 위해 지원이 필요한 상태를 말한다.[25] 개호급여 수급자격은 신체상 · 정신상의 장애로 인하여 목욕, 배설, 식사 등의 일상생활에서 기본적인 동작의 전부 또는 일부에 대해서 타인의 도움을 필요로 하는 개호필요상태가 6개월 이상 지속되는 사람에게 주어진다(장기요양보험법 제19조).

우리나라의 경우 노인요양보험 가입자는 국민건강보험 가입자와 같이 전 국민이다(동법 제7조 제3항). 수급자는 일본과 같이 65세 이상의 노인은 제1호 수급자로 원인과 관계없이 보험급여의 수급권이 발생한다. 45세에서 64세까지의 노화 및 노인성 질환 대상자는 제2호 수급자로 노화에 따른 질병으로 인해 요양보호가 필요하다고 판단될 때에만 인정된다.

3. 재정방식

OECD 국가의 장기요양보호서비스 비용 조달 방식은 대체로 3가지 방식이 있다. 즉, 조세방식(호주, 영국, 스웨덴, 캐나다, 노르웨이 등), 사회보험 방식(독일, 룩셈부르크, 네덜란드), 조세와 사회보험의 혼합방식(일본)이 있다. 미국의 장기요양보호 프로그램은 하나의 포괄적 프로그램은 아니고 두 가지 프로그램에 조세방식(Medicaid에 적용)과 사회보험(Medicare에 적용)을 각각 달리 적용하고 있다. 장기요양보험이라는 사회보험(1995년 시

21 SGB XI 제1조 제1항, 제20조.

22 SGB XI 제23조.

23 SGB XI 제14조 제1항.

24 조지현, 앞의 논문, 134-135면 참조.

25 조지현, 앞의 논문, 135면.

행) 방식을 취하고 있는 독일의 경우는 보험료를 사용자와 피용자가 공동분담하고 퇴직자의 경우 본인과 연금기금에서 각각 절반씩 분담하고 있다. 조세방식을 취하고 있는 국가의 경우 전 국민 대상 보편적 서비스를 제공하는 국가도 있지만(오스트리아, 노르웨이, 스웨덴 등) 많은 국가에서는 자산(소득)조사에 의하여 수급자격이 결정되고 재정을 중앙정부와 지방정부가 분담하고 있다.[26]

최근 장기요양보험의 사회적 비용증가로 인하여 중앙정부 측의 재정부담을 줄이려는 노력이 이루어지고 있다. 조세방식을 취하는 국가는 물론 사회보험 방식을 취하는 국가도 중앙정부 이외에 지방정부에게도 재정부담을 지우는 것이 일반적이다. 특히 시설보호가 비용이 많이 들기 때문에 시설보호에 대하여 비용을 분담하는 경우가 가장 많다. 사회적 비용의 절약을 위해 장애정도가 높은 대상자에게 서비스를 우선 제공하는 한편 장애 예방사업을 통하여 시설입소를 예방 및 지연시키는 추세에 있다. 공적 비용과 개인의 부담능력 이상의 비용은 별도의 개인적(상업적) 의료보험으로 보완하도록 하는 경향도 보이고 있다.[27]

4. 요양서비스의 종류와 수준

장기요양서비스는 국가에 따라 차이가 많지만 전체적으로 보면 다양한 서비스들이 제공되고 있다. 서비스의 종류는 실제로 장애를 가지고 있어 도움을 필요로 하는 노인[28]과 노인을 수발하는 가족 수발자를 위한 것[29]으로 크게 나누어 볼 수 있다. 장기요양보호 서비스가 가족 이외의 공식적 서비스에 의존하는 비율은 점차 증가하고 있지만 아직도 가족에

---

26 최성재, 노인수발보험법(안) 시행의 문제점과 쟁점, 한국노인과학학술단체연합회, 제9회 고령사회포럼, 2006.2.24 발표논문, 6면.

27 OECD (2005). Long-term Carr for Older People, Paris: OECD.

28 장기요양보호를 필요로 하는 노인을 위한 서비스로서 노인의 신체적 및 정신적 독립성의 정도에 따라 독립성이 높은 사람 서비스부터 독립성이 낮은 사람 서비스 순으로 소개하면 다음과 같다. ① 아웃리치(out-reach) 서비스: 안내, 전화방문, 응급처치, 교통편의 제공, 식사배달, ② 재가보호(home care) 서비스: 의사왕진, 방문간호, 하이테크 재가요법, 가정봉사원, 호스피스, 목욕, 의료/치료장비 대여, 손톱 깎기, 실금자 의복세탁, 건강진단 방문, 도서대여 서비스 등, ③ 통원 서비스(ambulatory service): 병원 외래치료, 낮 병원, 주간보호 센터, 단기보호 센터 서비스 등, ④ 보호주택(sheltered housing): 보호 관리자가 있는 노인 집합주택, ⑤ 의존주택(assisted living facility): 수단적 일상생활 수행동작(IADL)과 일상생활 수행동작(ADL)에 문제가 있는 노인을 위한 집합주거 서비스, ⑥ 중간보호(intermediary care): 재가보호 서비스에서 시설보호 서비스로 가는 중간과정에서 지역사회에서의 생활을 최대한 연장 또는 시설 조기입소 예방을 위한 통합적 서비스, ⑦ 그룹홈(group home): 시설보호를 할 정도는 못되지만 가족이 보호하기 어려운 상태의 노인들을 5-6인 정도 일반주택에서 보호하는 서비스, ⑧ 노인병원(geriatric hospital): 정신장애(치매 등), 중풍 등 장기적 치료를 요하는 노인에 대한 장기적 병원 입원 서비스, ⑨ 요양시설(nursing care facility): 일반노인요양시설, 특별노인요양시설, 계속보호 실버타운[continuing care retirement community(CCRC: 독립주거, 의존주거 및 요양시설이 같은 구내에 있는 실버타운)] 등이다.

29 가족 수발자를 위한 서비스는 ① 비물질적 서비스: 교육 훈련, 정보제공, 안내, 가족보호자 교대 서비스(respite care), 가족보호자 자조집단 지원 등, ② 물질적 서비스: 수발수당, 교대/휴가 수당, 수발기간 연금납입기간으로 인정, 소득지원 등이다.

의존하는 비율이 훨씬 높다. 가족 수발자에게 노인을 수발하는 과정에서 피로, 스트레스, 타 가족원과의 갈등, 개인 사생활 시간의 박탈, 수발기술 부족으로 인한 어려움 등이 많이 나타나 가족 수발자 자신도 서비스를 받아야 할 경우가 많아지게 되었다. 그러므로 장기요양보호 서비스에 있어서 노인뿐만 아니라 노인의 가족 수발자도 대상자가 되고 있고 이에 OECD 주요국가에서는 가족 수발자에 대한 여러 가지 서비스가 제공되고 있다.[30]

독일의 경우 재가급여와 시설급여 및 요양서비스 제공자에 대한 급여로 나뉘어 진다.[31] 재가급여가 우선이고 재가보호로 충분한 요양보호를 받을 수 없는 경우에 한하여 단기보호급여를 청구할 수 있으며 이러한 방법으로도 충분한 요양보호가 이루어질 수 없는 경우에만 시설에 입소시켜 시설보호를 받는 것이 독일 장기요양보험제도의 원칙이다.[32] 급여형태로는 현물급여, 현금급여, 현물과 현금의 혼합급여가 있다. 단, 시설급여는 현물급여만이 제공된다. 급여는 최고한도액까지 장기요양보험에서 부담하고 초과금액은 본인이 부담하여야 한다. 이외에 재가요양보호 제공자에 대한 급여가 있다.

일본은 재가서비스, 시설서비스로 나눌 수 있다. 재가서비스는 다시 재가서비스, 지역밀착형서비스, 케어메니지먼트로 나누어진다(장기요양보험법 제10조). 이들은 모두 비용급여로서 규정형식은 현금급여이다. 요개호자로 인정된 자는 재가서비스와 시설서비스 모두 이용이 가능하나 요지원자는 재가서비스 중 신예방급여[33]만을 이용할 수 있다.

우리나라는 장기요양보호 대상 노인을 위한 급여와 가족요양보호제공자를 위한 급여로 분류되는데 전자는 재가급여와 시설급여로 분류된다. 재가급여(동법 제23조 제1항 제1호)는 가정에서 요양보호사와 간호사 등으로부터 식사 도움, 화장실 도움, 세면, 목욕, 말벗, 외출동행, 간호서비스 등을 받으며 집안청소 등 일상가사 지원서비스도 받을 수 있는 급여를 말한다. 시설급여(동법 제23조 제1항 제2호)는 수급자를 장기요양기관이 운영하는 노인복지법 제34조의 규정에 따른 노인의료복지시설(노인전문병원은 제외)에 장기간 동안 입소시켜 신체활동 지원 및 기능회복훈련 등을 제공하는 장기요양급여를 말한다. 특별현금급여(동법 제23조 제1항 제3호)로는 가족요양비(제24조), 특례요양비(제25조), 요양병원간병비(제26조) 등 3종을 규정하고 있다.

---

30 최성재, 노인수발보험법(안) 시행의 문제점과 쟁점, 한국노인과학학술단체연합회, 제9회 고령사회포럼, 2006.2.24 발표논문, 5면.

31 SGB XI 제28조.

32 SGB XI 제3조.

33 이는 요지원자를 대상으로 제공되는 서비스로서 요개호대상자에 대한 서비스보다 다소 낮은 수준의 서비스가 제공되는 서비스로서 요개호상태로의 진전을 예방하는 서비스에 중점을 둔다(조지현, 앞의 논문 137면).

[표 2-5] 독일, 일본, 한국의 노인의료복지서비스법의 비교

구분	관련법	성격	수급자	급여의 종류	급여내용
독일	수발보험법		전국민을 대상, MDK(건강보험의료심사) 1~3등급	시설 · 재가 · 요양서비스 제공자에 대한 급여	포괄적
일본	노인복지법	보충적	65세 이상의 자로 신체상 · 정신상의 장해로 인하여 일상생활을 영위하는데 지장이 있는 자로서 어쩔 수 없는 사유에 의하여 장기요양보험법에서 정한 개호급여를 이용할 수 없는 자	노인거택생활지원 노인복지시설	포괄적
	장기요양보험법	예방적 · 사후적	요개호 1~5등급 요지원 1~2등급	시설 · 재가 지역밀착형 예방서비스 등	포괄적
한국	노인복지법	예방적 · 보충적	노인장기요양보험법상 1~5등급 노인성질환을 가진 국민기초생활보장 수급자 또는 부양의무자로부터 적절한 부양을 받지 못하는 자로서 시 · 군 · 구청장이 의뢰한 자	노인돌봄시설 · 재가, 재가노인지원서비스[34]	사업별로 다름
	노인장기요양보험법	사후적	요양등급 1~3등급	시설서비스 · 재가서비스 · 가족요양보호제공자를 위한 급여	포괄적 제한적

자료 : 장봉석, 앞의 논문, 417-418면을 참조하여 연구자가 보완하여 작성

최근 다수의 국가에서는 중요 질병이나 장애에 대하여 복합적이고 연속적인 서비스 체계(continuum of care) 프로그램을 개발하고 특히 재가 또는 지역사회 서비스를 강화 및 다양화하며 또한 가족 수발자 지원 서비스를 강화하는 등 보호의 연속체계가 유지될 수 있도록 하는 추세이다. 최근 선진 OECD 국가의 가장 두드러진 장기요양보호서비스 동향은 재가보호(community care)[35]를 강조하는 경향이다. 재가보호 서비스를 다양화하고 서비스 질을 강화하여 지역사회에서 재가보호 서비스를 받도록 하는 것이 비용도 절약하고 노인의 심리적 및 사회적 측면에서도 바람직한 것으로 인정되고 있다. 그렇기 때문에 OECD 국가에서는 가족 수발자의 적극적 참여를 이끌어 내는 여러 가지 서비스를 제공하는 방향을 추구하고 있다.[36] 또한 주거공간의 구조가 노인이 신체적 장애를 가지고 생활할 수 있도록 잘 설계되면 어떤 면에서 주거공간 자체도 중요한 장기요양보호서비스가 될 수 있기 때문에

---

34 재가노인지원서비스는 노인복지법상에서만 인정되고 있는데, 노인장기요양보험법 시행규칙상 재가서비스에 재가노인지원서비스가 작동될 수 있도록 해야 한다.

35 community care는 본래의 의미대로라면 지역사회보호라 하는 것이 바람직하지만 우리나라에서는 이를 재가보호로 부르고 있다.

36 OECD (2005). Long-term Carr for Older People. Paris: OECD.

장애노인의 신체적 독립성을 높여줄 수 있는 주거 서비스로서 보호주택(sheltered housing), 의존주택(assisted living facility), 계속보호 실버타운(CCRC) 등의 제공과 입주 인센티브 등을 제공하는 등 주거 서비스도 주요 장기요양보호서비스로 고려되고 있다.[37]

5. 전달체계

장기요양보호서비스 전달체계는 조세방식의 경우는 지방정부 행정조직의 재정관리 하에 공공부문, 비영리부문 및 영리부문 공급자를 통해서 전달되고 있다. 사회보험방식 및 혼합방식은 지방정부 조직 또는 정부조직 외의 별도의 관리조직을 두는 경우가 있고 공공, 비영리 및 영리부분의 공급자를 통해 서비스가 전달된다. 서비스 공급조직체계는 국가에 따라 차이가 있다. 영국의 경우는 공공부문 위주이지만 미국은 민간 비영리와 영리부문 위주이고 스웨덴은 공공부문과 민간 비영리부문 위주이고 민간 영리부문은 아주 드물다.[38]

독일은 가입자나 부양가족의 신청에 의하여 시작된다. 현대 사회복지 서비스의 성격인 요양대상자의 요양청구권에 의해 서비스를 받게 한다는 취지이다.[39] 신청을 받은 장기요양금고는 MDK에 장기요양 등급조사 및 판정을 의뢰하고 MDK에서는 소속된 의사 또는 요양전문직 중에서 담당자를 선정하여 신청자의 가정에 파견하여 36개의 평가항목을 기준으로 면접조사를 실시한다.[40] 이를 토대로 MDK 본부에서 요양보호 등급이나 필요한 요양서비스의 종류 등을 판정하고 개인별 요양보호 플랜을 작성하여 장기요양금고에 제출한다.[41] 이것을 심사하여 장기요양금고는 요양보호 등급의 결정 또는 신청기각을 결정하여야 하며 그 결정내역을 신청자에게 문서로 통지한다.[42]

일본은 개호급여를 받고자 하는 노인이나 그 가족은 시 · 정 · 촌의 담당창구에 관련서류를 첨부하여 장기요양인정신청을 할 수 있다. 신청후 시 · 정 · 촌의 직원 또는 장기요양보험전문원이 개호를 신청한 가정을 방문해 85개 항목에 걸쳐 건강상태를 조사한다. 이 때 담당의사로부터 의학적인 의견을 요구할 수 있다. 조사결과와 담당의사의견을 근거로 개호인정심사위원회에서 요지원 상태, 요개호 상태를 심사한다(장기요양보험법 제14조). 개

37 최성재, 노인수발보험법(안) 시행의 문제점과 쟁점, 한국노인과학학술단체연합회, 제9회 고령사회포럼, 2006.2.24 발표논문, 10면.

38 최성재, 노인수발보험법(안) 시행의 문제점과 쟁점, 한국노인과학학술단체연합회, 제9회 고령사회포럼, 2006.2.24 발표논문, 7면.

39 SGB XI 제33조 제1항.

40 SGB XI 제18조 제1항.

41 SGB XI 제18조 제5항.

42 조지현, 앞의 논문 143면.

호인정심사위원회는 보건 · 의료 · 복지의 학식있는 경험자로 구성되며 전국이 단일한 기준으로 심사 · 판정을 한다(장기요양보험법 제15조). 인정을 받으면 개호지원 전문원이 본인이나 가족의 의견을 존중하여 개인별 상황에 맞게 서비스 계획을 만들어 서비스 제휴사업자와 조정을 한다(개호보험법 제7조 제18항 · 제20항). 서비스 계획이 작성되면 거택서비스 사업자 등으로부터 필요한 재택서비스를 받을 수 있고, 자택에서 생활을 할 수 없을 때에는 특별양호노인홈과 장기간의 요양에 적합한 병원 등의 시설서비스를 받을 수 있다. 피보험자가 개호인정 결정이나 보험료 징수 등에 불복하는 경우에는 도도부현에 설치되어 있는 장기요양보험심사회에 심사를 청구할 수 있다(장기요양보험법 제183조).

우리나라의 경우 먼저 국민건강보험공단에 장기요양인정신청서를 제출한다(동법 제13조 제1항). 신청은 가입자 또는 그 피부양자, 의료급여수급권자가 할 수 있다(동법 제12조). 신청서 제출시에 신청자는 의사 또는 한의사가 발급하는 소견서를 첨부하여야 한다(동법 제13조 제1항). 신청자에 대해 공단은 장기요양요원(간호사, 사회복지사, 물리치료사 등으로 구성)으로 하여금 신청을 한 가정을 방문하여 '장기요양인정조사표' 및 조사요령에 의거 신청인의 심신상태, 필요한 요양급여의 종류 및 내용, 그밖에 필요한 사항 등을 조사하게 하여야 한다(제14조). 신청조사가 완료되면 장기요양요원은 조사한 결과를 컴퓨터 등급판정프로그램으로 분석하여 인정여부 및 장기요양등급에 대하여 1차 판정을 하고, 공단은 이 조사결과서 · 신청서 · 의사소견서 및 그밖에 심의에 필요한 자료를 지역별 장기요양등급판정위원회에 제출하여야 한다(동법 제15조 제1항). 등급판정위원회는 6월 이상의 기간 동안 일상생활을 혼자서 수행하기 어렵다고 인정되는 경우, 요양급여를 받을 자(수급자)로 결정하고 심신상태 및 요양급여가 필요한 정도에 따라 등급을 판정한다(동법 제15조 제2항). 판정이 완료되면 공단은 요양등급, 요양급여의 종류 및 내용 등에 관한 사항이 포함된 장기요양인정서와 요양급여를 원활히 이용할 수 있도록 하기 위한 이용계획서를 작성하여 수급자에게 통보하여야 한다(동법 제17조). 장기요양인정의 유효기간은 2년을 원칙으로 한다(동법 제19조). 장기요양인정서를 받은 수급자는 재가급여 또는 시설급여를 선택할 수 있으며 장기요양인정서와 표준장기요양이용계획서가 수급자에게 도달한 날부터 장기요양급여가 개시된다(동법 제27조 제1항). 장기요양인정, 장기요양등급, 장기요양급여, 부당이득, 장기요양급여비용 또는 장기요양보험료 등에 관한 공단의 처분에 이의가 있는 자는 공단에 심사청구를 할 수 있다(동법 제55조 제1항). 심사청구는 그 처분이 있음을 안 날부터 90일 이내에 문서로 하여야 하며, 처분이 있은 날부터 180일을 경과하면 이를 제기하지 못한다(동법 제55조 제2항). 심사청구 사항을 심사하기 위하여 공단에 장기요양심사위원회를 둔다(동법 제55조 제3항). 심사청구에 대한 결정에 불복하는 자는 결정통지를 받은 날부터 90일 이내에 장기요양재심사위원회에 재심사를 청구할 수 있다(동법 제56조 제1항). 재심사위원회는 보건복지부장관 소속으로 둔다.

노인 장기요양보호는 의료서비스와 사회서비스는 명확히 선을 긋기 어려운 부분이 많다. 최근 선진 외국의 경우 두 가지 서비스를 상호 연계하여 서비스의 통합 · 조정(예컨대, 팀 접근 : team approach)하는 것을 중요시하는 방향에 있다. 재가복지 서비스로서 더 이상 보호하기 어려운 경우에는 시설보호를 받도록 하되, 시설 입소전의 정확한 기능평가를 강조하는 경향에 있다. 또한 노인 장기요양보호의 문제는 건강문제 외에 노인의 사회적, 심리적, 경제적, 정신적 문제 등 다양한 문제가 동시에 나타나거나 상호 연계되어 있기 때문에 종합적으로 관리해 주는 서비스로 케이스 매니지먼트를 중요시하는 경향에 있다.[43] 소비자의 자기 결정권을 높여주고 소비자 중심의 서비스를 제공한다는 원칙하에 보호 서비스 제공 계획(care plan)과 서비스를 선택하는데 있어서 노인과 더불어 가족의 참여를 중시하는 경향에 있다. 장기요양보호서비스 기관은 공공부문, 민간 비영리부문 및 민간 영리부문으로 다양화되고 있다. 특히 민간 영리기관의 참여가 증가하는 추세이다. 비용의 절약과 서비스의 효과성을 높이기 위하여 서비스의 질을 강조하면서 서비스의 질 향상을 위해 서비스의 평가를 정기적으로 실시하고 서비스 지침과 교본을 공급하는 추세에 있다.[44]

6. 시사점

OECD 국가는 서비스 대상을 노인으로 한정하는 경우는 드물고 전국민을 대상으로 하는 서비스를 제공하고 있다는 점과 서비스 수혜 자격은 OECD 국가에 공통적인 하나의 경향을 말하기는 어려우나 대체로 증가되는 장기요양보호 비용을 고려하여 본인부담을 증가시키는 방향으로 가고 있다고 볼 수 있는 점[45]은 우리나라에서도 향후 고려해야 할 점이라고 본다. 서비스 종류 및 수준에서는 보호의 연속체계(continuum of care)[46]를 강화하고 있

43 최성재, 노인수발보험법(안) 시행의 문제점과 쟁점, 한국노인과학학술단체연합회, 제9회 고령사회포럼, 2006.2.24 발표논문, 11면.

44 Cuellar, A. E. & Weiner, J. M. (2000). Health Affairs, 19, 3, 8-25:OECD (2005). Long-term Carr for Older People. Paris: OECD.

45 별도의 장기요양보험을 사회보험 형태로 시행하고 있는 독일에서는 장기요양보호서비스가 자산조사 없이 전 국민에게 보편적으로 제공되고 있지만 프랑스의 경우는 독일과는 달리 별도의 장기요양보험 제도를 두지 않고 기존의 의료보험을 이용하고 있고 일부를 조세방식에 의존하고 있기 때문에 특정 서비스에 대해서는 자산조사를 실시하고 본인부담을 지우고 있다.

46 보호의 연속체계는 장애의 정도에 따라 계속 선상에서 다양한 서비스를 제공하는 것인데 이는 적절한 서비스가 제공되지 않아 시설로 조기 입소하게 되는 것을 최대한 예방하는 것에 큰 목적을 두고 있다.

는 점, 재가보호 서비스에 중점을 두면서 특히 OECD 선진국에서는 비용을 절약하는 면[47]에서 재가보호 또는 지역사회보호를 지향하는 방향으로 나가고 있다는 점, 가족 수발자의 적극적 참여를 이끌어 내는 여러 가지 서비스를 제공하는 방향을 추구하고 있다는 점[48], 주거 서비스를 주요 장기요양보호서비스로 간주하고 있는 점은 우리나라에서도 시사하는 바가 크다.

재정방식 측면에서는 노인장기요양 보호에 대한 사회적 비용증가를 억제하고 있다는 점을 고려할 때 시행시기가 다소 늦은 우리나라에서도 재정안정방안을 마련해야 한다는 점을 보여주고 있다. 이를 위해 중앙정부와 지방정부의 재정 분담 경향, 장애정도가 높은 대상자 우선의 서비스 지향, 사적보험에 의한 비용보완 지향 등의 방안의 마련이 필요함을 보여주고 있다.

전달체계의 측면에서 보면 선진외국의 사례에서 볼 때 의료서비스와 사회서비스의 통합 · 조정이 필요하다는 점, 시설 입소 전에 노인이 독립적 생활 기능이 어느 정도인가를 정확히 평가하는 것이 필요하다는 점, 장기요양보호서비스에서 케이스 매니지먼트를 중요시하는 방향으로 나가야 한다는 점, 보호 계획과 서비스 선택에 가족이 참여하도록 해야 한다는 점, 비용의 절약과 더불어 서비스의 효과성을 높이기 위하여 서비스의 질을 높여야 한다는 점을 보여주고 있다.

V. 노인장기요양보험법 운영실태와 법적 문제점과 개선방안

1. 노인장기요양보험법의 운영실태

2016년 국민건강보험공단에서 '노인장기요양보험 제도 만족도와 국민인식도' 조사 결과에 따르면 노인장기요양보험 제도전반에 대한 만족도(90.4%)는 비교적 높다. 수급자 어르신 방문면접조사에서도 만족도(85.6%) 역시 높아 보호자뿐만 아니라 수급자들도 제도의 긍정적 효과를 체감하고 있는 것으로 보인다. 일반국민을 대상으로 실시한 노인장기요양보험 제도에 대한 인지도(73.6%) 역시 상승하고 있는 것으로 나타났다. 서비스 이용과 관련한 개선 요구사항을 묻는 문항에서는 '잦은 장기요양인정 갱신조사 불편'(19.9%), '치매

47 시설보호 서비스는 대체로 의료모델로 운영되고 있어 의료인력의 인건비가 다른 분야에 비하여 높은 것이 시설보호 비용증가의 주된 원인이 되고 있다.

48 OECD (2005). Long-term Carr for Older People. Paris: OECD.

가족에 대한 상담지원 및 장시간 돌봄서비스 필요'(18.0%), '방문요양 · 간호 · 목욕 서비스에 대한 통합적 제공'(15.4%) 순으로 응답했다. 이러한 서비스 현장의 의견을 적극 수렴해 보건복지부와 건보공단은 수급자의 욕구와 기능상태에 맞는 다양한 요양서비스 개발 및 치매가족지원 서비스 확대와 요양시설 내 의료서비스 연계 강화 등을 지속적으로 추진할 필요성이 있다.

국민건강보험공단이 발간한 '2019 노인장기요양보험통계연보'의 장기요양보험 주요 실적에 따르면 우리나라는 고령화사회로 접어들며 2019년 12월 말 기준 의료보장 인구 중 65세 이상 노인이 800만 명이다. 장기요양보험 신청자는 111만 명이었다.

이 중 전체 노인의 9.6%(77만 명)만이 장기요양 등급을 인정받았는데 노인 인구보다 신청자 및 인정자 증가율이 더 높아 노인 인구 대비 인정률은 5년 전 7.0%에서 작년 9.6%로 증가세를 보이고 있다. 노인장기요양보험 인정자는 77만 2,000명으로 인정 등급별에선 1등급 4만 5,000명, 2등급 8만 7,000명, 3등급 22만 6,000명, 4등급 32만 6,000명, 5등급 7만 3,000명, 인지지원등급은 1만 6,000명이었다. 4등급 인정자가 전체의 42.2%로 가장 많았고 3등급, 2등급, 5등급, 1등급, 인지지원등급 순이다.

2019년 장기요양보험 총 연간급여비(본인일부부담금+공단부담금)는 8조 5,653억 원으로 증가가 지속되고 있지만 공단 부담금은 7조 7,363억 원으로 전체 급여비의 90.3%를 차지했다. 특히 장기요양보험 이용 수급자 1인당 월평균 급여비는 128만 원이고 급여이용 수급자 1인당 월평균 공단 부담금은 116만 원으로 매년 증가하고 있다.

총 연간급여비는 2015년 4조 5,226억 원에서 2016년 5조 52억 원, 2017년 5조 7,600억 원, 2018년 7조 670억 원으로 해마다 증가 추세에 있다. 건보공단이 2019년 노인장기요양보험 가입자에게 부과한 보험료는 4조 9,526억 원이고 가구당 월평균 9,191원이다.

2019년 말 기준 장기요양기관은 2만4953개소가 운영 중이다. 그중 재가기관은 1만9410개소, 시설기관은 5543개소였다. 장기요양보험료 징수액은 4조 8,674억원이다.

2019년 유형별 공단부담금을 살펴보면 총 공단부담금 7조 7,363억 원 중 재가급여는 4조 3,702억 원으로 56.5%를 차지했다. 나머지 43.5%는 시설급여로 3조 3,661억 원 규모다. 유형별로는 주야간보호 41.9%, 복지용구(신체활동 지원에 필요한 용구) 28.7%, 방문간호 24.9% 순이다.

장기요양기관에서 일하는 인력은 49만 2,132명으로 약 16.8% 늘었다. 요양보호사는 44

만 명(17%), 사회복지사는 2만 6,000명(18.3%)이다.

노인장기요양보험은 65세 이상 노인이나 65세 미만이라도 치매 등 노인성 질병으로 6개월 이상 스스로 생활하기 어려운 사람에게 목욕, 간호 등 서비스를 제공하는 사회보험제도다.

2. 장기요양보험 수급자 이용실태

2019년 장기요양보험 실태조사[49]에 따르면 장기요양보험 수급자 중 남성 27.2%, 여성 72.8%로 조사되었다. 평균연령은 81.8세이고 80세 이상 고령 수급자가 전체의 65% 이상이다.[50]

수급자는 평균 3.4개의 만성질환을 갖고 있으며 주요 질환으로는 고혈압이 60.3%, 치매 57.2%, 당뇨병 29.3%, 골관절염이나 류마티즘 27.8%, 뇌졸중 25.8%이다.

조사 대상 수급자의 77.5%는 장기요양급여를 이용하고 있으나 22.5%는 장기요양급여를 이용하지 않는 것으로 나타났고 장기요양급여 이용자 중 70.3%는 재가급여를, 29.7%는 시설급여를 이용하고 있다.

장기요양급여 이용에 대한 결정은 68.8%는 자녀가, 11.7%는 배우자가 하는 것으로 조사되었으며 본인이 직접 결정하는 비율은 8.6%에 불과하여 가족, 특히 자녀의 의사가 장기요양급여 이용에 큰 영향을 끼치는 것으로 조사되었다.

장기요양 재가수급자 이용 실태를 보면 재가 수급자 중 75.3%는 하나의 서비스만 이용하고 있고 방문요양과 다른 재가서비스(방문목욕, 주야간보호, 방문간호 등)를 함께 쓰는 비율은 23.8%에 불과하다.[51]

급여 유형별로 방문요양 이용자의 79.2%, 방문목욕 85.1%, 방문간호 69.5%, 주야간보호 90.4%, 단기보호 44.6%가 서비스에 만족하는 것으로 나타났다. 방문요양, 방문목욕은 이용시간과 일수에 대한 만족도가 낮았고 방문간호의 경우 급여 내용과 이용시간에 대한 만족도가 낮은 것으로 조사되었다.

장기요양 시설수급자 이용 실태를 보면 시설급여 이용자 중 90.6%는 노인요양시설을,

---

49 조사기간 : '19. 9. 17 ~ '19. 9. 30
조사대상 : 장기요양 수급자 6,000명, 장기요양 수급자 가족 4,935명(미이용자 가족 제외), 장기요양기관 2,000개소, 장기요양요원 4,000명
조사내용 : 수급자 가구형태, 연령, 건강사항, 장기요양급여 이용 현황과 만족도, 장기요양기관 운영 현황, 장기요양요원 처우 현황 등
조사기관 : 통계청(조사), 한국보건사회연구원(분석)

50 65세 미만 3.7%, 65~69세 4.7%, 70~79세 25%, 80~89세 50.1%, 90세 이상 16.6%이다.

51 방문요양 55.7%, 주야간보호 15.5%, 방문목욕 3.6% 등이다.

9.4%는 노인요양공동생활가정을 이용하고 있다. 평균 입소기간은 2.8년으로, 1년 미만 22.1%, 1~2년 미만 26.6%, 2~3년 미만 17.0%, 3~5년 18.6%로 나타났고 5년 이상 입소 중이라는 응답도 15.7%에 달했다. 전반적 만족도는 84.2%로 높게 나타났으나 다른 수급자들과의 공동생활에 대한 만족도는 68.7%로 상대적으로 낮다.[52]

장기요양 미이용자 실태를 보면 장기요양 등급을 받고도 장기요양서비스를 이용하지 않는 미이용자는 22.5%로, 그 중 52.2%는 가정에 거주하고 있으며 (요양)병원 입원은 47.2%, 사회복지시설 입소는 0.2%였다. 미이용자는 병원 입원(30.1%), 가족이 아닌 사람의 도움을 꺼림(23.4%), 가족 돌봄으로 충분(12.2%), 요양병원 선호(10.0%) 등의 이유로 서비스를 이용하지 않는다고 응답하였다.

장기요양보험제도에 대해 만족한다는 응답은 84.1%, 보통 12.2%, 불만족은 3.7%였다. 재가급여 이용자의 불만족 사유는 '불충분한 이용시간'이 47.4%로 가장 많았고 필요한 시간에 이용 어려움 18.7%, 장기요양요원 12.4%로, 이용시간에 대한 불만이 가장 큰 것으로 조사되었다. 시설급여 이용자 불만족 사유는 비용부담이 54.4%로 가장 많았고 장기요양요원 불만과 재활서비스 부족이 각각 9.4%, 식사서비스 불만이 7.1%, 간호 및 의료서비스 부족이 6.9%로 집계되었다.

장기요양급여에서 추가적으로 원하는 지원 관련해서는 재가서비스 이용자 가족은 식사 · 영양상담 29.7%, 차량지원 27.7%, 방문간호 17.8%, 단기보호 11.3%가 중요하다고 답했고 시설 이용자 가족은 식사, 위생, 청결 개선이 22.5%, 돌봄 인력 확대가 19.9%였으며 그 외 의료나 재활서비스 관련이 48.9%에 달해 시설 내 의료 · 재활서비스를 많이 원하는 것으로 드러났다.[53]

장기요양요원은 91.1%가 요양보호사였고 그 외 직종은 간호(조무)사 4.3%, 사회복지사 4%, 물리(작업)치료사 0.7%로 집계되었다.

3. 관리운영기관의 문제

독일은 장기요양보험의 운영기관을 별도로 두지 않고 법정건강보험금고에 업무를 위탁하고 있다. 건강보험금고에 업무를 위탁하여 관리하는 이유는 피보험자가 동일하여 운영의 효율성을 가져올 수 있기 때문이다. 등급판정은 MDK(Medizinischer Dienst der

52 식사서비스 만족도 78.9%, 목욕서비스 85.3%, 신체 · 인지 · 여가서비스 77%, 간호 및 의료서비스 83.5%, 물리적 환경 82.6%, 장기요양요원 88.8% 등이다.

53 질환에 특화된 전문서비스 제공 16.2%, 의료인력 강화 11.0%, 병원 이송 서비스 11.9%, 기능회복 훈련 강화 9.8%이다.

Krankenversicherung)에서 한다. MDK는 의학적 치료나 재활필요성 등에 대한 정보제공 서비스를 위하여 의사나 간호사 등으로 구성되어 건강보험금고에 설치되어 있다. 일본은 사회보험방식으로 보험자는 시 · 정 · 촌 및 특별구이고(장기요양보험법 제3조 제1항) 중앙정부, 도도부현, 의료보험자, 연금보험자가 시 · 정 · 촌의 제정과 사무 및 행정을 공동지원하는 중층적인 구조로 되어 있다.[54]

노인장기요양보험제도에서 보험자는 국민건강보험공단으로 한다(동법 제7조 제2항). 회계연도 단위의 예산안 편성에 있어 법적 근거가 부재하여 관리주체의 책임성이 모호하다. 노인장기요양보험법 제50조에서 "공단은 장기요양사업에 대하여 독립회계를 설치 · 운영하여야 한다"는 규정만 있을 뿐 국민건강보험법과 같이 예산안 및 결산 승인주체 등에 관한 규정이 전무하다.[55] 노인장기요양보험사업은 건강보험사업과 통합징수되고 있을 뿐 별개의 사업이므로 투명한 재정운용을 위해서는 예산안 편성 등에 관한 법적 근거를 명확히 해 두는 것이 바람직할 것으로 보인다. 공단은 「국민건강보험법」 공단의 조직 등에 관한 규정을 정할 때 장기요양사업을 수행하기 위하여 두는 조직 등을 건강보험사업을 수행하는 조직 등과 구분하여 따로 두어야 한다.

4. 장기요양보험료 재정 건전성 확보문제

1) 국가의 부담

국가는 매년 예산의 범위 안에서 당해 연도 장기요양보험료 예상수입액의 100분의 20에 상당하는 금액을 공단에 지원한다(동법 제58조 제1항)고 정하고 있다. 그러나 장기요양보험료 예상수입액과 실제수입액 간의 차이로 인하여 발생하는 지원금의 차액을 실제수입액이 발생한 연도의 다음다음 회계연도 예산안을 편성하는 때에 정산하여 보험재정의 안정성을 도모할 필요가 있다. 국가가 당해 연도 보험료 예상수입액의 일부에 상당하는 금액을 국민건강보험공단에 지원하도록 규정하고 있으나 보험료 예상수입액이 실제수입액보다 지속적으로 과소 추계되면서 국가보조금 역시 과소하게 책정되어서 국민건강보험 재정건전화라는 목적 달성에 어려움이 발생한다.[56]

---

54 이정, 일본의 노인문제와 장기요양보험제도에 관한 고찰, 노동정책연구, 2002, 제2권 제2호 97면.

55 보건복지부에 따르면 국민건강보험법 제3장(국민건강보험공단)의 규정(제3장은 제34조(예산) 및 제37조(결산) 관련 규정 포함)을 준용하도록 법안을 제출하였으나, 법제처 검토과정에서 국민건강보험법 제3장에서 규정한 임원, 대리인, 회계, 예산, 결산 등 조항은 공단이 동 보험을 같이 관장하므로 별도의 조항의 신설 없이 국민건강보험법의 규정을 그대로 적용하면 된다고 하여 삭제되었다.

56 이 경우는 「국민건강보험법」 제92조에서 국가가 당해연도 보험료 예상수입액의 일부에 상당하는 금액을 국민건강보험공

예산편성 절차에서 보험료 예상수입액과 실제수입액사이에서 차액이 발생[57]하는 것은 불가피한 현상으로서 그 차액만큼 가입자의 보험료 부담으로 전가되고 있는 실정이다. 국가지원금 차액에 대한 정산규정을 신설하여 국민의 장기요양보험료 부담을 완화하고 보험재정에 안정을 도모하는 개선이 필요하다.[58]

2) 본인일부부담금 면제 · 할인 행위 등 금지 등

장기요양기관이나 그 종사자 등이 수급자를 유치하기 위하여 본인일부부담금을 할인 · 면제하여 주거나 상품권, 물품 등을 제공하는 사례가 많아 이를 방지할 필요가 있다.[59]

3) 중장기재정관리계획을 수립

현재 노인장기요양보험 수입과 지출은 공단 일반회계로 운용되며, 공단은 매 회계연도 예산안을 편성하여 보건복지부장관의 승인을 받는다. 노인장기요양보험은 보험료, 정부

단에 지원하도록 규정하고 있으나 보험료 예상수입액이 실제수입액보다 지속적으로 과소 추계되면서 국가보조금 역시 과소하게 책정되어서 국민건강보험 재정건전화라는 목적 달성에 어려움이 발생하는 것과 같은 맥락에서 문제가 되고 있다.

57 예컨대, 노인장기요양보험은 2008년 7월에 본격적으로 도입된 이후 「노인장기요양보험법」 제58조 제1항의 규정에 따라 정부는 당해연도 장기요양보험료 예상수입액의 100분의 20에 상당하는 금액을 공단에 지원하였으나 예상수입액이 과소 추계됨에 따라 2008년 10억 7,100만원, 2009년 441억 1,200만원의 차액이 발생하고 있다.

[표 2-6] 노인장기요양보험 국가지원금 차액 현황 (단위:백만원)

구분	실제 수입액[주1)]	예상 수입액[주2)]	국가지원금 차액[주3)]
2008년	477,000	447,745	5,851
2009년	1,205,500	1,017,640	37,572

주 1) 2008년:'08.7~12월분 실제 수입액
2009년:'09년도 보험료율 반영한 실제 수입액 예측치
주 2) 예산편성 시 반영된 예상수입액으로 전년도 자료를 기초로 편성
주 3) 국가지원금 차액 = (실제수입액 × 20%) - (예상수입액 × 20%)

58 장기요양보험은 국가가 운영하는 사업이므로 정부의 책임으로 장기요양보험 제도를 안정적으로 운영하는 것이 필요하고, 건강보험에서 볼 수 있듯이 매년 지원액이 법정지원 기준에 미달하여 건강보험료 인상요인으로 작용함으로써 가입자의 부담이 늘어나는 문제점이 발생하고 있으므로 장기요양보험재정의 안정적 운영을 도모하고 가입자의 경제적 부담을 줄이기 위하여 장기요양보험료 예상수입액과 실제수입액의 차이로 인하여 발생하는 지원금의 차액을 사후에 정산하는 방안을 마련해야 한다. 정산제도와 아울러 검토할 수 있는 점은, 결국 보험재정의 안정성을 도모하려는 것이 입법취지라고 볼 때, 예상수입액을 추산할 때 실제수입액과 같거나 크게 산정한다면 정산제도의 도입을 논의할 필요가 없을 것이고, 이 경우 예 · 결산 심의권이나 국정감사권 등 국회가 가지는 권한을 적정하게 행사함으로써 소기의 목적을 달성할 수 있을 것으로 보인다. 아니면, 추산제도를 버리고 결산에서 확정된 금액을 사용하여 다음다음 연도의 지원예산금액안을 결정하는 방안을 정산제도의 도입에 선행하여 검토하여 볼 필요도 있다.

59 장기요양기관과 그 종사자 등이 본인일부부담금을 면제 · 할인하는 행위나 금전, 물품 등의 이익을 제공하는 방법으로 수급자를 장기요양기관에 소개, 알선 또는 유인하는 행위를 하지 못하도록 하고, 해당 행위를 한 자에게는 지정취소, 폐쇄명령 등의 행정처분과 벌칙을 적용할 수 있도록 해야 한다.

재정지원 등으로 재원을 조달하여 급여비, 공단 관리운영비 등으로 지출한다.[60] 재정운용 현황을 보면 재원은 장기요양보험료와 국가지원 및 본인일부부담이다. 장기요양보험료는 건강보험료에 장기요양보험료율[61]을 곱한 금액이다. 국고는 보험료 예상수입액의 20% 지원을 지원한다. 「국가재정법」 개정(2010. 5)에 따라 재정위험이 큰 사회보험성 기금 등은 중장기 기금재정관리계획을 수립하고 이를 기획재정부장관에게 제출하게 되었으나 「노인장기요양보험법」에 따른 노인장기요양보험은 고령사회에서 재정위험이 우려되는 주요 사회보험임에도 불구하고 기금의 형태를 갖추지 아니하여 「국가재정법」의 적용에서 배제되고 있다. 이에 「노인장기요양보험법」을 개정하여 중장기재정관리계획을 수립하고 이를 기획재정부장관에게 제출하도록 의무를 부과함으로써 노인장기요양보험재정의 중장기 관리체계를 갖추도록 할 필요가 있다.

4) 저임금 근로자에 대한 사회보험료 지원

영세사업장에 근무하는 저임금 근로자, 비정규직 근로자 등 고용불안층의 경우에는 물가상승 등 경제적 부담이 증가하면서 이들에 대한 사회보험료 지원방안을 마련할 필요가 있다. 저임금 근로자에 대한 사회보험료 지원정책은 OECD 고용전략에서 공식적으로 권고하는 고용정책이며, 상당수 OECD 국가에서 시행중에 있다. 다만 근로자 및 사업주에게 부과되는 노인장기요양보험료의 일부를 지원할 경우 많은 재정이 소요되는 문제점이 있다.[62]

5) 장기요양기관 지정업무의 일원화문제

장기요양기관을 설치 · 운영하고자 하는 자는 소재지를 관할 구역으로 하는 특별자치시장 · 특별자치도지사 · 시장 · 군수 · 구청장으로부터 지정을 받도록 정하고 있다(동법 제31조 제1항). 한편 국민건강보험공단은 장기요양보험가입자 및 그 피부양자와 의료급여수급권자의 자격관리, 장기요양보험료의 부과 · 징수, 신청인에 대한 조사, 수급자에 대한 정보제공 · 안내 · 상담 등 장기요양급여 관련 이용지원에 관한 업무 등을 관장한다. 이와 같이

---

60 2010년도 노인장기요양보험 사업의 수입규모는 2조 7,720억원이며, 지출규모는 2조 5,547억원으로 당기수지는 2,174억원의 흑자를 기록하고 있다.

61 2009년은 건보료의 4.78% → 2010년은 6.55% → 2011년은 6.55% → 2012년은 6.55%이다.

62 상시근로자 수가 30명 미만인 사업 또는 사업장에 근무하고 평균 주당 근로시간이 36시간 이상이면서 최저임금의 130% 미만의 임금을 받고 있는 근로자와 그 근로자를 고용한 사용자가 부담하는 장기요양보험료의 50% 범위에서 국가가 지원할 경우 재정소요액을 살펴보면, 근로자에 대한 지원액은 2012~2016년간 매년 92억~122억원 수준이며, 사업주에 대한 지원액은 동 기간 매년 105억~139억원 수준으로 추계되었다. 이에 따라 근로자 및 사업주에 대한 노인장기요양보험료 지원 금액 합계는 추계기간 중 매년 197억~261억원으로, 향후 5년간 총 재정소요액은 1,150억원 수준으로 추계되었다(김성식의원 발의 노인장기요양보험법 일부개정법률안, 2011.8.8).

현행 「노인장기요양보험법」은 국민건강보험공단이 급여지급 및 심사평가 등의 업무를 담당하도록 하는 한편 지방자치단체가 장기요양기관의 지정 및 지정취소의 업무를 수행하도록 하고 있다. 그러나 이원화된 장기요양기관 관리업무 체계로 인하여 중복되고 부정확한 자료가 유통되어 혼선을 초래하고 있으며 공단과 지방자치단체 사이의 불분명한 책임 소재로 수급자의 불편이 가중되고 있다.

시장 · 군수 · 구청장이 담당하고 있는 장기요양기관의 지정, 시설 · 인력기준 변경신고, 휴 · 폐업 신고, 장기요양기관 지정취소에 관한 권한을 공단으로 변경하여 이원화된 장기요양보험 운영체계를 공단으로 일원화할 필요가 있다. 공단은 장기요양보험의 관리운영기관으로서 업무를 수행하고 있으나 이원화된 운영체계로 인하여 원활한 업무수행에 지장이 있으므로 장기요양기관 지정(지정취소, 시설 · 인력기준 변경신고, 휴 · 폐업 신고)에 관한 권한을 공단으로 일원화하는 것이 적절하다.[63]

장기요양급여 운영과 장기요양기관 지정을 장기요양보험 보험자인 공단으로 일원화하는 것은 장기요양보험 관리체계를 효율적으로 개편하고 공단의 책임행정을 구현하는데 기여할 것이다. 그러나 장기요양기관의 68% 비율을 차지하고 있는 재가장기요양기관을 제외하고 공단으로 일원화하는 것이므로 실효성 측면에서 적절하지 아니하므로 재가장기요양기관을 포함하여 일원화하는 방안을 강구하는 것이 적절하다.[64]

6) 공단의 현지조사권 부여

동법 제60조는 공단이 장기요양사업 수행에 필요하다고 인정할 때 ① 장기요양보험가입자, 피부양자 및 의료급여수급권자, ② 수급자 및 장기요양기관에 대하여 자료제출을 요구할 수 있는 법적 근거를 마련하고 있다. 동법 제61조는 보건복지부장관, 특별시장 · 광역시장 · 도지사 또는 특별자치시장 · 특별자치도지사 · 시장 · 군수 · 구청장이 장기요양보험가입자, 피부양자 및 의료급여수급권자에 대하여 보고, 자료제출 및 현지조사(소속 공무원으

---

63 공단은 일원화에 관한 논거로 다음과 같은 점을 제시하고 있다. 첫째, 장기요양기관에 대한 시장 · 군수 · 구청장의 부적절한 지정으로 인하여 수급자에게 피해가 발생하는 사례가 있고, 지방자치단체의 경우 온정적 경향으로 인하여 적절한 관리 · 감독이 어려우며, 둘째, 장기요양기관의 불필요한 서비스 수요 창출, 서비스 시간 부풀리기 등 허위 및 부당 청구가 발생하고 있으나 공단이 장기요양기관에 대한 관리 · 감독 권한이 없으므로 보험재정의 누수를 방지하는 것에 한계가 있으며, 셋째, 건강보험과 달리 장기요양보험은 기본적으로 수발서비스를 제공하는 것으로서 서비스 시간을 부풀리는 등 거짓이나 부정한 방법으로 급여비용을 청구하기가 용이한 것이므로, 기저귀를 제때 갈아주는지, 체위변경을 적절하게 하는지, 치매를 이유로 입소를 거부하는지 등 서비스 제공 현장에서 공단이 장기요양기관을 밀착하여 관리할 필요성이 높으므로 장기요양기관 지정 등에 관한 권한을 공단으로 변경하는 것이 필요하다는 의견이다(백원우의원 대표발의, 노인장기요양보험법 일부개정법률안 검토보고, 2009.4).

64 백원우의원 대표발의, 노인장기요양보험법 일부개정법률안 검토보고, 2009.4.

로 하여금 관계인에게 질문을 하거나 관계 서류를 검사)를 할 수 있도록 규정하고(제1항), 장기요양기관 및 장기요양급여를 받은 자에 대하여 자료제출 및 현지조사를 할 수 있도록 규정하고 있다(제2항). 건강보험과 달리 장기요양보험은 기본적으로 수발서비스를 제공하는 것이므로 구조적으로 허위 또는 부정한 방법으로 급여비용을 부당하게 청구할 개연성이 높다.

보험재정의 건전화를 위하여 장기요양기관의 불필요한 서비스 수요 창출, 서비스 시간 과다산정 등의 행위에 대하여 철저한 관리 · 감독이 필요할 것이므로 장기요양사업의 관리운영기관인 공단에 대하여 현지조사권을 부여하는 방안이 필요하다.[65] 외국 입법례를 살펴보면 독일의 경우 요양보험조합(보험자)이 요양계약을 체결한 요양기관에 한정하여 요양서비스를 제공할 것을 규정[66]하면서 보험자 등이 요양기관에 대하여 조사권을 행사할 수 있다고 규정[67]하고 있다. 우리나라도 소속 직원으로 하여금 관계인에게 질문하거나 관계 서류를 검사할 수 있는 "현지조사"에 관한 권한을 부여할 필요가 있다.[68]

7) 외국인근로자에 대한 노인장기요양보험 제외

「국민건강보험법」 제93조에 따라 국내에 체류하고 있는 외국인근로자는 건강보험가입자로 규정하고 있어 이들은 노인장기요양보험에도 당연 가입되고 있다. 그러나 고용허가제로 입국하여 국내에 체류하고 있는 외국인근로자는 노인장기요양보험 수급권보다는 노동을 대가로 한 임금에 관심이 큰 영세사업장 등에 고용된 근로자들이다. 이들은 입국시 일정연령(40세)의 제한을 하고 있고 단기순환원칙과 정주화방지 원칙하에 운영되고 있기 때문에 이들이 근로현장에서 근로자로 근무한다고 볼 때 장기요양서비스를 받을 가능성은 거의 없다. 노인장기요양보험료를 내고 있지만 현실적으로 수급대상자가 될 가능성이 없는 외국인근로자를 노인장기요양보험의 가입자에서 제외할 수 있는 법적 근거를 마련하여야 한다. 동법 제7조 3항은 장기요양보험의 가입자는 「국민건강보험법」 제5조 및 제109조에 따른 가입자로 한다고 정하고 있다. 동법 제7조 제4항은 공단은 제3항에도 불구하고 「외국인근로자의 고용 등에 관한 법률」에 따른 외국인근로자 등 대통령령으로 정하는 외국인이 신청하는 경우 보건복지부령으로 정하는 바에 따라 장기요양보험가입자에서 제외할

65 국내 입법례를 살펴보면, 「산업재해보상보험법」 제118조는 산재보험의료기관에 대한 조사권을 근로복지공단에 부여하고, 「사립학교교직원연금법」 제19조는 사립학교교직원연금관리공단에 의료기관(요양기관) 관리 · 감독권을 부여하고 있다.

66 독일 장기요양보험법 제72조

67 독일 장기요양보험법 제114조

68 백원우의원 대표발의, 노인장기요양보험법 일부개정법률안 검토보고, 2009.4.

수 있다고 정하고 있으나, 아예 외국인은 장기요양보험가입자에서 제외한다고 개정해야 한다.

VI. 요양서비스의 다양화와 급여확대를 위한 법적 개선방안

1. 서비스 다양화 및 급여확대

관련 연구조사에서도 재가서비스를 이용하고 있는 주돌봄자들은 현재 제공되고 있는 서비스의 종류와 양이 충분치 않다고 응답하고 있다.[69] 급여내용의 획일성으로는 요양노인의 욕구를 다양하게 충족시키기 어려운 부분이 있고 전달체계에 있어서 관련기관과의 연계 및 조정이 제대로 이루어지기 어렵다.

[표 2-7] 급여유형 및 서비스 이용 절차

급여유형	급여내용
재가급여	가정을 방문하여 신체활동, 가사활동, 목욕, 간호 등 제공, 주간보호센터 이용
시설급여	요양에 필요한 시설과 설비 및 전문인력을 갖추고 있는 노인요양시설에 장기간 입소하여 신체활동 지원 등을 제공
특별현금급여	장기요양 인프라가 부족한 도서, 벽지지역에 거주하는 경우 등 예외적인 경우 가족요양비(월 15만원) 지급
복지용구	일상생활 · 신체활동 지원에 필요한 용구 구입 · 대여 지원 등

자료 : 연구자가 작성

서비스 이용의 경직성을 완화하고 노인의 기능상태에 따라 서비스 이용시간을 차등화하고 서비스 종류를 다양화할 필요가 있다. 예컨대, 독일의 수발보험의 경우 장기요양 1등급~3등급에 따라 서비스 공급량을 조정하고 있으며 수발필요자(care recipient)는 재가서비스기관이 제공하는 현물서비스를 등급에 따라 차등적으로 이용(1등급: 384유로, 3등급: 1,432유로)할 수 있다. 예외적으로 중풍과 치매를 동반한 24시간 수발이 필요한 상태, 암 말기상태 등의 경우 급여액을 상향조정(1,918유로까지) 해주고 있다. 가족이 일시적으로

69 최인희, "노인을 돌보는 가족돌봄자 지원정책: 노인장기요양보험제도 개선방안 및 추가적 지원방안", 2011 Issue Paper(K-WDI : 한국여성정책연구원), 2011.12, 131면 참조.

노인을 돌볼 수 없을 때 믿고 맡길 수 있는 주야간보호시설 및 단기보호서비스를 확충하고 일시돌봄자를 고용할 수 있는 비용의 지급방안을 고려할 필요가 있다.[70]

현행법은 65세 이상 노인이 요양급여가 필요할 경우 질병 종류에 관계없이 서비스를 받을 수 있고 65세 미만 40세 이상의 자는 치매나 중풍 같은 노인성 질환을 가진 환자만이 요양급여를 신청할 수 있다. 이는 일본 장기요양보험법과 유사하게 되어 있는 것으로 전국민을 수급대상으로 하고 있는 독일입법방식은 우리에게 많은 참고가 될 수 있다.[71] 보험료는 전 국민이 내면서도 소수 노인에게만 수급권자로 제한하는 것은 사회보험을 통해 노인장기요양문제를 해결하려는 제도도입 취지에도 맞지 않고, 노인의 삶의 질 향상이라는 취지에도 맞지 않으며 노인요양보험제도가 추구하는 보편주의라는 측면에서도 맞지 않다. 점진적으로는 노인, 장애인 등 일상생활을 혼자 수행하기 어려운 모든 국민이 장기요양급여를 제공받을 수 있도록 급여대상자를 확대하는 법개정이 필요하다.[72]

경증 치매 · 중풍 등으로 보호가 필요한 노인에 대한 장기요양 혜택을 확대하기 위해 등급판정기준 완화 · 서비스 이용대상의 확대에는 중장기적인 적정부담수준에 대한 사회적 합의를 바탕으로 해야 할 것이다. 향후 인구고령화에 따라 노인장기요양 수요가 지속적으로 증가할 것으로 예상되는 만큼 노인장기요양보험을 안정적으로 운용하는 틀 속에서 대상자를 단계적으로 확대할 필요가 있다. 보건복지부는 실제 요양이 필요한데도 서비스를 받지 못하는 노인을 위해 경증 치매 · 중풍 등으로 보호가 필요한 노인 등에게 장기요양서비스를 확대하여 장기요양 3등급 기준을 완화[73]하는 내용의 「노인장기요양보험법 시행령」 개정안을 마련하여 2012년 7월 1일부터 시행하였다.[74] 하지만 까다로운 등급 판정으로 혜

70 독일 수발보험의 경우 주돌봄자 유고시 다음의 2가지 대체급여 중 하나를 선택할 수 있다. 1) 1년에 총 4주범위내에 단기시설을 이용하거나, 2) 시설을 이용하지 않을 경우 1년에 총 1,432유로 내에서 급여를 받을 수 있다.

71 조지현, 앞의 논문, 150면 참조.

72 조지현, 앞의 논문, 150~151면 참조.

73 장기요양 3등급 인정 점수 하한을 현행 55점에서 53점으로 완화하는 것을 주된 내용으로 하고 있다. 현행 장기요양급여 대상자는 심신의 기능상태 장애로 일상생활에서 전적으로(1등급), 상당부분(2등급) 또는 부분적으로(3등급) 다른 사람의 도움이 필요한 자로서 아래 장기요양 인정 점수를 받은 자이다. 1등급 : 95점 이상, 2등급 : 75점 이상 95점 미만, 3등급 : 55점 이상 75점 미만이다.

74 **[표 2-8] 장기요양 등급별 주요 상태상(현행)**

등급	심신의 기능상태	장기요양 인정점수
1등급	일상생활에서 전적으로 다른 사람의 도움이 필요한 상태	95점 이상
2등급	일상생활에서 상당 부분 다른 사람의 도움이 필요한 상태	75점 이상 95점 미만
3등급	일상생활에서 부분적으로 다른 사람의 도움이 필요한 상태	55점 이상 75점 미만

택을 받기 어려웠던 치매 노인들을 중심으로 지속적인 대상자를 확대할 필요가 있다. 무엇보다 요양보호사의 돌봄 서비스를 받을 수 있는 노인장기요양보험 수급을 신청해도 등급외 판정을 받은 경우가 발생하고 있다. 이는 현재 장기요양보험 등급이 신체 활동 여부를 중심으로 판정이 이뤄지고 있기 때문에 발생하는 문제이다. 특히 혼자 어디 가서 물건을 사기 어렵고 판단력이 떨어져서 언어장애도 있는 치매 환자의 경우 기억력 장애, 판단력, 의사소통 전달 등에 대해 종전보다 가점을 부여하는 등 치매 노인에 대한 서비스 판정 기준을 완화하여 요양보험의 혜택을 부여할 필요가 있다. 장기요양 수혜자의 인정 점수 기준을 완화(예컨대, 75-53점에서 75-51점으로 완화)하고 치매 노인에 대한 서비스 판정 기준을 개선할 필요가 있다. 특히 기존 신체 중심으로 이뤄졌던 치매 노인의 서비스 판정 기준을 환자의 인지 능력 중심으로 변화시킬 필요가 있다. 심각한 중증도 인지장애뿐만 아니라 간헐적 인지장애, 가족의 상시수발 필요 여부, 장거리 외출의 어려움, 목욕 · 식사 준비 도움 필요 여부 등을 세부적으로 따져 보다 쉽게 보험 혜택을 받을 수 있도록 해야 한다.

수급대상에 탈락한 노인에게 지방자치단체에서 운영하는 노인돌보미사업, 보건소의 방문사업 등을 이용할 수 있게 하는 등 지원방안도 필요하다.

2. 등급판정체계의 개선

연구보고에 따르면[75] 장기요양등급 인정자 규모가 2008년 7월 14만7천명에서 2012년 4월 32만5천명(노인인구의 5.7%)으로 늘었다.[76] 2008년 노인장기요양보험제도가 도입될 당시는 노인인구 대비 2.9%가 대상자였으나 2012.2.현재는 노인인구의 5.6%로 급격히 증가했다. 제도 도입 초기에는 1~2등급의 비중이 높았으나, 최근 재가급여에 대한 수요가 증가하고 홍보가 확대돼 2~3등급의 규모가 크게 늘었다.[77]

[표 2-9] 3등급 인정점수 완화 상태상(2012.7.1.부터 시행)

3등급 인정점수 완화	(현행) 55점 이상~75점 미만 → (개선) 53점 이상~75점 미만
완 화 대 상	보행이 불가능할 정도로 신체기능이 저하되고, 경증치매로 인해 인지기능 저하 및 간헐적 문제행동

75 2012.5.7. 한국보건사회연구원(이윤경)의 '노인장기요양보험 등급판정 현황 및 문제점' 보고서 참조.

76 2012년 4월 현재 요양등급을 받은 어르신은 32.5만명(노인인구의 5.7%). 요양서비스 실제 이용은 29만명(노인인구의 5%)이다(보건복지부 발표자료). 외국사례를 보면 일본(2005년 기준) 16.8%, 독일(2005년 기준) 11%에 비하면 아직 낮은 수준이다.

77 등급판정위원회로부터 1등급을 받은 인정자는 2008년 7월 5만명에서 2012년 2월 4만명으로 줄어든 반면 3등급은 5만7천명에서 21만2천명으로 4배 가까이 늘었다. 같은 기간 2등급은 3만9천명에서 7만2천명으로 증가했다.

[표 2-10] 인정자수 대비 등급별 비율

연도	전체인정자수	1등급	2등급	3등급
2008년	214,480	57,396	63,587	102,241
인정자수 대비 비율	100.0	26.8%	29.6%	47.7%
2012.2월(추정치)	32만5천명	4만명	7만2천	21만3천
인정자수 대비 비율	100.0	12.3%	22.2%	65.5%

자료 : 보건복지부자료를 토대로 연구자가 작성:2012년은 보건복지부 발표자료를 토대로 한 추정치임.

그만큼 기능상태가 최중증인 노인을 주요 대상으로 두고 설계했던 장기요양보험의 대상이 기능상태 경증인 노인으로 확대되고 있다는 것을 보여준다. 현재 등급체계를 기계적으로 분류[78]하다 보니 1~3등급에 진입하지 못하면 혜택을 받을 수 없기 때문에 허위진술 등의 문제도 발생하고 있다. 1~3등급에 진입하지 못해도 일정수준의 요양이 필요하다. 대상자의 확대와 함께 등급을 세분화해 차등급여가 이뤄져야 한다. 아울러 등급인정의 유효기간을 1년으로 제한한 데 대한 개선 필요성도 있다. 대부분 기능상태가 크게 호전되기 어려운 상태로 유지 · 악화되는데 매년 등급인정을 다시 받아 행정적 낭비와 인정자의 불편을 초래한다.

노인장기요양보험제도는 사회보험제도로서 장래 노인으로서 거동이 불편하게 되었을 때를 대비하여 보험의 형식으로 적립하고 급여가 필요할 때 서비스를 받는다는 점에서 건강보험과 같다. 하지만 보험가입자의 보험주권이 제대로 지켜지지 않는다. 건강보험의 경우 몸이 아프면 언제나 보험급여를 받을 수 있지만 노인장기요양보험은 일정한 등급을 받지 못하면 서비스를 받을 수 없다. 노인으로서 몸이 불편하지만 등급을 받지 못하면 보험료를 내고도 요양서비스를 받지 못할 수 있다.

장기요양서비스를 받을 수 없는 등급 외 판정자에 대한 노인성질환예방사업은 법적 근거가 있음에도 불구하고 지방자치단체의 예산부족 등의 사정으로 인하여 체계적 · 지속적으로 실시되지 못하고 있는 실정이다. 따라서 국민건강보험공단에 예컨대 장기요양예방지원센터 등을 설치하여 등급 외 판정자의 노인성질환예방 등 필요한 사업을 체계적으로 관리 · 운영할 수 있도록 함으로써 난치성 노인질환을 예방하고 노인의 건강관리에 이바지할 필요가 있다.

78 현재 3등급 체계는 요양인정점수가 95점 이상이면 1등급, 75~95점 미만이면 2등급, 55~75점 미만은 3등급 식으로 기계적 분류를 하고 있어, 3등급이 전체의 65%를 차지하는 현상이 나타나고 있다.

주돌봄자와 현장전문가들이 공통적으로 지적하고 있는 것이 등급판정체계의 개선이다. 현행 등급판정체계는 노인의 신체기능에만 초점을 두고 있어 인지적, 사회적 기능에 대한 평가가 잘 이루어지지 않는 것으로 보인다.[79] 즉, 노인의 상태를 다양한 측면, 예컨대 신체적 기능상태, 치매, 정신질환 등 인지기능상태, 심리 · 정서적 상태 등 객관적으로 측정할 수 있는 합리적이고 객관적인 지표를 개발하고 전문적 조사방법을 도입해야 할 것이다.

선진 주요 국가에서도 이러한 입법례를 찾아볼 수 있다. 독일의 경우 '독일장기요양보험 개혁 2008'을 통해 재가급여영역에서 치매환자와 정신질환자에 대한 급여제공을 확대하고, 상대적으로 증상이 심하지 않은 치매환자들이 급여를 제공받을 수 있도록 제도를 보완하였다. 일본의 경우에도 2006년 '기능상태에 문제가 적은 치매환자'에 대한 욕구판정의 기준을 개정하여 세밀한 조사표를 개발 · 적용하고 있다. 미국의 경우 inter RAI(Resident Assessment Instrument)를 사용하여 대상자의 기능상태를 평가하고 있는데 이 측정도구는 사정대상자의 욕구에 따라 다양한 척도(예컨대, 재가서비스 이용자용, 시설서비스 이용자용 등)가 존재하고, 전문가의 판단에 상당한 비중을 둔다는 특징이 있다. 이와 함께 경제상황, 돌봄 가능시간, 집안환경 등 사회적 측면에 대한 평가를 추가로 포함시키는 방안도 모색하여야 한다.

장기요양보호가 필요하지 않은 노인에게 등급판정 시 허위진술을 하도록 유도하거나 신청 및 재신청을 권유하는 등 도덕적 해이를 규제할 수 있는 방안도 고려되어야 한다.

3. 노인장기요양보호시설의 확보와 서비스 질 개선

장기요양서비스의 질에 대한 만족도가 상대적으로 낮은 것으로 나타나고 있다. 시설서비스를 이용하는 주돌봄자의 경우 '국가에서 직접 운영하는 기관'에 대한 선호도가 매우 높게 나타나고 있다.[80] 장기요양기관 서비스를 표준화하고 서비스 제공인력의 질을 향상시킬 필요가 있다. 제도의 시장화, 영리화로 인한 서비스 질 저하를 보완하기 위해 서비스 질을 향상시킬 수 있는 객관적인 평가체계를 개발하고 서비스 제공기관을 관리 · 감독하는 체계를 구축할 필요가 있다. 이와 관련된 외국의 사례로는 영국의 경우 Commission Social Care Inspection(CSCI, 사회적 케어 감독위원회)[81], 미국의 경우 요양시설을 포

---

79 최인희, "노인을 돌보는 가족돌봄자 지원정책: 노인장기요양보험제도 개선방안 및 추가적 지원방안", 2011 Issue Paper(K-WDI:한국여성정책연구원), 2011.12, 131면 참조.

80 최인희, 앞의 논문, 134면 참조.

81 영국의 모든 사회적 케어 서비스를 위한 단일의 독립적 감독기구로 평가분야 뿐만 아니라 지역과 개별공급자에 대한 총체적인 감시 및 성과관리, 교육 및 훈련 역할을 담당하고 있으며, Care Standards Act 2000에 의해 설정된 국가최저기준(National Minimum Standards, NMS)을 적용하여 장기요양기관의 서비스 질을 관리하고 있다. CSCI의 현지 감사는 간호사,

함한 보건관련 시설보호서비스를 관리하기 위해 국가표준(national minimum)을 설정하고 있다.[82] 우리나라에서도 장기요양보험법 제54조에서 공단은 장기요양기관이 제공하는 장기요양급여 내용을 지속적으로 관리 · 평가하여 장기요양급여의 수준이 향상되도록 노력하여야 하며(제1항) 공단은 장기요양기관이 장기요양급여의 제공 기준 · 절차 · 방법 등에 따라 적정하게 장기요양급여를 제공하였는지 평가를 실시하고 그 결과를 공단의 홈페이지 등에 공표하는 등 필요한 조치를 할 수 있다(제2항)고 정하고 있다.[83] 그러나 기관의 평가는 자율신청에 의해 이루어지고 있고 방식에서도 성과지표보다는 구조, 과정지표 중심의 평가가 이루어지고 있다.[84] '서비스 질' 관리를 위해 1) 신뢰성 있는 서비스 질 평가를 개발하고 2) 평가지표를 바탕으로 기관을 평가 · 관리 · 감독하며 3) 미국의 사례처럼 국가최소품질표준을 적용할 필요가 있다.[85]

사회복지사, 기타 전문가로 구성된 감사단에 의해 실시된다. 고품질의 서비스를 제공하는 기관에는 평가를 2년에 한번만 받도록 하는 등 인센티브를 주고 낮은 수준의 서비스를 제공하는 기관은 연중 수시로 비정기적인 심사를 실시하도록 하는 등 감사횟수를 조절하고 있다.

82 설정된 국가표준(national minimum)에 충족하지 못할 경우 시정조치나 영업정지 등 법적 구속력을 강제하기 위한 대책을 시행하고 있다.

83 이를 근거로 「장기요양기관현지 조사지침」, 「장기요양기관평가방법 등에 대한 고시」를 제정하여 장기요양기관을 대상으로 평가를 실시하고 있다. 평가의 목적은 기관의 수준을 확인하고, 우수기관을 선정하여 인센티브를 제공함으로써 급여의 질 향상을 도모하며, 평가결과 공개로 수급자에게 선택권을 제공하는 것이다. 복지부는 건강보험심사평가원과 국민건강보험공단 등이 참여하는 합동조사단을 구성하여 요양병원에 대한 특별점검을 실시하는 한편 2013년부터는 인증제를 도입, 서비스의 질을 높이기로 하였다.

84 **[표 2-11] 2011년 기관규모별 연도별 평가결과(평가기관 수 및 평균점수: 3,195개소, 75.8점)**

기관 규모별		기관수(%)		평균점수		표준편차	
		2011	2009	2011	2009	2011	2009
계		3,195(100.0)	1,194(100.0)	75.8	76.9	16.3	17.0
30인 이상	소 계	1,144(35.8)	650(54.4)	84.7	83.6	12.4	13.5
	70인 이상	439(13.7)	264(22.1)	89.1	87.0	10.3	12.8
	30~70인 미만	705(22.1)	386(32.3)	82.0	81.3	12.4	13.5
10~30인 미만		915(28.6)	311(26.0)	74.7	71.4	15.2	15.8
10인 미만		1,136(35.6)	233(19.5)	67.7	65.5	16.1	18.4

자료 : 보건복지부 2011년 노인 장기요양기관 평가결과 공개자료(2012.5.14)

[표 2-12] 점수별 기관분포

계	90점 이상		80점 이상		70점 이상		60점 이상		60점 미만	
	기관수	비율	기관수	비율	기관수	비율	기관수	비율	기관수	비율
3,195(개소)	693	21.7	798	25.0	700	21.9	448	14.0	556	17.4

자료 : 보건복지부 2011년 노인 장기요양기관 평가결과 공개자료(2012.5.14)

85 최인희, 앞의 논문, 135면 참조.

요양보호의 대인서비스의 경우 제공인력(요양보호사, 사회복지사, 간호사 등) 전문성(지식, 정보, 기술 등)이 서비스의 질에 큰 영향을 준다. 요양보호사의 열악한 근무환경에 질 좋은 전문가의 확보가 어려워 적정한 근무여건의 개선이 필요하다. 정기적인 보수교육을 통하여 새로운 지식과 기술 및 직업윤리의식을 강화할 필요가 있다.

4. 가족돌봄에 대한 경제적 보상과 가족돌봄자를 위한 서비스 지원확대

노인이 가족으로부터 돌봄을 받는 것을 선호하는 것으로 나타나고 있다.[86] 이에 따른 재가서비스 확대와 함께 가족돌봄에 대한 지원방안이 필요하다. 첫째, 가족돌봄에 대한 경제적 보상이다. 가족돌봄에 대한 경제적 보상문제를 긍정적인 입장도 있지만 많은 한계점도 제기된다.[87] OECD 국가들의 경우 돌봄수당(carer's allowance)[88]을 제공하거나 유럽국가들은 연금기여 크레딧(pension contribution credits)[89]을 도입하고 있다. 우리나라에도 이러한 현금지원이나 연금기여크레딧 도입방안에 대해 검토할 필요가 있을 것이다. 둘째, 가족돌봄자들을 위한 서비스지원의 확대가 필요하다. 이를 위해 노인수발에 필요한 전문적 지식을 습득하고 가족갈등 해결방안 및 가족부양자로서 자기 위상과 책임을 느낄 수 있도록 교육 및 상담프로그램을 확대할 필요가 있다. 돌봄가족에 대한 건강지원서비스 제공, 가족돌봄자들을 위한 휴식지원서비스, 가족돌봄자를 위한 포괄적 정보제공체계의 구축, 외출시 동행, 부축 등 개인활동 지원서비스 제공 확대 방안도 필요하다.[90]

---

86 최인희, 앞의 논문, 127–131면 참조.

87 예컨대 경제적으로 보상할 경우 부수적으로 파생되는 전통적 성역할의 고착화 효과 급여에 대한 사회적 적정선 설정의 어려움, 급여의 오용과 남용에 대한 통제의 한계, 비공식적 수발자가 제공하는 서비스 질 관리의 문제 등이 제기된다.

88 보상방법과 적용조건에 차이는 있지만 돌봄자들에게 현금지원 방식의 돌봄수당(carer's allowance)으로 소득감소를 보전하거나 돌봄일에 대한 재정적 보상을 한다.

89 가족돌봄자들에게 불충분한 연금수급권을 개선하거나 강화하기 위해 출산, 양육, 케어, 비자발적 실업 등을 사회적 공익기여 기간으로 인정해 보험료를 납부한 기간으로 인정해주는 제도이다. 예컨대 영국의 경우 1년에 48주 이상, 주당 35시간 이상 누군가에게 돌봄서비스를 제공한 자는 가정책임보호규정(Home Responsibilities Protection)의 수급권을 보호받을 수 있다.

90 이에 대한 자세한 연구는 최인희, "노인을 돌보는 가족돌봄자 지원정책: 노인장기요양보험제도 개선방안 및 추가적 지원방안", 2011 Issue Paper(KWDI:한국여성정책연구원), 2011.12, 136–140면 참조.

Ⅶ. 결 어

호주, 일본 등 국가에서는 최근 노인을 위한 장기보호 보험체계 개발을 위해 노력 중에 있다. 이는 가족구조의 변화로 인해 가정 외에서 장기보호의 해결책을 찾기 위한 것이다. 우리나라도 현행 노인장기요양보험법상의 한계를 보완할 수 있는 제도적 개선이 필요하다. 현재 노인장기요양보험제도를 이용하고 있는 노인은 5~6%이므로 제도를 이용하고 있지 않으나 노인을 돌보고 있는 가족돌봄자들을 위한 제도적인 보완도 필요하다. '요양시설 및 보호서비스'에 대한 노인들의 향후 이용욕구가 높은 점을 감안하여 노인장기요양보험 등급인정자를 확대하고 재가서비스 지원을 강화해야 한다.

이 논문에서는 현행 노인의료복지 관련법체계, 현행 노인장기요양보험법상의 문제점을 도출하고 개선방안으로서 위반행위에 대한 행정상의 제재상의 문제, 관리운영기관의 문제, 장기요양보험료 재정건전성 확보문제, 저임금 근로자에 대한 사회보험료 지원, 장기요양기관 지정업무의 일원화문제, 공단의 현지조사권 부여, 외국인근로자에 대한 노인장기요양보험 제외 등을 제시하였고, 요양서비스의 질적 수준의 향상과 다양화 및 급여확대를 위하여 서비스 다양화 및 급여확대, 등급판정체계의 개선, 노인장기요양보호서비스 질 개선, 가족돌봄에 대한 경제적 보상과 가족돌봄자를 위한 서비스 지원확대 방안을 제시하였다.

[참고문헌]

1. 단행본(국내외)

고준기, 사회보장법, 고시계사, 2010.

윤찬영, 사회복지법제론, 나남, 2010.

전광석, 한국사회보장법론 제9판, 집현재, 2012.

加藤智章·前田雅子, 社會保障法(第2版), 有斐閣 アルマ, 2003.

荒木誠之, 社會保障法讀本,(新版補訂), (東京: 有斐閣, 2000), 25面.

足立正樹, 各國の介護保障, 京都:法律文化社, 1998, 86-89面.

Cuellar, A. E. & Weiner, J. M. (2000). Health Affairs, 19, 3, 8-25.

Evashwick, C. J. (1996). The Continuum of Long-term Care: An Integrated Systems Approach. Albany, NY.: Delmar Publishers.

Feder, J., Komisar, H. L. & Niefeld, M. (2000). Long-term Care in the United States: An Overview. Health Affairs, 19, 3, 40-56.

Gary R. Andrews, Aged Society and Responses in the World, World Responses to the Aged Society 10, 2004, p.38.

Jacobzone, S. (2000). Coping with Aging: International Challenge. Health Affairs, 19, 3, 213-225.

Joel, Blau and Mimi, Abramovitz, The dynamics of social welfare policy, New York: Oxford University Press, 2004, p.250.

Johnson, M. (1989). Long-term Care for the Elderly in England. In Schwab, T. (Ed.), Caring for an Aging World (pp. 162-192). New York: McGraw-Hill, Information Service Company.

OECD Homepage: www.oecd.org.

OECD (2005). Long-term Carr for Older People. Paris: OECD.

Pieters, Danny. Changing work patterns and social security, London: Boston: Kluwer Law International, 2000, p.71.

Sinclair, I. (Ed.). (1988). Residential Care: The Research Reviewed. London: Her Majesty's Stationary Office.

Stefano. Giubboni, Social rights and market freedom in the European constitution: a labour law perspective, (Cambridge, UK; New York: Cambridge University Press, 2006), pp. 64-65.

2. 국내논문

강병근, "노인과 국제법", 「노인법제연구」-노인복지 패러다임의 전환과 노인의 인간다운 삶을 위한 법제연구-, 삼우사, 2009.

김선택, "인간다운 생활을 할 권리의 헌법규범성",- 생계보호기준결정:헌법재판소 1997.5.29.선고 94마33결정-, 판례연구 제9권, 고려대학교 법학연구원, 1998.

김성순, "고령사회에 대비한 노인복지법의 문제점과 개정방향", 「노인복지연구」, 통권 제15호, 2002.

김훈·김근식, "고령화와 그 해결책으로서의 사회보장", 한국자치행정학보 제25권 제1호, 2011.

박재간, "프랑스의 노인간병보호정책", 「노인복지정책연구」 제12권, 한국노인문제연구소, 1998.

변제관 외 4인, "고령사회대책기본법 제정검토 및 노인보건복지종합대책", 한국보건사회연구원·보건복지부, 2002.

보건복지가족부, 계명대학교 산학협력단, 2008년 노인실태조사 - 전국 노인생활실태 및 복지욕구조사 -, 2009.

서명은, "주요국의 장기요양보험제도에 관한 비교·분석연구", 서울시립대학교 도시관학대학원(석사), 2009.

석재은, "공급자 관점에서 노인장기요양보험제도의 개선방안", 보건복지포험, 한국보건사회연구원, 2010.

이규식, "고령화시대의 의료보장정책", 「나라경제」, 2002.9.

이상윤, "노인사회복지제도에 관한 현행 법체계의 재정립", 노동법논총, 2009.

이정, 일본의 노인문제와 장기요양보험제도에 관한 고찰, 노동정책연구, 2002, 제2권 제2호.

이호용, "우리나라 노인복지법제의 현황과 과제", 법학논총 제35권 제2호, 2011.

장봉석, "노인장기요양보험 시행 이후 노인복지법의 역할에 관한 소고", 「전북대학교 법학연구」 통권 제32집, 2011.5.

전광석, "서독사회보장법의 체계적 이해를 위한 시론", 「사회보장연구」 제4권, 1988.

조지현, 노인장기요양보험의 문제점과 개선방안, 노인법제연구, 삼우사, 2009.

최봉석, "독일의 노인복지법제 연구", 한국법제연구원, 2004.7.

최은영 외, OECD 국가의 노인장기요양서비스 체계 비교와 정책적 함의, 한국보건사회연구원, 2009.

최인희, “노인을 돌보는 가족돌봄자 지원정책: 노인장기요양보험제도 개선방안 및 추가적 지원방안”, 2011 Issue Paper(KWDI:한국여성정책연구원), 2011.12.

3. 각종자료

김성식의원 대표발의(의안번호12827) 노인장기요양보험법 일부개정법률안, 2011.8.8.

백원우의원 대표발의, 노인장기요양보험법 일부개정법률안 검토보고, 2009.4

성윤환의원 대표발의(의안번호 13594), 치매관리법 일부개정법률안, 2011.10.25.

이춘식의원 대표발의(의안번호11894) 노인장기요양보험법 일부개정법률안, 2011.5.24.

임두성의원 대표발의(의안번호 4093) 노인장기요양보험법 일부개정법률안, 2009.3.6.

Dr. Aviva Ron(전 WHO 서태평양지역 사무소 과장), 「A Regional Overview」.

UNESCAP(아태경제사회이사회), 「성인지 사회보호 워크샵(노인 보건보호)」 보고

日本厚生勞働省, 「厚生勞働白書」, 2004.

內閣府, 高齢社會白書, 2004.

日本 總務省 統計局 勞働力調査, 2002.

日本厚生勞働省, “雇用管理調査, 2004.

노인장기요양보험법

[법률 제17777호, 2020. 12. 29., 일부개정]

제1장 총칙

제1조(목적) 이 법은 고령이나 노인성 질병 등의 사유로 일상생활을 혼자서 수행하기 어려운 노인등에게 제공하는 신체활동 또는 가사활동 지원 등의 장기요양급여에 관한 사항을 규정하여 노후의 건강증진 및 생활안정을 도모하고 그 가족의 부담을 덜어줌으로써 국민의 삶의 질을 향상하도록 함을 목적으로 한다.

제2조(정의) 이 법에서 사용하는 용어의 정의는 다음과 같다. 〈개정 2018. 12. 11.〉

1. "노인등"이란 65세 이상의 노인 또는 65세 미만의 자로서 치매·뇌혈관성질환 등 대통령령으로 정하는 노인성 질병을 가진 자를 말한다.
2. "장기요양급여"란 제15조제2항에 따라 6개월 이상 동안 혼자서 일상생활을 수행하기 어렵다고 인정되는 자에게 신체활동·가사활동의 지원 또는 간병 등의 서비스나 이에 갈음하여 지급하는 현금 등을 말한다.
3. "장기요양사업"이란 장기요양보험료, 국가 및 지방자치단체의 부담금 등을 재원으로 하여 노인등에게 장기요양급여를 제공하는 사업을 말한다.
4. "장기요양기관"이란 제31조에 따른 지정을 받은 기관으로서 장기요양급여를 제공하는 기관을 말한다.
5. "장기요양요원"이란 장기요양기관에 소속되어 노인등의 신체활동 또는 가사활동 지원 등의 업무를 수행하는 자를 말한다.

제3조(장기요양급여 제공의 기본원칙) ① 장기요양급여는 노인등이 자신의 의사와 능력에 따라 최대한 자립적으로 일상생활을 수행할 수 있도록 제공하여야 한다. 〈신설 2018. 12. 11.〉

② 장기요양급여는 노인등의 심신상태·생활환경과 노인등 및 그 가족의 욕구·선택을 종합적으로 고려하여 필요한 범위 안에서 이를 적정하게 제공하여야 한다. 〈개정 2018. 12. 11.〉

③ 장기요양급여는 노인등이 가족과 함께 생활하면서 가정에서 장기요양을 받는 재가급여를 우선적으로 제공하여야 한다. 〈개정 2018. 12. 11.〉

④ 장기요양급여는 노인등의 심신상태나 건강 등이 악화되지 아니하도록 의료서비스와 연계하여 이를 제공하여야 한다. 〈개정 2018. 12. 11.〉

제4조(국가 및 지방자치단체의 책무 등) ① 국가 및 지방자치단체는 노인이 일상생활을 혼자서 수행

할 수 있는 온전한 심신상태를 유지하는데 필요한 사업(이하 "노인성질환예방사업"이라 한다)을 실시하여야 한다.

② 국가는 노인성질환예방사업을 수행하는 지방자치단체 또는 「국민건강보험법」에 따른 국민건강보험공단(이하 "공단"이라 한다)에 대하여 이에 소요되는 비용을 지원할 수 있다.

③ 국가 및 지방자치단체는 노인인구 및 지역특성 등을 고려하여 장기요양급여가 원활하게 제공될 수 있도록 적정한 수의 장기요양기관을 확충하고 장기요양기관의 설립을 지원하여야 한다. 〈개정 2018. 12. 11.〉

④ 국가 및 지방자치단체는 장기요양급여가 원활히 제공될 수 있도록 공단에 필요한 행정적 또는 재정적 지원을 할 수 있다.

⑤ 국가 및 지방자치단체는 장기요양요원의 처우를 개선하고 복지를 증진하며 지위를 향상시키기 위하여 적극적으로 노력하여야 한다. 〈신설 2016. 5. 29.〉

⑥ 국가 및 지방자치단체는 지역의 특성에 맞는 장기요양사업의 표준을 개발·보급할 수 있다. 〈신설 2018. 12. 11.〉

제5조(장기요양급여에 관한 국가정책방향) 국가는 제6조의 장기요양기본계획을 수립·시행함에 있어서 노인뿐만 아니라 장애인 등 일상생활을 혼자서 수행하기 어려운 모든 국민이 장기요양급여, 신체활동지원서비스 등을 제공받을 수 있도록 노력하고 나아가 이들의 생활안정과 자립을 지원할 수 있는 시책을 강구하여야 한다.

제6조(장기요양기본계획) ① 보건복지부장관은 노인등에 대한 장기요양급여를 원활하게 제공하기 위하여 5년 단위로 다음 각 호의 사항이 포함된 장기요양기본계획을 수립·시행하여야 한다. 〈개정 2016. 5. 29.〉

1. 연도별 장기요양급여 대상인원 및 재원조달 계획
2. 연도별 장기요양기관 및 장기요양전문인력 관리 방안
3. 장기요양요원의 처우에 관한 사항
4. 그 밖에 노인등의 장기요양에 관한 사항으로서 대통령령으로 정하는 사항

② 지방자치단체의 장은 제1항에 따른 장기요양기본계획에 따라 세부시행계획을 수립·시행하여야 한다.

제6조의2(실태조사) ① 보건복지부장관은 장기요양사업의 실태를 파악하기 위하여 3년마다 다음 각 호의 사항에 관한 조사를 정기적으로 실시하고 그 결과를 공표하여야 한다.

1. 장기요양인정에 관한 사항
2. 제52조에 따른 장기요양등급판정위원회(이하 "등급판정위원회"라 한다)의 판정에 따라 장기요양급여를 받을 사람(이하 "수급자"라 한다)의 규모, 그 급여의 수준 및 만족도에 관한 사항
3. 장기요양기관에 관한 사항
4. 장기요양요원의 근로조건, 처우 및 규모에 관한 사항

5. 그 밖에 장기요양사업에 관한 사항으로서 보건복지부령으로 정하는 사항

② 제1항에 따른 실태조사의 방법과 내용 등에 필요한 사항은 보건복지부령으로 정한다.

제2장 장기요양보험

제7조(장기요양보험) ① 장기요양보험사업은 보건복지부장관이 관장한다.

② 장기요양보험사업의 보험자는 공단으로 한다.

③ 장기요양보험의 가입자(이하 "장기요양보험가입자"라 한다)는 「국민건강보험법」 제5조 및 제109조에 따른 가입자로 한다. 〈개정 2011. 12. 31.〉

④ 공단은 제3항에도 불구하고 「외국인근로자의 고용 등에 관한 법률」에 따른 외국인근로자 등 대통령령으로 정하는 외국인이 신청하는 경우 보건복지부령으로 정하는 바에 따라 장기요양보험가입자에서 제외할 수 있다. 〈신설 2009. 3. 18., 2010. 1. 18.〉

제8조(장기요양보험료의 징수) ① 공단은 장기요양사업에 사용되는 비용에 충당하기 위하여 장기요양보험료를 징수한다.

② 제1항에 따른 장기요양보험료는 「국민건강보험법」 제69조에 따른 보험료(이하 이 조에서 "건강보험료"라 한다)와 통합하여 징수한다. 이 경우 공단은 장기요양보험료와 건강보험료를 구분하여 고지하여야 한다. 〈개정 2011. 12. 31.〉

③ 공단은 제2항에 따라 통합 징수한 장기요양보험료와 건강보험료를 각각의 독립회계로 관리하여야 한다.

제9조(장기요양보험료의 산정) ① 장기요양보험료는 「국민건강보험법」 제69조제4항 및 제5항에 따라 산정한 보험료액에서 같은 법 제74조 또는 제75조에 따라 경감 또는 면제되는 비용을 공제한 금액에 장기요양보험료율을 곱하여 산정한 금액으로 한다. 〈개정 2011. 12. 31.〉

② 제1항에 따른 장기요양보험료율은 제45조에 따른 장기요양위원회의 심의를 거쳐 대통령령으로 정한다.

제10조(장애인 등에 대한 장기요양보험료의 감면) 공단은 「장애인복지법」에 따른 장애인 또는 이와 유사한 자로서 대통령령으로 정하는 자가 장기요양보험가입자 또는 그 피부양자인 경우 제15조제2항에 따른 수급자로 결정되지 못한 때 대통령령으로 정하는 바에 따라 장기요양보험료의 전부 또는 일부를 감면할 수 있다.

제11조(장기요양보험가입 자격 등에 관한 준용) 「국민건강보험법」 제5조, 제6조, 제8조부터 제11조까지, 제69조제1항부터 제3항까지, 제76조부터 제86조까지 및 제110조는 장기요양보험가입자·피부양자의 자격취득·상실, 장기요양보험료 등의 납부·징수 및 결손처분 등에 관하여 이를 준용한다. 이 경우 "보험료"는 "장기요양보험료"로, "건강보험"은 "장기요양보험"으로, "가입자"는 "장기요양보

험가입자"로 본다. 〈개정 2011. 12. 31.〉

제3장 장기요양인정

제12조(장기요양인정의 신청자격) 장기요양인정을 신청할 수 있는 자는 노인등으로서 다음 각 호의 어느 하나에 해당하는 자격을 갖추어야 한다.

1. 장기요양보험가입자 또는 그 피부양자
2. 「의료급여법」 제3조제1항에 따른 수급권자(이하 "의료급여수급권자"라 한다)

제13조(장기요양인정의 신청) ① 장기요양인정을 신청하는 자(이하 "신청인"이라 한다)는 공단에 보건복지부령으로 정하는 바에 따라 장기요양인정신청서(이하 "신청서"라 한다)에 의사 또는 한의사가 발급하는 소견서(이하 "의사소견서"라 한다)를 첨부하여 제출하여야 한다. 다만, 의사소견서는 공단이 제15조제1항에 따라 등급판정위원회에 자료를 제출하기 전까지 제출할 수 있다.

② 제1항에도 불구하고 거동이 현저하게 불편하거나 도서·벽지 지역에 거주하여 의료기관을 방문하기 어려운 자 등 대통령령으로 정하는 자는 의사소견서를 제출하지 아니할 수 있다.

③ 의사소견서의 발급비용·비용부담방법·발급자의 범위, 그 밖에 필요한 사항은 보건복지부령으로 정한다.

제14조(장기요양인정 신청의 조사) ① 공단은 제13조제1항에 따라 신청서를 접수한 때 보건복지부령으로 정하는 바에 따라 소속 직원으로 하여금 다음 각 호의 사항을 조사하게 하여야 한다. 다만, 지리적 사정 등으로 직접 조사하기 어려운 경우 또는 조사에 필요하다고 인정하는 경우 특별자치시·특별자치도·시·군·구(자치구를 말한다. 이하 같다)에 대하여 조사를 의뢰하거나 공동으로 조사할 것을 요청할 수 있다. 〈개정 2013. 8. 13.〉

1. 신청인의 심신상태
2. 신청인에게 필요한 장기요양급여의 종류 및 내용
3. 그 밖에 장기요양에 관하여 필요한 사항으로서 보건복지부령으로 정하는 사항

② 공단은 제1항 각 호의 사항을 조사하는 경우 2명 이상의 소속 직원이 조사할 수 있도록 노력하여야 한다. 〈신설 2018. 12. 11.〉

③ 제1항에 따라 조사를 하는 자는 조사일시, 장소 및 조사를 담당하는 자의 인적사항 등을 미리 신청인에게 통보하여야 한다. 〈개정 2018. 12. 11.〉

④ 공단 또는 제1항 단서에 따른 조사를 의뢰받은 특별자치시·특별자치도·시·군·구는 조사를 완료한 때 조사결과서를 작성하여야 한다. 조사를 의뢰받은 특별자치시·특별자치도·시·군·구는 지체 없이 공단에 조사결과서를 송부하여야 한다. 〈개정 2013. 8. 13., 2018. 12. 11.〉

제15조(등급판정 등) ① 공단은 제14조에 따른 조사가 완료된 때 조사결과서, 신청서, 의사소견서,

그 밖에 심의에 필요한 자료를 등급판정위원회에 제출하여야 한다. 〈개정 2016. 5. 29.〉

② 등급판정위원회는 신청인이 제12조의 신청자격요건을 충족하고 6개월 이상 동안 혼자서 일상생활을 수행하기 어렵다고 인정하는 경우 심신상태 및 장기요양이 필요한 정도 등 대통령령으로 정하는 등급판정기준에 따라 수급자로 판정한다. 〈개정 2016. 5. 29.〉

③ 등급판정위원회는 제2항에 따라 심의·판정을 하는 때 신청인과 그 가족, 의사소견서를 발급한 의사 등 관계인의 의견을 들을 수 있다.

④ 공단은 장기요양급여를 받고 있거나 받을 수 있는 자가 다음 각 호의 어느 하나에 해당하는 것으로 의심되는 경우에는 제14조제1항 각 호의 사항을 조사하여 그 결과를 등급판정위원회에 제출하여야 한다. 〈신설 2018. 12. 11.〉

1. 거짓이나 그 밖의 부정한 방법으로 장기요양인정을 받은 경우
2. 고의로 사고를 발생하도록 하거나 본인의 위법행위에 기인하여 장기요양인정을 받은 경우

⑤ 등급판정위원회는 제4항에 따라 제출된 조사 결과를 토대로 제2항에 따라 다시 수급자 등급을 조정하고 수급자 여부를 판정할 수 있다. 〈신설 2018. 12. 11., 2020. 3. 31.〉

제16조(장기요양등급판정기간) ① 등급판정위원회는 신청인이 신청서를 제출한 날부터 30일 이내에 제15조에 따른 장기요양등급판정을 완료하여야 한다. 다만, 신청인에 대한 정밀조사가 필요한 경우 등 기간 이내에 등급판정을 완료할 수 없는 부득이한 사유가 있는 경우 30일 이내의 범위에서 이를 연장할 수 있다.

② 공단은 등급판정위원회가 제1항 단서에 따라 장기요양인정심의 및 등급판정기간을 연장하고자 하는 경우 신청인 및 대리인에게 그 내용·사유 및 기간을 통보하여야 한다.

제17조(장기요양인정서) ① 공단은 등급판정위원회가 장기요양인정 및 등급판정의 심의를 완료한 경우 지체 없이 다음 각 호의 사항이 포함된 장기요양인정서를 작성하여 수급자에게 송부하여야 한다.

1. 장기요양등급
2. 장기요양급여의 종류 및 내용
3. 그 밖에 장기요양급여에 관한 사항으로서 보건복지부령으로 정하는 사항

② 공단은 등급판정위원회가 장기요양인정 및 등급판정의 심의를 완료한 경우 수급자로 판정받지 못한 신청인에게 그 내용 및 사유를 통보하여야 한다. 이 경우 특별자치시장·특별자치도지사·시장·군수·구청장(자치구의 구청장을 말한다. 이하 같다)은 공단에 대하여 이를 통보하도록 요청할 수 있고, 요청을 받은 공단은 이에 응하여야 한다. 〈개정 2013. 8. 13.〉

③ 공단은 제1항에 따라 장기요양인정서를 송부하는 때 장기요양급여를 원활히 이용할 수 있도록 제28조에 따른 월 한도액 범위 안에서 개인별장기요양이용계획서를 작성하여 이를 함께 송부하여야 한다. 〈개정 2020. 12. 29.〉

④ 제1항 및 제3항에 따른 장기요양인정서 및 개인별장기요양이용계획서의 작성방법에 관하여 필요한 사항은 보건복지부령으로 정한다. 〈개정 2020. 12. 29.〉

[시행일 : 2021. 6. 30.] 제17조

제18조(장기요양인정서를 작성할 경우 고려사항) 공단은 장기요양인정서를 작성할 경우 제17조제1항 제2호에 따른 장기요양급여의 종류 및 내용을 정하는 때 다음 각 호의 사항을 고려하여 정하여야 한다.

1. 수급자의 장기요양등급 및 생활환경
2. 수급자와 그 가족의 욕구 및 선택
3. 시설급여를 제공하는 경우 장기요양기관이 운영하는 시설 현황

제19조(장기요양인정의 유효기간) ① 제15조에 따른 장기요양인정의 유효기간은 최소 1년이상으로서 대통령령으로 정한다.

② 제1항의 유효기간의 산정방법과 그 밖에 필요한 사항은 보건복지부령으로 정한다.

제20조(장기요양인정의 갱신) ① 수급자는 제19조에 따른 장기요양인정의 유효기간이 만료된 후 장기요양급여를 계속하여 받고자 하는 경우 공단에 장기요양인정의 갱신을 신청하여야 한다.

② 제1항에 따른 장기요양인정의 갱신 신청은 유효기간이 만료되기 전 30일까지 이를 완료하여야 한다.

③ 제12조부터 제19조까지의 규정은 장기요양인정의 갱신절차에 관하여 준용한다.

제21조(장기요양등급 등의 변경) ① 장기요양급여를 받고 있는 수급자는 장기요양등급, 장기요양급여의 종류 또는 내용을 변경하여 장기요양급여를 받고자 하는 경우 공단에 변경신청을 하여야 한다.

② 제12조부터 제19조까지의 규정은 장기요양등급의 변경절차에 관하여 준용한다.

제22조(장기요양인정 신청 등에 대한 대리) ① 장기요양급여를 받고자 하는 자 또는 수급자가 신체적·정신적인 사유로 이 법에 따른 장기요양인정의 신청, 장기요양인정의 갱신신청 또는 장기요양등급의 변경신청 등을 직접 수행할 수 없을 때 본인의 가족이나 친족, 그 밖의 이해관계인은 이를 대리할 수 있다.

② 다음 각 호의 어느 하나에 해당하는 사람은 관할 지역 안에 거주하는 사람 중 장기요양급여를 받고자 하는 사람 또는 수급자가 제1항에 따른 장기요양인정신청 등을 직접 수행할 수 없을 때 본인 또는 가족의 동의를 받아 그 신청을 대리할 수 있다. 〈개정 2019. 4. 23.〉

1. 「사회보장급여의 이용·제공 및 수급권자 발굴에 관한 법률」 제43조에 따른 사회복지전담공무원
2. 「치매관리법」 제17조에 따른 치매안심센터의 장(장기요양급여를 받고자 하는 사람 또는 수급자가 같은 법 제2조제2호에 따른 치매환자인 경우로 한정한다)

③ 제1항 및 제2항에도 불구하고 장기요양급여를 받고자 하는 자 또는 수급자가 제1항에 따른 장기요양인정신청 등을 할 수 없는 경우 특별자치시장·특별자치도지사·시장·군수·구청장이 지정하는 자는 이를 대리할 수 있다. 〈개정 2013. 8. 13.〉

④ 제1항부터 제3항까지의 규정에 따른 장기요양인정신청 등의 방법 및 절차 등에 관하여 필요한

사항은 보건복지부령으로 정한다.

제4장 장기요양급여의 종류

제23조(장기요양급여의 종류) ① 이 법에 따른 장기요양급여의 종류는 다음 각 호와 같다. 〈개정 2011. 6. 7., 2015. 12. 29., 2018. 12. 11.〉

1. 재가급여
   가. 방문요양 : 장기요양요원이 수급자의 가정 등을 방문하여 신체활동 및 가사활동 등을 지원하는 장기요양급여
   나. 방문목욕 : 장기요양요원이 목욕설비를 갖춘 장비를 이용하여 수급자의 가정 등을 방문하여 목욕을 제공하는 장기요양급여
   다. 방문간호 : 장기요양요원인 간호사 등이 의사, 한의사 또는 치과의사의 지시서(이하 "방문간호지시서"라 한다)에 따라 수급자의 가정 등을 방문하여 간호, 진료의 보조, 요양에 관한 상담 또는 구강위생 등을 제공하는 장기요양급여
   라. 주·야간보호 : 수급자를 하루 중 일정한 시간 동안 장기요양기관에 보호하여 신체활동 지원 및 심신기능의 유지·향상을 위한 교육·훈련 등을 제공하는 장기요양급여
   마. 단기보호 : 수급자를 보건복지부령으로 정하는 범위 안에서 일정 기간 동안 장기요양기관에 보호하여 신체활동 지원 및 심신기능의 유지·향상을 위한 교육·훈련 등을 제공하는 장기요양급여
   바. 기타재가급여 : 수급자의 일상생활·신체활동 지원 및 인지기능의 유지·향상에 필요한 용구를 제공하거나 가정을 방문하여 재활에 관한 지원 등을 제공하는 장기요양급여로서 대통령령으로 정하는 것
2. 시설급여 : 장기요양기관에 장기간 입소한 수급자에게 신체활동 지원 및 심신기능의 유지·향상을 위한 교육·훈련 등을 제공하는 장기요양급여
3. 특별현금급여
   가. 가족요양비 : 제24조에 따라 지급하는 가족장기요양급여
   나. 특례요양비 : 제25조에 따라 지급하는 특례장기요양급여
   다. 요양병원간병비 : 제26조에 따라 지급하는 요양병원장기요양급여

② 제1항제1호 및 제2호에 따라 장기요양급여를 제공할 수 있는 장기요양기관의 종류 및 기준과 장기요양급여 종류별 장기요양요원의 범위·업무·보수교육 등에 관하여 필요한 사항은 대통령령으로 정한다.

③ 장기요양급여의 제공 기준·절차·방법·범위, 그 밖에 필요한 사항은 보건복지부령으로 정한다.

제24조(가족요양비) ① 공단은 다음 각 호의 어느 하나에 해당하는 수급자가 가족 등으로부터 제23조제1항제1호가목에 따른 방문요양에 상당한 장기요양급여를 받은 때 대통령령으로 정하는 기준에 따라 해당 수급자에게 가족요양비를 지급할 수 있다. 〈개정 2019. 1. 15.〉

1. 도서·벽지 등 장기요양기관이 현저히 부족한 지역으로서 보건복지부장관이 정하여 고시하는 지역에 거주하는 자
2. 천재지변이나 그 밖에 이와 유사한 사유로 인하여 장기요양기관이 제공하는 장기요양급여를 이용하기가 어렵다고 보건복지부장관이 인정하는 자
3. 신체·정신 또는 성격 등 대통령령으로 정하는 사유로 인하여 가족 등으로부터 장기요양을 받아야 하는 자

② 제1항에 따른 가족요양비의 지급절차와 그 밖에 필요한 사항은 보건복지부령으로 정한다.

제25조(특례요양비) ① 공단은 수급자가 장기요양기관이 아닌 노인요양시설 등의 기관 또는 시설에서 재가급여 또는 시설급여에 상당한 장기요양급여를 받은 경우 대통령령으로 정하는 기준에 따라 해당 장기요양급여비용의 일부를 해당 수급자에게 특례요양비로 지급할 수 있다. 〈개정 2019. 1. 15.〉

② 제1항에 따라 장기요양급여가 인정되는 기관 또는 시설의 범위, 특례요양비의 지급절차, 그 밖에 필요한 사항은 보건복지부령으로 정한다.

제26조(요양병원간병비) ① 공단은 수급자가 「의료법」 제3조제2항제3호라목에 따른 요양병원에 입원한 때 대통령령으로 정하는 기준에 따라 장기요양에 사용되는 비용의 일부를 요양병원간병비로 지급할 수 있다. 〈개정 2009. 1. 30., 2011. 6. 7.〉

② 제1항에 따른 요양병원간병비의 지급절차와 그 밖에 필요한 사항은 보건복지부령으로 정한다.

제5장 장기요양급여의 제공

제27조(장기요양급여의 제공) ① 수급자는 제17조제1항에 따른 장기요양인정서와 같은 조 제3항에 따른 개인별장기요양이용계획서가 도달한 날부터 장기요양급여를 받을 수 있다. 〈개정 2018. 12. 11., 2020. 12. 29.〉

② 제1항에도 불구하고 수급자는 돌볼 가족이 없는 경우 등 대통령령으로 정하는 사유가 있는 경우 신청서를 제출한 날부터 장기요양인정서가 도달되는 날까지의 기간 중에도 장기요양급여를 받을 수 있다.

③ 수급자는 장기요양급여를 받으려면 장기요양기관에 장기요양인정서와 개인별장기요양이용계획서를 제시하여야 한다. 다만, 수급자가 장기요양인정서 및 개인별장기요양이용계획서를 제시하지 못하는 경우 장기요양기관은 공단에 전화나 인터넷 등을 통하여 그 자격 등을 확인할 수 있다.

〈신설 2018. 12. 11., 2020. 12. 29.〉

④ 장기요양기관은 제3항에 따라 수급자가 제시한 장기요양인정서와 개인별장기요양이용계획서를 바탕으로 장기요양급여 제공 계획서를 작성하고 수급자의 동의를 받아 그 내용을 공단에 통보하여야 한다. 〈신설 2018. 12. 11., 2020. 12. 29.〉

⑤ 제2항에 따른 장기요양급여 인정 범위와 절차, 제4항에 따른 장기요양급여 제공 계획서 작성 절차에 관한 구체적인 사항 등은 대통령령으로 정한다. 〈개정 2018. 12. 11.〉

[제목개정 2018. 12. 11.]

[시행일 : 2021. 6. 30.] 제27조

제27조의2(특별현금급여수급계좌) ① 공단은 특별현금급여를 받는 수급자의 신청이 있는 경우에는 특별현금급여를 수급자 명의의 지정된 계좌(이하 "특별현금급여수급계좌"라 한다)로 입금하여야 한다. 다만, 정보통신장애나 그 밖에 대통령령으로 정하는 불가피한 사유로 특별현금급여수급계좌로 이체할 수 없을 때에는 현금 지급 등 대통령령으로 정하는 바에 따라 특별현금급여를 지급할 수 있다.

② 특별현금급여수급계좌가 개설된 금융기관은 특별현금급여만이 특별현금급여수급계좌에 입금되도록 관리하여야 한다.

③ 제1항에 따른 신청방법·절차와 제2항에 따른 특별현금급여수급계좌의 관리에 필요한 사항은 대통령령으로 정한다.

[본조신설 2016. 12. 2.]

제28조(장기요양급여의 월 한도액) ① 장기요양급여는 월 한도액 범위 안에서 제공한다. 이 경우 월 한도액은 장기요양등급 및 장기요양급여의 종류 등을 고려하여 산정한다.

② 제1항에 따른 월 한도액의 산정기준 및 방법, 그 밖에 필요한 사항은 보건복지부령으로 정한다.

제28조의2(급여외행위의 제공 금지) ① 수급자 또는 장기요양기관은 장기요양급여를 제공받거나 제공할 경우 다음 각 호의 행위(이하 "급여외행위"라 한다)를 요구하거나 제공하여서는 아니 된다.

1. 수급자의 가족만을 위한 행위
2. 수급자 또는 그 가족의 생업을 지원하는 행위
3. 그 밖에 수급자의 일상생활에 지장이 없는 행위

② 그 밖에 급여외행위의 범위 등에 관한 구체적인 사항은 보건복지부령으로 정한다.

[본조신설 2018. 12. 11.]

제29조(장기요양급여의 제한) ① 공단은 장기요양급여를 받고 있는 자가 정당한 사유 없이 제15조제4항에 따른 조사나 제60조 또는 제61조에 따른 요구에 응하지 아니하거나 답변을 거절한 경우 장기요양급여의 전부 또는 일부를 제공하지 아니하게 할 수 있다. 〈개정 2020. 3. 31.〉

② 공단은 장기요양급여를 받고 있거나 받을 수 있는 자가 장기요양기관이 거짓이나 그 밖의 부정한 방법으로 장기요양급여비용을 받는 데에 가담한 경우 장기요양급여를 중단하거나 1년의 범위

에서 장기요양급여의 횟수 또는 제공 기간을 제한할 수 있다. 〈신설 2020. 3. 31.〉

③ 제2항에 따른 장기요양급여의 중단 및 제한 기준과 그 밖에 필요한 사항은 보건복지부령으로 정한다. 〈신설 2020. 3. 31.〉

[전문개정 2018. 12. 11.]

제30조(장기요양급여의 제한 등에 관한 준용) 「국민건강보험법」 제53조제1항제4호, 같은 조 제2항부터 제6항까지, 제54조 및 제109조제10항은 이 법에 따른 보험료 체납자 등에 대한 장기요양급여의 제한 및 장기요양급여의 정지에 관하여 준용한다. 이 경우 "가입자"는 "장기요양보험가입자"로, "보험급여"는 "장기요양급여"로 본다. 〈개정 2011. 12. 31., 2020. 3. 31.〉

제6장 장기요양기관

제31조(장기요양기관의 지정) ① 제23조제1항제1호에 따른 재가급여 또는 같은 항 제2호에 따른 시설급여를 제공하는 장기요양기관을 운영하려는 자는 보건복지부령으로 정하는 장기요양에 필요한 시설 및 인력을 갖추어 소재지를 관할 구역으로 하는 특별자치시장·특별자치도지사·시장·군수·구청장으로부터 지정을 받아야 한다. 〈개정 2013. 8. 13., 2018. 12. 11., 2020. 3. 31.〉

② 제1항에 따라 장기요양기관으로 지정을 받을 수 있는 시설은 「노인복지법」 제31조에 따른 노인복지시설 중 대통령령으로 정하는 시설로 한다. 〈개정 2020. 3. 31.〉

③ 특별자치시장·특별자치도지사·시장·군수·구청장이 제1항에 따른 지정을 하려는 경우에는 다음 각 호의 사항을 검토하여 장기요양기관을 지정하여야 한다. 이 경우 특별자치시장·특별자치도지사·시장·군수·구청장은 공단에 관련 자료의 제출을 요청하거나 그 의견을 들을 수 있다. 〈신설 2018. 12. 11., 2020. 3. 31., 2020. 12. 29.〉

1. 장기요양기관을 운영하려는 자의 장기요양급여 제공 이력
2. 장기요양기관을 운영하려는 자 및 그 기관에 종사하려는 자가 이 법, 「사회복지사업법」 또는 「노인복지법」 등 장기요양기관의 운영과 관련된 법에 따라 받은 행정처분의 내용
3. 장기요양기관의 운영 계획
4. 해당 지역의 노인인구 수 및 장기요양급여 수요 등 지역 특성
5. 그 밖에 특별자치시장·특별자치도지사·시장·군수·구청장이 장기요양기관으로 지정하는 데 필요하다고 인정하여 정하는 사항

④ 특별자치시장·특별자치도지사·시장·군수·구청장은 제1항에 따라 장기요양기관을 지정한 때 지체 없이 지정 명세를 공단에 통보하여야 한다. 〈개정 2013. 8. 13., 2018. 12. 11.〉

⑤ 제23조제1항제1호에 따른 재가급여를 제공하는 장기요양기관 중 의료기관이 아닌 자가 설치·운영하는 장기요양기관이 방문간호를 제공하는 경우에는 방문간호의 관리책임자로서 간호사를

둔다. 〈신설 2018. 12. 11.〉

⑥ 장기요양기관의 지정절차와 그 밖에 필요한 사항은 보건복지부령으로 정한다. 〈개정 2018. 12. 11.〉

[시행일 : 2021. 6. 30.] 제31조

제32조 삭제 〈2018. 12. 11.〉

제32조의2(결격사유) 다음 각 호의 어느 하나에 해당하는 자는 제31조에 따른 장기요양기관으로 지정받을 수 없다. 〈개정 2018. 3. 13., 2018. 12. 11.〉

1. 미성년자, 피성년후견인 또는 피한정후견인
2. 「정신건강증진 및 정신질환자 복지서비스 지원에 관한 법률」 제3조제1호의 정신질환자. 다만, 전문의가 장기요양기관 설립·운영 업무에 종사하는 것이 적합하다고 인정하는 사람은 그러하지 아니하다.
3. 「마약류 관리에 관한 법률」 제2조제1호의 마약류에 중독된 사람
4. 파산선고를 받고 복권되지 아니한 사람
5. 금고 이상의 실형을 선고받고 그 집행이 종료(집행이 종료된 것으로 보는 경우를 포함한다)되거나 집행이 면제된 날부터 5년이 경과되지 아니한 사람
6. 금고 이상의 형의 집행유예를 선고받고 그 유예기간 중에 있는 사람
7. 대표자가 제1호부터 제6호까지의 규정 중 어느 하나에 해당하는 법인

[본조신설 2015. 12. 29.]

제32조의3(장기요양기관 지정의 유효기간) 제31조에 따른 장기요양기관 지정의 유효기간은 지정을 받은 날부터 6년으로 한다.

[본조신설 2018. 12. 11.]

제32조의4(장기요양기관 지정의 갱신) ① 장기요양기관의 장은 제32조의3에 따른 지정의 유효기간이 끝난 후에도 계속하여 그 지정을 유지하려는 경우에는 소재지를 관할구역으로 하는 특별자치시장·특별자치도지사·시장·군수·구청장에게 지정 유효기간이 끝나기 90일 전까지 지정 갱신을 신청하여야 한다.

② 제1항에 따른 신청을 받은 특별자치시장·특별자치도지사·시장·군수·구청장은 갱신 심사에 필요하다고 판단되는 경우에는 장기요양기관에 추가자료의 제출을 요구하거나 소속 공무원으로 하여금 현장심사를 하게 할 수 있다.

③ 제1항에 따른 지정 갱신이 지정 유효기간 내에 완료되지 못한 경우에는 심사 결정이 이루어질 때까지 지정이 유효한 것으로 본다.

④ 특별자치시장·특별자치도지사·시장·군수·구청장은 갱신 심사를 완료한 경우 그 결과를 지체 없이 해당 장기요양기관의 장에게 통보하여야 한다.

⑤ 특별자치시장·특별자치도지사·시장·군수·구청장이 지정의 갱신을 거부하는 경우 그 내용의

통보 및 수급자의 권익을 보호하기 위한 조치에 관하여는 제37조제2항 및 제5항을 준용한다.

⑥ 그 밖에 지정 갱신의 기준, 절차 및 방법 등에 필요한 사항은 보건복지부령으로 정한다.

[본조신설 2018. 12. 11.]

제33조(장기요양기관의 시설·인력에 관한 변경) ① 장기요양기관의 장은 시설 및 인력 등 보건복지부령으로 정하는 중요한 사항을 변경하려는 경우에는 보건복지부령으로 정하는 바에 따라 특별자치시장·특별자치도지사·시장·군수·구청장의 변경지정을 받아야 한다.

② 제1항에 따른 사항 외의 사항을 변경하려는 경우에는 보건복지부령으로 정하는 바에 따라 특별자치시장·특별자치도지사·시장·군수·구청장에게 변경신고를 하여야 한다.

③ 제1항 및 제2항에 따라 변경지정을 하거나 변경신고를 받은 특별자치시장·특별자치도지사·시장·군수·구청장은 지체 없이 해당 변경 사항을 공단에 통보하여야 한다.

[전문개정 2018. 12. 11.]

제34조(장기요양기관 정보의 안내 등) ① 장기요양기관은 수급자가 장기요양급여를 쉽게 선택하도록 하고 장기요양기관이 제공하는 급여의 질을 보장하기 위하여 장기요양기관별 급여의 내용, 시설·인력 등 현황자료 등을 공단이 운영하는 인터넷 홈페이지에 게시하여야 한다.

② 제1항에 따른 게시 내용, 방법, 절차, 그 밖에 필요한 사항은 보건복지부령으로 정한다.

제35조(장기요양기관의 의무 등) ① 장기요양기관은 수급자로부터 장기요양급여신청을 받은 때 장기요양급여의 제공을 거부하여서는 아니 된다. 다만, 입소정원에 여유가 없는 경우 등 정당한 사유가 있는 경우는 그러하지 아니하다.

② 장기요양기관은 제23조제3항에 따른 장기요양급여의 제공 기준·절차 및 방법 등에 따라 장기요양급여를 제공하여야 한다.

③ 장기요양기관의 장은 장기요양급여를 제공한 수급자에게 장기요양급여비용에 대한 명세서를 교부하여야 한다.

④ 장기요양기관의 장은 장기요양급여 제공에 관한 자료를 기록·관리하여야 하며, 장기요양기관의 장 및 그 종사자는 장기요양급여 제공에 관한 자료를 거짓으로 작성하여서는 아니 된다. 〈신설 2010. 3. 17., 2015. 12. 29.〉

⑤ 장기요양기관은 제40조제1항 단서에 따라 면제받거나 같은 조 제3항에 따라 감경받는 금액 외에 영리를 목적으로 수급자가 부담하는 재가 및 시설 급여비용(이하 "본인부담금"이라 한다)을 면제하거나 감경하는 행위를 하여서는 아니 된다. 〈신설 2013. 8. 13., 2018. 12. 11.〉

⑥ 누구든지 영리를 목적으로 금전, 물품, 노무, 향응, 그 밖의 이익을 제공하거나 제공할 것을 약속하는 방법으로 수급자를 장기요양기관에 소개, 알선 또는 유인하는 행위 및 이를 조장하는 행위를 하여서는 아니 된다. 〈신설 2013. 8. 13.〉

⑦ 제3항에 따른 장기요양급여비용의 명세서, 제4항에 따라 기록·관리하여야 할 장기요양급여 제공 자료의 내용 및 보존기한, 그 밖에 필요한 사항은 보건복지부령으로 정한다. 〈개정 2010.

3. 17., 2013. 8. 13.〉

[제목개정 2013. 8. 13.]

제35조의2(장기요양기관 재무·회계기준) ① 장기요양기관의 장은 보건복지부령으로 정하는 재무·회계에 관한 기준(이하 "장기요양기관 재무·회계기준"이라 한다)에 따라 장기요양기관을 투명하게 운영하여야 한다. 다만, 장기요양기관 중 「사회복지사업법」 제34조에 따라 설치한 사회복지시설은 같은 조 제3항에 따른 재무·회계에 관한 기준에 따른다.

② 보건복지부장관은 장기요양기관 재무·회계기준을 정할 때에는 장기요양기관의 특성 및 그 시행시기 등을 고려하여야 한다.

[본조신설 2016. 5. 29.]

제35조의3(인권교육) ① 장기요양기관 중 대통령령으로 정하는 기관을 운영하는 자와 그 종사자는 인권에 관한 교육(이하 이 조에서 "인권교육"이라 한다)을 받아야 한다. 〈개정 2018. 12. 11.〉

② 장기요양기관 중 대통령령으로 정하는 기관을 운영하는 자는 해당 기관을 이용하고 있는 장기요양급여 수급자에게 인권교육을 실시할 수 있다. 〈개정 2018. 12. 11.〉

③ 보건복지부장관은 제1항 및 제2항에 따른 인권교육을 효율적으로 실시하기 위하여 인권교육기관을 지정할 수 있다. 이 경우 예산의 범위에서 인권교육에 소요되는 비용을 지원할 수 있으며, 지정을 받은 인권교육기관은 보건복지부장관의 승인을 받아 인권교육에 필요한 비용을 교육대상자로부터 징수할 수 있다.

④ 보건복지부장관은 제3항에 따라 지정을 받은 인권교육기관이 다음 각 호의 어느 하나에 해당하면 그 지정을 취소하거나 6개월 이내의 기간을 정하여 업무의 정지를 명할 수 있다. 다만, 제1호에 해당하면 그 지정을 취소하여야 한다.

1. 거짓이나 그 밖의 부정한 방법으로 지정을 받은 경우
2. 제5항에 따라 보건복지부령으로 정하는 지정요건을 갖추지 못하게 된 경우
3. 인권교육의 수행능력이 현저히 부족하다고 인정되는 경우

⑤ 제1항 및 제2항에 따른 인권교육의 대상·내용·방법, 제3항에 따른 인권교육기관의 지정 및 제4항에 따른 인권교육기관의 지정취소·업무정지 처분의 기준 등에 필요한 사항은 보건복지부령으로 정한다.

[본조신설 2018. 3. 13.]

제35조의4(장기요양요원의 보호) ① 장기요양기관의 장은 장기요양요원이 다음 각 호의 어느 하나에 해당하는 경우로 인한 고충의 해소를 요청하는 경우 업무의 전환 등 대통령령으로 정하는 바에 따라 적절한 조치를 하여야 한다.

1. 수급자 및 그 가족이 장기요양요원에게 폭언·폭행·상해 또는 성희롱·성폭력 행위를 하는 경우
2. 수급자 및 그 가족이 장기요양요원에게 제28조의2제1항 각 호에 따른 급여외행위의 제공을 요구하는 경우

② 장기요양기관의 장은 장기요양요원에게 다음 각 호의 행위를 하여서는 아니 된다.

1. 장기요양요원에게 제28조의2제1항 각 호에 따른 급여외행위의 제공을 요구하는 행위
2. 수급자가 부담하여야 할 본인부담금의 전부 또는 일부를 부담하도록 요구하는 행위

[본조신설 2018. 12. 11.]

제35조의5(보험 가입) ① 장기요양기관은 종사자가 장기요양급여를 제공하는 과정에서 발생할 수 있는 수급자의 상해 등 법률상 손해를 배상하는 보험(이하 "전문인 배상책임보험"이라 한다)에 가입할 수 있다.

② 공단은 장기요양기관이 전문인 배상책임보험에 가입하지 않은 경우 그 기간 동안 제38조에 따라 해당 장기요양기관에 지급하는 장기요양급여비용의 일부를 감액할 수 있다.

③ 제2항에 따른 장기요양급여비용의 감액 기준 등에 관하여 필요한 사항은 보건복지부령으로 정한다.

[본조신설 2019. 4. 23.]

제36조(장기요양기관의 폐업 등의 신고 등) ① 장기요양기관의 장은 폐업하거나 휴업하고자 하는 경우 폐업이나 휴업 예정일 전 30일까지 특별자치시장·특별자치도지사·시장·군수·구청장에게 신고하여야 한다. 신고를 받은 특별자치시장·특별자치도지사·시장·군수·구청장은 지체 없이 신고명세를 공단에 통보하여야 한다. 〈개정 2013. 8. 13.〉

② 특별자치시장·특별자치도지사·시장·군수·구청장은 장기요양기관의 장이 유효기간이 끝나기 30일 전까지 제32조의4에 따른 지정 갱신 신청을 하지 아니하는 경우 그 사실을 공단에 통보하여야 한다. 〈신설 2018. 12. 11.〉

③ 장기요양기관의 장은 장기요양기관을 폐업하거나 휴업하려는 경우 또는 장기요양기관의 지정 갱신을 하지 아니하려는 경우 보건복지부령으로 정하는 바에 따라 수급자의 권익을 보호하기 위하여 다음 각 호의 조치를 취하여야 한다. 〈신설 2015. 12. 29., 2018. 12. 11., 2019. 4. 23.〉

1. 해당 장기요양기관을 이용하는 수급자가 다른 장기요양기관을 선택하여 이용할 수 있도록 계획을 수립하고 이행하는 조치
2. 해당 장기요양기관에서 수급자가 제40조제1항 및 제2항에 따라 부담한 비용 중 정산하여야 할 비용이 있는 경우 이를 정산하는 조치
3. 그 밖에 수급자의 권익 보호를 위하여 필요하다고 인정되는 조치로서 보건복지부령으로 정하는 조치

④ 특별자치시장·특별자치도지사·시장·군수·구청장은 제1항에 따라 폐업·휴업 신고를 접수한 경우 또는 장기요양기관의 장이 유효기간이 끝나기 30일 전까지 제32조의4에 따른 지정 갱신 신청을 하지 아니한 경우 장기요양기관의 장이 제3항 각 호에 따른 수급자의 권익을 보호하기 위한 조치를 취하였는지의 여부를 확인하고, 인근지역에 대체 장기요양기관이 없는 경우 등 장기요양급여에 중대한 차질이 우려되는 때에는 장기요양기관의 폐업·휴업 철회 또는 지정 갱신 신청을 권고하

거나 그 밖의 다른 조치를 강구하여야 한다. 〈개정 2015. 12. 29., 2018. 12. 11., 2019. 4. 23.〉

⑤ 특별자치시장·특별자치도지사·시장·군수·구청장은 「노인복지법」 제43조에 따라 노인의료복지시설 등(장기요양기관이 운영하는 시설인 경우에 한한다)에 대하여 사업정지 또는 폐지 명령을 하는 경우 지체 없이 공단에 그 내용을 통보하여야 한다. 〈개정 2013. 8. 13., 2015. 12. 29., 2018. 12. 11.〉

⑥ 장기요양기관의 장은 제1항에 따라 폐업·휴업 신고를 할 때 또는 장기요양기관의 지정 갱신을 하지 아니하여 유효기간이 만료될 때 보건복지부령으로 정하는 바에 따라 장기요양급여 제공 자료를 공단으로 이관하여야 한다. 다만, 휴업 신고를 하는 장기요양기관의 장이 휴업 예정일 전까지 공단의 허가를 받은 경우에는 장기요양급여 제공 자료를 직접 보관할 수 있다. 〈신설 2010. 3. 17., 2013. 8. 13., 2018. 12. 11.〉

[제목개정 2018. 12. 11.]

제36조의2(시정명령) 특별자치시장·특별자치도지사·시장·군수·구청장은 장기요양기관 재무·회계기준을 위반한 장기요양기관에 대하여 6개월 이내의 범위에서 일정한 기간을 정하여 시정을 명할 수 있다.

[본조신설 2016. 5. 29.]

제37조(장기요양기관 지정의 취소 등) ① 특별자치시장·특별자치도지사·시장·군수·구청장은 장기요양기관이 다음 각 호의 어느 하나에 해당하는 경우 그 지정을 취소하거나 6개월의 범위에서 업무정지를 명할 수 있다. 다만, 제1호, 제2호의2, 제3호의5, 제7호, 또는 제8호에 해당하는 경우에는 지정을 취소하여야 한다. 〈개정 2013. 8. 13., 2015. 12. 29., 2018. 12. 11., 2020. 3. 31.〉

1. 거짓이나 그 밖의 부정한 방법으로 지정을 받은 경우

1의2. 제28조의2를 위반하여 급여외행위를 제공한 경우. 다만, 장기요양기관의 장이 그 위반행위를 방지하기 위하여 해당 업무에 관하여 상당한 주의와 감독을 게을리하지 아니한 경우는 제외한다.

2. 제31조제1항에 따른 지정기준에 적합하지 아니한 경우

2의2. 제32조의2 각 호의 어느 하나에 해당하게 된 경우. 다만, 제32조의2제7호에 해당하게 된 법인의 경우 3개월 이내에 그 대표자를 변경하는 때에는 그러하지 아니하다.

3. 제35조제1항을 위반하여 장기요양급여를 거부한 경우

3의2. 제35조제5항을 위반하여 본인부담금을 면제하거나 감경하는 행위를 한 경우

3의3. 제35조제6항을 위반하여 수급자를 소개, 알선 또는 유인하는 행위 및 이를 조장하는 행위를 한 경우

3의4. 제35조의4제2항 각 호의 어느 하나를 위반한 경우

3의5. 제36조제1항에 따른 폐업 또는 휴업 신고를 하지 아니하고 1년 이상 장기요양급여를 제공하지 아니한 경우

3의6. 제36조의2에 따른 시정명령을 이행하지 아니하거나 회계부정 행위가 있는 경우
3의7. 정당한 사유 없이 제54조에 따른 평가를 거부·방해 또는 기피하는 경우
4. 거짓이나 그 밖의 부정한 방법으로 재가 및 시설 급여비용을 청구한 경우
5. 제61조제2항에 따른 자료제출 명령에 따르지 아니하거나 거짓으로 자료제출을 한 경우나 질문 또는 검사를 거부·방해 또는 기피하거나 거짓으로 답변한 경우
6. 장기요양기관의 종사자 등이 다음 각 목의 어느 하나에 해당하는 행위를 한 경우. 다만, 장기요양기관의 장이 그 행위를 방지하기 위하여 해당 업무에 관하여 상당한 주의와 감독을 게을리하지 아니한 경우는 제외한다.
  가. 수급자의 신체에 폭행을 가하거나 상해를 입히는 행위
  나. 수급자에게 성적 수치심을 주는 성폭행, 성희롱 등의 행위
  다. 자신의 보호·감독을 받는 수급자를 유기하거나 의식주를 포함한 기본적 보호 및 치료를 소홀히 하는 방임행위
  라. 수급자를 위하여 증여 또는 급여된 금품을 그 목적 외의 용도에 사용하는 행위
  마. 폭언, 협박, 위협 등으로 수급자의 정신건강에 해를 끼치는 정서적 학대행위
7. 업무정지기간 중에 장기요양급여를 제공한 경우
8. 「부가가치세법」 제8조에 따른 사업자등록 또는 「소득세법」 제168조에 따른 사업자등록이나 고유번호가 말소된 경우

② 특별자치시장·특별자치도지사·시장·군수·구청장은 제1항에 따라 지정을 취소하거나 업무정지명령을 한 경우에는 지체 없이 그 내용을 공단에 통보하고, 보건복지부령으로 정하는 바에 따라 보건복지부장관에게 통보한다. 이 경우 시장·군수·구청장은 관할 특별시장·광역시장 또는 도지사를 거쳐 보건복지부장관에게 통보하여야 한다. 〈개정 2013. 8. 13.〉

③ 삭제 〈2018. 12. 11.〉

④ 삭제 〈2018. 12. 11.〉

⑤ 특별자치시장·특별자치도지사·시장·군수·구청장은 제1항에 따라 장기요양기관이 지정취소 또는 업무정지되는 경우에는 해당 장기요양기관을 이용하는 수급자의 권익을 보호하기 위하여 적극적으로 노력하여야 한다. 〈신설 2019. 4. 23.〉

⑥ 특별자치시장·특별자치도지사·시장·군수·구청장은 제5항에 따라 수급자의 권익을 보호하기 위하여 보건복지부령으로 정하는 바에 따라 다음 각 호의 조치를 하여야 한다. 〈신설 2015. 12. 29., 2018. 12. 11., 2019. 4. 23.〉

1. 제1항에 따른 행정처분의 내용을 우편 또는 정보통신망 이용 등의 방법으로 수급자 또는 그 보호자에게 통보하는 조치
2. 해당 장기요양기관을 이용하는 수급자가 다른 장기요양기관을 선택하여 이용할 수 있도록 하는 조치

⑦ 제1항에 따라 지정취소 또는 업무정지되는 장기요양기관의 장은 해당 기관에서 수급자가 제40

조제1항 및 제2항에 따라 부담한 비용 중 정산하여야 할 비용이 있는 경우 이를 정산하여야 한다. 〈신설 2019. 4. 23.〉

⑧ 다음 각 호의 어느 하나에 해당하는 자는 제31조에 따른 장기요양기관으로 지정받을 수 없다. 〈개정 2013. 8. 13., 2015. 12. 29., 2018. 12. 11., 2019. 4. 23.〉

1. 제1항에 따라 지정취소를 받은 후 3년이 지나지 아니한 자(법인인 경우 그 대표자를 포함한다)
2. 제1항에 따라 업무정지명령을 받고 업무정지기간이 지나지 아니한 자(법인인 경우 그 대표자를 포함한다)

⑨ 제1항에 따른 행정처분의 기준은 보건복지부령으로 정한다. 〈개정 2013. 8. 13., 2015. 12. 29., 2018. 12. 11., 2019. 4. 23.〉

제37조의2(과징금의 부과 등) ① 특별자치시장·특별자치도지사·시장·군수·구청장은 제37조제1항 각 호의 어느 하나(같은 항 제4호는 제외한다)에 해당하는 행위를 이유로 업무정지명령을 하여야 하는 경우로서 그 업무정지가 해당 장기요양기관을 이용하는 수급자에게 심한 불편을 줄 우려가 있는 등 보건복지부장관이 정하는 특별한 사유가 있다고 인정되는 경우에는 업무정지명령을 갈음하여 2억원 이하의 과징금을 부과할 수 있다. 다만, 제37조제1항제6호를 위반한 행위로서 보건복지부령으로 정하는 경우에는 그러하지 아니하다. 〈개정 2018. 3. 13., 2018. 12. 11.〉

② 특별자치시장·특별자치도지사·시장·군수·구청장은 제37조제1항제4호에 해당하는 행위를 이유로 업무정지명령을 하여야 하는 경우로서 그 업무정지가 해당 장기요양기관을 이용하는 수급자에게 심한 불편을 줄 우려가 있는 등 보건복지부장관이 정하는 특별한 사유가 있다고 인정되는 경우에는 업무정지명령을 갈음하여 거짓이나 그 밖의 부정한 방법으로 청구한 금액의 5배 이하의 금액을 과징금으로 부과할 수 있다. 〈개정 2018. 12. 11.〉

③ 제1항 및 제2항에 따른 과징금을 부과하는 위반행위의 종류 및 위반의 정도 등에 따른 과징금의 금액과 과징금의 부과절차 등에 필요한 사항은 대통령령으로 정한다.

④ 특별자치시장·특별자치도지사·시장·군수·구청장은 제1항 및 제2항에 따라 과징금을 내야 할 자가 납부기한까지 내지 아니한 경우에는 지방세 체납처분의 예에 따라 징수한다.

⑤ 특별자치시장·특별자치도지사·시장·군수·구청장은 제1항 및 제2항에 따른 과징금의 부과와 징수에 관한 사항을 보건복지부령으로 정하는 바에 따라 기록·관리하여야 한다.

[본조신설 2013. 8. 13.]

제37조의3(위반사실 등의 공표) ① 보건복지부장관 또는 특별자치시장·특별자치도지사·시장·군수·구청장은 장기요양기관이 거짓으로 재가·시설 급여비용을 청구하였다는 이유로 제37조 또는 제37조의2에 따른 처분이 확정된 경우로서 다음 각 호의 어느 하나에 해당하는 경우에는 위반사실, 처분내용, 장기요양기관의 명칭·주소, 장기요양기관의 장의 성명, 그 밖에 다른 장기요양기관과의 구별에 필요한 사항으로서 대통령령으로 정하는 사항을 공표하여야 한다. 다만, 장기요양기관의 폐업 등으로 공표의 실효성이 없는 경우에는 그러하지 아니하다. 〈개정 2020. 3. 31.〉

1. 거짓으로 청구한 금액이 1천만원 이상인 경우

2. 거짓으로 청구한 금액이 장기요양급여비용 총액의 100분의 10 이상인 경우

② 보건복지부장관 또는 특별자치시장·특별자치도지사·시장·군수·구청장은 장기요양기관이 제61조제2항에 따른 자료제출 명령에 따르지 아니하거나 거짓으로 자료제출을 한 경우나 질문 또는 검사를 거부·방해 또는 기피하거나 거짓으로 답변하였다는 이유로 제37조 또는 제37조의2에 따른 처분이 확정된 경우 위반사실, 처분내용, 장기요양기관의 명칭·주소, 장기요양기관의 장의 성명, 그 밖에 다른 장기요양기관과의 구별에 필요한 사항으로서 대통령령으로 정하는 사항을 공표하여야 한다. 다만, 장기요양기관의 폐업 등으로 공표의 실효성이 없는 경우 또는 장기요양기관이 위반사실 등의 공표 전에 제61조제2항에 따른 자료를 제출하거나 질문 또는 검사에 응하는 경우에는 그러하지 아니하다. 〈신설 2020. 3. 31.〉

③ 보건복지부장관 또는 특별자치시장·특별자치도지사·시장·군수·구청장은 제1항 및 제2항에 따른 공표 여부 등을 심의하기 위하여 공표심의위원회를 설치·운영할 수 있다. 〈개정 2020. 3. 31.〉

④ 제1항 및 제2항에 따른 공표 여부의 결정 방법, 공표 방법·절차 및 제3항에 따른 공표심의위원회의 구성·운영 등에 필요한 사항은 대통령령으로 정한다. 〈개정 2020. 3. 31.〉

[본조신설 2013. 8. 13.]

제37조의4(행정제재처분 효과의 승계) ① 제37조제1항 각 호의 어느 하나에 해당하는 행위를 이유로 한 행정제재처분(이하 "행정제재처분"이라 한다)의 효과는 그 처분을 한 날부터 3년간 다음 각 호의 어느 하나에 해당하는 자에게 승계된다. 〈개정 2015. 12. 29., 2018. 12. 11.〉

1. 장기요양기관을 양도한 경우 양수인
2. 법인이 합병된 경우 합병으로 신설되거나 합병 후 존속하는 법인
3. 장기요양기관 폐업 후 같은 장소에서 장기요양기관을 운영하는 자 중 종전에 행정제재처분을 받은 자(법인인 경우 그 대표자를 포함한다)나 그 배우자 또는 직계혈족

② 행정제재처분의 절차가 진행 중일 때에는 다음 각 호의 어느 하나에 해당하는 자에 대하여 그 절차를 계속 이어서 할 수 있다. 〈개정 2015. 12. 29.〉

1. 장기요양기관을 양도한 경우 양수인
2. 법인이 합병된 경우 합병으로 신설되거나 합병 후 존속하는 법인
3. 장기요양기관 폐업 후 3년 이내에 같은 장소에서 장기요양기관을 운영하는 자 중 종전에 위반행위를 한 자(법인인 경우 그 대표자를 포함한다)나 그 배우자 또는 직계혈족

③ 제1항 및 제2항에도 불구하고 제1항 각 호의 어느 하나 또는 제2항 각 호의 어느 하나에 해당하는 자(이하 "양수인등"이라 한다)가 양수, 합병 또는 운영 시에 행정제재처분 또는 위반사실을 알지 못하였음을 증명하는 경우에는 그러하지 아니하다.

④ 행정제재처분을 받았거나 그 절차가 진행 중인 자는 보건복지부령으로 정하는 바에 따라 지체 없이 그 사실을 양수인등에게 알려야 한다.

[본조신설 2013. 8. 13.]

제37조의5(장기요양급여 제공의 제한) ① 특별자치시장·특별자치도지사·시장·군수·구청장은 장기요양기관의 종사자가 거짓이나 그 밖의 부정한 방법으로 재가급여비용 또는 시설급여비용을 청구하는 행위에 가담한 경우 해당 종사자가 장기요양급여를 제공하는 것을 1년의 범위에서 제한하는 처분을 할 수 있다.

② 특별자치시장·특별자치도지사·시장·군수·구청장은 제1항에 따른 처분을 한 경우 지체 없이 그 내용을 공단에 통보하여야 한다.

③ 제1항 및 제2항에 따른 장기요양급여 제공 제한 처분의 기준·방법, 통보의 방법·절차, 그 밖에 필요한 사항은 보건복지부령으로 정한다.

[본조신설 2015. 12. 29.]

제7장 재가 및 시설 급여비용 등

제38조(재가 및 시설 급여비용의 청구 및 지급 등) ① 장기요양기관은 수급자에게 제23조에 따른 재가급여 또는 시설급여를 제공한 경우 공단에 장기요양급여비용을 청구하여야 한다.

② 공단은 제1항에 따라 장기요양기관으로부터 재가 또는 시설 급여비용의 청구를 받은 경우 이를 심사하여 그 내용을 장기요양기관에 통보하여야 하며, 장기요양에 사용된 비용 중 공단부담금(재가 및 시설 급여비용 중 본인부담금을 공제한 금액을 말한다)을 해당 장기요양기관에 지급하여야 한다. 〈개정 2018. 12. 11., 2019. 1. 15.〉

③ 공단은 제54조제2항에 따른 장기요양기관의 장기요양급여평가 결과에 따라 장기요양급여비용을 가산 또는 감액조정하여 지급할 수 있다.

④ 공단은 제2항에도 불구하고 장기요양급여비용을 심사한 결과 수급자가 이미 낸 본인부담금이 제2항에 따라 통보한 본인부담금보다 더 많으면 두 금액 간의 차액을 장기요양기관에 지급할 금액에서 공제하여 수급자에게 지급하여야 한다. 〈신설 2019. 1. 15.〉

⑤ 공단은 제4항에 따라 수급자에게 지급하여야 하는 금액을 그 수급자가 납부하여야 하는 장기요양보험료 및 그 밖에 이 법에 따른 징수금(이하 "장기요양보험료등"이라 한다)과 상계(相計)할 수 있다. 〈신설 2019. 1. 15.〉

⑥ 장기요양기관은 지급받은 장기요양급여비용 중 보건복지부장관이 정하여 고시하는 비율에 따라 그 일부를 장기요양요원에 대한 인건비로 지출하여야 한다. 〈신설 2016. 5. 29., 2019. 1. 15.〉

⑦ 공단은 장기요양기관이 정당한 사유 없이 제61조제2항에 따른 자료제출 명령에 따르지 아니하거나 질문 또는 검사를 거부·방해 또는 기피하는 경우 이에 응할 때까지 해당 장기요양기관에 지급하여야 할 장기요양급여비용의 지급을 보류할 수 있다. 이 경우 공단은 장기요양급여비용의 지급을 보류하기 전에 해당 장기요양기관에 의견 제출의 기회를 주어야 한다. 〈신설 2020. 3. 31.〉

⑧ 제1항부터 제3항까지 및 제7항의 규정에 따른 재가 및 시설 급여비용의 심사기준, 장기요양급여비용의 가감지급의 기준, 청구절차, 지급방법 및 지급 보류의 절차·방법 등에 관한 사항은 보건복지부령으로 정한다. 〈개정 2016. 5. 29., 2019. 1. 15., 2020. 3. 31.〉

[제목개정 2016. 5. 29.]

제39조(재가 및 시설 급여비용의 산정) ① 재가 및 시설 급여비용은 급여종류 및 장기요양등급 등에 따라 제45조에 따른 장기요양위원회의 심의를 거쳐 보건복지부장관이 정하여 고시한다.

② 보건복지부장관은 제1항에 따라 재가 및 시설 급여비용을 정할 때 대통령령으로 정하는 바에 따라 국가 및 지방자치단체로부터 장기요양기관의 설립비용을 지원받았는지 여부 등을 고려할 수 있다.

③ 제1항에 따른 재가 및 시설 급여비용의 구체적인 산정방법 및 항목 등에 관하여 필요한 사항은 보건복지부령으로 정한다.

제40조(본인부담금) ① 재가 및 시설 급여비용은 다음 각 호와 같이 수급자가 부담한다. 다만, 수급자 중 「의료급여법」 제3조제1항제1호에 따른 수급자는 그러하지 아니하다. 〈개정 2015. 12. 29., 2019. 1. 15.〉

1. 재가급여 : 해당 장기요양급여비용의 100분의 15
2. 시설급여 : 해당 장기요양급여비용의 100분의 20

② 다음 각 호의 장기요양급여에 대한 비용은 수급자 본인이 전부 부담한다.

1. 이 법의 규정에 따른 급여의 범위 및 대상에 포함되지 아니하는 장기요양급여
2. 수급자가 제17조제1항제2호에 따른 장기요양인정서에 기재된 장기요양급여의 종류 및 내용과 다르게 선택하여 장기요양급여를 받은 경우 그 차액
3. 제28조에 따른 장기요양급여의 월 한도액을 초과하는 장기요양급여

③ 다음 각 호의 어느 하나에 해당하는 자에 대해서는 본인부담금의 100분의 60의 범위에서 보건복지부장관이 정하는 바에 따라 차등하여 감경할 수 있다. 〈개정 2009. 5. 21., 2010. 3. 17., 2018. 3. 27., 2018. 12. 11.〉

1. 「의료급여법」 제3조제1항제2호부터 제9호까지의 규정에 따른 수급권자
2. 소득·재산 등이 보건복지부장관이 정하여 고시하는 일정 금액 이하인 자. 다만, 도서·벽지·농어촌 등의 지역에 거주하는 자에 대하여 따로 금액을 정할 수 있다.
3. 천재지변 등 보건복지부령으로 정하는 사유로 인하여 생계가 곤란한 자

④ 제1항부터 제3항까지의 규정에 따른 본인부담금의 산정방법, 감경절차 및 감경방법 등에 관하여 필요한 사항은 보건복지부령으로 정한다. 〈개정 2009. 5. 21., 2018. 3. 27., 2018. 12. 11.〉

[제목개정 2018. 12. 11.]

제41조(가족 등의 장기요양에 대한 보상) ① 공단은 장기요양급여를 받은 금액의 총액이 보건복지부장관이 정하여 고시하는 금액 이하에 해당하는 수급자가 가족 등으로부터 제23조제1항제1호 가

목에 따른 방문요양에 상당한 장기요양을 받은 경우 보건복지부령으로 정하는 바에 따라 본인부담금의 일부를 감면하거나 이에 갈음하는 조치를 할 수 있다. 〈개정 2018. 12. 11.〉

② 제1항에 따른 본인부담금의 감면방법 등 필요한 사항은 보건복지부령으로 정한다. 〈개정 2018. 12. 11.〉

제42조(방문간호지시서 발급비용의 산정 등) 제23조제1항제1호다목에 따라 방문간호지시서를 발급하는데 사용되는 비용, 비용부담방법 및 비용 청구·지급절차 등에 관하여 필요한 사항은 보건복지부령으로 정한다.

제43조(부당이득의 징수) ① 공단은 장기요양급여를 받은 자 또는 장기요양급여비용을 받은 자가 다음 각 호의 어느 하나에 해당하는 경우 그 장기요양급여 또는 장기요양급여비용에 상당하는 금액을 징수한다. 〈개정 2015. 12. 29., 2018. 12. 11.〉

1. 제15조제5항에 따른 등급판정 결과 같은 조 제4항 각 호의 어느 하나에 해당하는 것으로 확인된 경우
2. 제28조의 월 한도액 범위를 초과하여 장기요양급여를 받은 경우
3. 제29조 또는 제30조에 따라 장기요양급여의 제한 등을 받을 자가 장기요양급여를 받은 경우
4. 제37조제1항제4호에 따른 거짓이나 그 밖의 부정한 방법으로 재가 및 시설 급여비용을 청구하여 이를 지급받은 경우
5. 그 밖에 이 법상의 원인 없이 공단으로부터 장기요양급여를 받거나 장기요양급여비용을 지급받은 경우

② 공단은 제1항의 경우 거짓 보고 또는 증명에 의하거나 거짓 진단에 따라 장기요양급여가 제공된 때 거짓의 행위에 관여한 자에 대하여 장기요양급여를 받은 자와 연대하여 제1항에 따른 징수금을 납부하게 할 수 있다.

③ 공단은 제1항의 경우 거짓이나 그 밖의 부정한 방법으로 장기요양급여를 받은 자와 같은 세대에 속한 자(장기요양급여를 받은 자를 부양하고 있거나 다른 법령에 따라 장기요양급여를 받은 자를 부양할 의무가 있는 자를 말한다)에 대하여 거짓이나 그 밖의 부정한 방법으로 장기요양급여를 받은 자와 연대하여 제1항에 따른 징수금을 납부하게 할 수 있다.

④ 공단은 제1항의 경우 장기요양기관이 수급자로부터 거짓이나 그 밖의 부정한 방법으로 장기요양급여비용을 받은 때 해당 장기요양기관으로부터 이를 징수하여 수급자에게 지체 없이 지급하여야 한다. 이 경우 공단은 수급자에게 지급하여야 하는 금액을 그 수급자가 납부하여야 하는 장기요양보험료등과 상계할 수 있다. 〈개정 2019. 1. 15.〉

제44조(구상권) ① 공단은 제3자의 행위로 인한 장기요양급여의 제공사유가 발생하여 수급자에게 장기요양급여를 행한 때 그 급여에 사용된 비용의 한도 안에서 그 제3자에 대한 손해배상의 권리를 얻는다.

② 공단은 제1항의 경우 장기요양급여를 받은 자가 제3자로부터 이미 손해배상을 받은 때 그 손해

배상액의 한도 안에서 장기요양급여를 행하지 아니한다.

제8장 장기요양위원회

제45조(장기요양위원회의 설치 및 기능) 다음 각 호의 사항을 심의하기 위하여 보건복지부장관 소속으로 장기요양위원회를 둔다.

1. 제9조제2항에 따른 장기요양보험료율
2. 제24조부터 제26조까지의 규정에 따른 가족요양비, 특례요양비 및 요양병원간병비의 지급기준
3. 제39조에 따른 재가 및 시설 급여비용
4. 그 밖에 대통령령으로 정하는 주요 사항

제46조(장기요양위원회의 구성) ① 장기요양위원회는 위원장 1인, 부위원장 1인을 포함한 16인 이상 22인 이하의 위원으로 구성한다.

② 위원장이 아닌 위원은 다음 각 호의 자 중에서 보건복지부장관이 임명 또는 위촉한 자로 하고, 각 호에 해당하는 자를 각각 동수로 구성하여야 한다.

1. 근로자단체, 사용자단체, 시민단체(「비영리민간단체 지원법」 제2조에 따른 비영리민간단체를 말한다), 노인단체, 농어업인단체 또는 자영자단체를 대표하는 자
2. 장기요양기관 또는 의료계를 대표하는 자
3. 대통령령으로 정하는 관계 중앙행정기관의 고위공무원단 소속 공무원, 장기요양에 관한 학계 또는 연구계를 대표하는 자, 공단 이사장이 추천하는 자

③ 위원장은 보건복지부차관이 되고, 부위원장은 위원 중에서 위원장이 지명한다.

④ 장기요양위원회 위원의 임기는 3년으로 한다. 다만, 공무원인 위원의 임기는 재임기간으로 한다.

제47조(장기요양위원회의 운영) ① 장기요양위원회 회의는 구성원 과반수의 출석으로 개의하고 출석위원 과반수의 찬성으로 의결한다.

② 장기요양위원회의 효율적 운영을 위하여 분야별로 실무위원회를 둘 수 있다.

③ 이 법에서 정한 것 외에 장기요양위원회의 구성·운영, 그 밖에 필요한 사항은 대통령령으로 정한다.

제8장의2 장기요양요원지원센터〈신설 2016. 5. 29.〉

제47조의2(장기요양요원지원센터의 설치 등) ① 국가와 지방자치단체는 장기요양요원의 권리를 보호하기 위하여 장기요양요원지원센터를 설치·운영할 수 있다. 〈개정 2018. 12. 11.〉

② 장기요양요원지원센터는 다음 각 호의 업무를 수행한다.

1. 장기요양요원의 권리 침해에 관한 상담 및 지원
2. 장기요양요원의 역량강화를 위한 교육지원
3. 장기요양요원에 대한 건강검진 등 건강관리를 위한 사업
4. 그 밖에 장기요양요원의 업무 등에 필요하여 대통령령으로 정하는 사항

③ 장기요양요원지원센터의 설치·운영 등에 필요한 사항은 보건복지부령으로 정하는 바에 따라 해당 지방자치단체의 조례로 정한다.

[본조신설 2016. 5. 29.]

제9장 관리운영기관

제48조(관리운영기관 등) ① 장기요양사업의 관리운영기관은 공단으로 한다.

② 공단은 다음 각 호의 업무를 관장한다. 〈개정 2010. 3. 17., 2018. 12. 11., 2019. 1. 15., 2020. 12. 29.〉

1. 장기요양보험가입자 및 그 피부양자와 의료급여수급권자의 자격관리
2. 장기요양보험료의 부과·징수
3. 신청인에 대한 조사
4. 등급판정위원회의 운영 및 장기요양등급 판정
5. 장기요양인정서의 작성 및 개인별장기요양이용계획서의 제공
6. 장기요양급여의 관리 및 평가
7. 수급자 및 그 가족에 대한 정보제공·안내·상담 등 장기요양급여 관련 이용지원에 관한 사항
8. 재가 및 시설 급여비용의 심사 및 지급과 특별현금급여의 지급
9. 장기요양급여 제공내용 확인
10. 장기요양사업에 관한 조사·연구 및 홍보
11. 노인성질환예방사업
12. 이 법에 따른 부당이득금의 부과·징수 등
13. 장기요양급여의 제공기준을 개발하고 장기요양급여비용의 적정성을 검토하기 위한 장기요양기관의 설치 및 운영
14. 그 밖에 장기요양사업과 관련하여 보건복지부장관이 위탁한 업무

③ 공단은 제2항제13호의 장기요양기관을 설치할 때 노인인구 및 지역특성 등을 고려한 지역 간 불균형 해소를 고려하여야 하고, 설치 목적에 필요한 최소한의 범위에서 이를 설치·운영하여야 한다. 〈신설 2010. 3. 17., 2015. 12. 29.〉

④ 「국민건강보험법」 제17조에 따른 공단의 정관은 장기요양사업과 관련하여 다음 각 호의 사항을 포함·기재한다. 〈개정 2010. 3. 17., 2011. 12. 31.〉

1. 장기요양보험료
2. 장기요양급여
3. 장기요양사업에 관한 예산 및 결산
4. 그 밖에 대통령령으로 정하는 사항

[시행일 : 2021. 6. 30.] 제48조

제49조(공단의 장기요양사업 조직 등) 공단은 「국민건강보험법」 제29조에 따라 공단의 조직 등에 관한 규정을 정할 때 장기요양사업을 수행하기 위하여 두는 조직 등을 건강보험사업을 수행하는 조직 등과 구분하여 따로 두어야 한다. 다만, 제48조제2항제1호 및 제2호의 자격관리와 보험료 부과·징수업무는 그러하지 아니하다. 〈개정 2011. 12. 31.〉

제50조(장기요양사업의 회계) ① 공단은 장기요양사업에 대하여 독립회계를 설치·운영하여야 한다.

② 공단은 장기요양사업 중 장기요양보험료를 재원으로 하는 사업과 국가·지방자치단체의 부담금을 재원으로 하는 사업의 재정을 구분하여 운영하여야 한다. 다만, 관리운영에 필요한 재정은 구분하여 운영하지 아니할 수 있다.

제51조(권한의 위임 등에 관한 준용) 「국민건강보험법」 제32조 및 제38조는 이 법에 따른 이사장의 권한의 위임 및 준비금에 관하여 준용한다. 이 경우 "보험급여"는 "장기요양급여"로 본다. 〈개정 2011. 12. 31.〉

제52조(등급판정위원회의 설치) ① 장기요양인정 및 장기요양등급 판정 등을 심의하기 위하여 공단에 장기요양등급판정위원회를 둔다.

② 등급판정위원회는 특별자치시·특별자치도·시·군·구 단위로 설치한다. 다만, 인구 수 등을 고려하여 하나의 특별자치시·특별자치도·시·군·구에 2 이상의 등급판정위원회를 설치하거나 2 이상의 특별자치시·특별자치도·시·군·구를 통합하여 하나의 등급판정위원회를 설치할 수 있다. 〈개정 2013. 8. 13.〉

③ 등급판정위원회는 위원장 1인을 포함하여 15인의 위원으로 구성한다.

④ 등급판정위원회 위원은 다음 각 호의 자 중에서 공단 이사장이 위촉한다. 이 경우 특별자치시장·특별자치도지사·시장·군수·구청장이 추천한 위원은 7인, 의사 또는 한의사가 1인 이상 각각 포함되어야 한다. 〈개정 2013. 8. 13.〉

1. 「의료법」에 따른 의료인
2. 「사회복지사업법」에 따른 사회복지사
3. 특별자치시·특별자치도·시·군·구 소속 공무원
4. 그 밖에 법학 또는 장기요양에 관한 학식과 경험이 풍부한 자

⑤ 등급판정위원회 위원의 임기는 3년으로 하되, 한 차례만 연임할 수 있다. 다만, 공무원인 위원

의 임기는 재임기간으로 한다. 〈개정 2018. 12. 11.〉

第53조(등급판정위원회의 운영) ① 등급판정위원회 위원장은 위원 중에서 특별자치시장·특별자치도지사·시장·군수·구청장이 위촉한다. 이 경우 제52조제2항 단서에 따라 2 이상의 특별자치시·특별자치도·시·군·구를 통합하여 하나의 등급판정위원회를 설치하는 때 해당 특별자치시장·특별자치도지사·시장·군수·구청장이 공동으로 위촉한다. 〈개정 2013. 8. 13.〉

② 등급판정위원회 회의는 구성원 과반수의 출석으로 개의하고 출석위원 과반수의 찬성으로 의결한다.

③ 이 법에 정한 것 외에 등급판정위원회의 구성·운영, 그 밖에 필요한 사항은 대통령령으로 정한다.

第54조(장기요양급여의 관리·평가) ① 공단은 장기요양기관이 제공하는 장기요양급여 내용을 지속적으로 관리·평가하여 장기요양급여의 수준이 향상되도록 노력하여야 한다.

② 공단은 장기요양기관이 제23조제3항에 따른 장기요양급여의 제공 기준·절차·방법 등에 따라 적정하게 장기요양급여를 제공하였는지 평가를 실시하고 그 결과를 공단의 홈페이지 등에 공표하는 등 필요한 조치를 할 수 있다. 〈개정 2016. 5. 29.〉

③ 제2항에 따른 장기요양급여 제공내용의 평가 방법 및 평가 결과의 공표 방법, 그 밖에 필요한 사항은 보건복지부령으로 정한다. 〈개정 2016. 5. 29.〉

제10장 심사청구 및 재심사청구〈개정 2018. 12. 11.〉

第55조(심사청구) ① 장기요양인정·장기요양등급·장기요양급여·부당이득·장기요양급여비용 또는 장기요양보험료 등에 관한 공단의 처분에 이의가 있는 자는 공단에 심사청구를 할 수 있다. 〈개정 2018. 12. 11.〉

② 제1항에 따른 심사청구는 그 처분이 있음을 안 날부터 90일 이내에 문서(「전자정부법」 제2조제7호에 따른 전자문서를 포함한다)로 하여야 하며, 처분이 있은 날부터 180일을 경과하면 이를 제기하지 못한다. 다만, 정당한 사유로 그 기간에 심사청구를 할 수 없었음을 증명하면 그 기간이 지난 후에도 심사청구를 할 수 있다. 〈개정 2018. 12. 11.〉

③ 제1항에 따른 심사청구 사항을 심사하기 위하여 공단에 장기요양심사위원회(이하 "심사위원회"라 한다)를 둔다. 〈개정 2018. 12. 11.〉

④ 심사위원회의 구성·운영 및 위원의 임기, 그 밖에 필요한 사항은 대통령령으로 정한다. 〈개정 2018. 12. 11.〉

[제목개정 2018. 12. 11.]

第56조(재심사청구) ① 제55조에 따른 심사청구에 대한 결정에 불복하는 사람은 그 결정통지를 받은 날부터 90일 이내에 장기요양재심사위원회(이하 "재심사위원회"라 한다)에 재심사를 청구할 수

있다. 〈개정 2018. 12. 11.〉

② 재심사위원회는 보건복지부장관 소속으로 두고, 위원장 1인을 포함한 20인 이내의 위원으로 구성한다. 〈개정 2018. 12. 11.〉

③ 재심사위원회의 위원은 관계 공무원, 법학, 그 밖에 장기요양사업 분야의 학식과 경험이 풍부한 자 중에서 보건복지부장관이 임명 또는 위촉한다. 이 경우 공무원이 아닌 위원이 전체 위원의 과반수가 되도록 하여야 한다. 〈개정 2018. 12. 11.〉

④ 재심사위원회의 구성·운영 및 위원의 임기, 그 밖에 필요한 사항은 대통령령으로 정한다. 〈개정 2018. 12. 11.〉

[제목개정 2018. 12. 11.]

제56조의2(행정심판과의 관계) ① 재심사위원회의 재심사에 관한 절차에 관하여는 「행정심판법」을 준용한다.

② 제56조에 따른 재심사청구 사항에 대한 재심사위원회의 재심사를 거친 경우에는 「행정심판법」에 따른 행정심판을 청구할 수 없다.

[본조신설 2018. 12. 11.]

제57조(행정소송) 공단의 처분에 이의가 있는 자와 제55조에 따른 심사청구 또는 제56조에 따른 재심사청구에 대한 결정에 불복하는 자는 「행정소송법」으로 정하는 바에 따라 행정소송을 제기할 수 있다. 〈개정 2018. 12. 11.〉

제11장 보칙

제58조(국가의 부담) ① 국가는 매년 예산의 범위 안에서 해당 연도 장기요양보험료 예상수입액의 100분의 20에 상당하는 금액을 공단에 지원한다. 〈개정 2019. 1. 15.〉

② 국가와 지방자치단체는 대통령령으로 정하는 바에 따라 의료급여수급권자의 장기요양급여비용, 의사소견서 발급비용, 방문간호지시서 발급비용 중 공단이 부담하여야 할 비용(제40조제1항 단서 및 제3항제1호에 따라 면제 및 감경됨으로 인하여 공단이 부담하게 되는 비용을 포함한다) 및 관리운영비의 전액을 부담한다.

③ 제2항에 따라 지방자치단체가 부담하는 금액은 보건복지부령으로 정하는 바에 따라 특별시·광역시·특별자치시·도·특별자치도와 시·군·구가 분담한다. 〈개정 2013. 8. 13.〉

④ 제2항 및 제3항에 따른 지방자치단체의 부담액 부과, 징수 및 재원관리, 그 밖에 필요한 사항은 대통령령으로 정한다.

제59조(전자문서의 사용) ① 장기요양사업에 관련된 각종 서류의 기록, 관리 및 보관은 보건복지부

령으로 정하는 바에 따라 전자문서로 한다. 〈개정 2013. 8. 13.〉

② 공단 및 장기요양기관은 장기요양기관의 지정신청, 재가·시설 급여비용의 청구 및 지급, 장기요양기관의 재무·회계정보 처리 등에 대하여 전산매체 또는 전자문서교환방식을 이용하여야 한다. 〈개정 2016. 5. 29.〉

③ 제1항 및 제2항에도 불구하고 정보통신망 및 정보통신서비스 시설이 열악한 지역 등 보건복지부장관이 정하는 지역의 경우 전자문서·전산매체 또는 전자문서교환방식을 이용하지 아니할 수 있다.

제60조(자료의 제출 등) ① 공단은 장기요양급여 제공내용 확인, 장기요양급여의 관리·평가 및 장기요양보험료 산정 등 장기요양사업 수행에 필요하다고 인정할 때 다음 각 호의 어느 하나에 해당하는 자에게 자료의 제출을 요구할 수 있다.

1. 장기요양보험가입자 또는 그 피부양자 및 의료급여수급권자
2. 수급자 및 장기요양기관

② 제1항에 따라 자료의 제출을 요구받은 자는 성실히 이에 응하여야 한다.

제61조(보고 및 검사) ① 보건복지부장관, 특별시장·광역시장·도지사 또는 특별자치시장·특별자치도지사·시장·군수·구청장은 다음 각 호의 어느 하나에 해당하는 자에게 보수·소득이나 그 밖에 보건복지부령으로 정하는 사항의 보고 또는 자료의 제출을 명하거나 소속 공무원으로 하여금 관계인에게 질문을 하게 하거나 관계 서류를 검사하게 할 수 있다. 〈개정 2013. 8. 13., 2020. 3. 31.〉

1. 장기요양보험가입자
2. 피부양자
3. 의료급여수급권자

② 보건복지부장관, 특별시장·광역시장·도지사 또는 특별자치시장·특별자치도지사·시장·군수·구청장은 다음 각 호의 어느 하나에 해당하는 자에게 장기요양급여의 제공 명세, 재무·회계에 관한 사항 등 장기요양급여에 관련된 자료의 제출을 명하거나 소속 공무원으로 하여금 관계인에게 질문을 하게 하거나 관계 서류를 검사하게 할 수 있다. 〈개정 2013. 8. 13., 2016. 5. 29., 2020. 3. 31.〉

1. 장기요양기관
2. 장기요양급여를 받은 자

③ 보건복지부장관, 특별시장·광역시장·도지사 또는 특별자치시장·특별자치도지사·시장·군수·구청장은 제1항 및 제2항에 따른 보고 또는 자료제출 명령이나 질문 또는 검사 업무를 효율적으로 수행하기 위하여 필요한 경우에는 공단에 행정응원(行政應援)을 요청할 수 있다. 이 경우 공단은 특별한 사유가 없으면 이에 따라야 한다. 〈신설 2020. 3. 31.〉

④ 제1항 및 제2항의 경우에 소속 공무원은 그 권한을 표시하는 증표 및 조사기간, 조사범위, 조사담당자, 관계 법령 등 보건복지부령으로 정하는 사항이 기재된 서류를 지니고 이를 관계인에게

내보여야 한다. 〈개정 2015. 12. 29., 2020. 3. 31.〉

⑤ 제1항 및 제2항에 따른 질문 또는 검사의 절차·방법 등에 관하여는 이 법에서 정하는 사항을 제외하고는 「행정조사기본법」에서 정하는 바에 따른다. 〈신설 2015. 12. 29., 2020. 3. 31.〉

⑥ 제3항에 따른 행정응원의 절차·방법 등에 관하여 필요한 사항은 대통령령으로 정한다. 〈신설 2020. 3. 31.〉

第62조(비밀누설금지) 다음 각 호에 해당하는 자는 업무수행 중 알게 된 비밀을 누설하여서는 아니 된다. 〈개정 2013. 8. 13.〉

1. 특별자치시·특별자치도·시·군·구, 공단, 등급판정위원회 및 장기요양기관에 종사하고 있거나 종사한 자
2. 제24조부터 제26조까지의 규정에 따른 가족요양비·특례요양비 및 요양병원간병비와 관련된 급여를 제공한 자

第62조의2(유사명칭의 사용금지) 이 법에 따른 장기요양보험 사업을 수행하는 자가 아닌 자는 보험계약 또는 보험계약의 명칭에 노인장기요양보험 또는 이와 유사한 용어를 사용하지 못한다.

[본조신설 2018. 12. 11.]

第63조(청문) 특별자치시장·특별자치도지사·시장·군수·구청장은 다음 각 호의 어느 하나에 해당하는 처분 또는 공표를 하려는 경우에는 청문을 하여야 한다. 〈개정 2015. 12. 29.〉

1. 제37조제1항에 따른 장기요양기관 지정취소 또는 업무정지명령
2. 삭제 〈2018. 12. 11.〉
3. 제37조의3에 따른 위반사실 등의 공표
4. 제37조의5제1항에 따른 장기요양급여 제공의 제한 처분

[전문개정 2013. 8. 13.]

第64조(시효 등에 관한 준용) 「국민건강보험법」 제91조, 제92조, 제96조, 제103조, 제104조, 제107조, 제111조 및 제112조는 시효, 기간의 계산, 자료의 제공, 공단 등에 대한 감독, 권한의 위임 및 위탁, 업무의 위탁, 단수처리 등에 관하여 준용한다. 이 경우 "보험료"를 "장기요양보험료"로, "보험급여"를 "장기요양급여"로, "요양기관"을 "장기요양기관"으로, "건강보험사업"을 "장기요양사업"으로 본다. 〈개정 2011. 12. 31.〉

第65조(다른 법률에 따른 소득 등의 의제금지) 이 법에 따른 장기요양급여로 지급된 현금 등은 「국민기초생활 보장법」 제2조제8호 및 제9호의 소득 또는 재산으로 보지 아니한다.

第66조(수급권의 보호) ① 장기요양급여를 받을 권리는 양도 또는 압류하거나 담보로 제공할 수 없다. 〈개정 2016. 12. 2.〉

② 제27조의2제1항에 따른 특별현금급여수급계좌의 예금에 관한 채권은 압류할 수 없다. 〈신설 2016. 12. 2.〉

第66조의2(벌칙 적용에서 공무원 의제) 등급판정위원회, 장기요양위원회, 제37조의3제3항에 따른

공표심의위원회, 심사위원회 및 재심사위원회 위원 중 공무원이 아닌 사람은 「형법」 제127조 및 제129조부터 제132조까지의 규정을 적용할 때에는 공무원으로 본다. 〈개정 2020. 3. 31.〉

第66조의3(소액 처리) 공단은 징수 또는 반환하여야 할 금액이 1건당 1,000원 미만인 경우(제38조제5항 및 제43조제4항 후단에 따라 각각 상계할 수 있는 지급금 및 장기요양보험료등은 제외한다)에는 징수 또는 반환하지 아니한다. 다만, 「국민건강보험법」 제106조에 따른 소액 처리 대상에서 제외되는 건강보험료와 통합하여 징수 또는 반환되는 장기요양보험료의 경우에는 그러하지 아니하다.

[본조신설 2019. 1. 15.]

제12장 벌칙

第67조(벌칙) ① 거짓이나 그 밖의 부정한 방법으로 장기요양급여비용을 청구한 자는 3년 이하의 징역 또는 3천만원 이하의 벌금에 처한다. 〈신설 2020. 12. 29.〉

② 다음 각 호의 어느 하나에 해당하는 자는 2년 이하의 징역 또는 2천만원 이하의 벌금에 처한다. 〈개정 2018. 12. 11., 2020. 12. 29.〉

1. 제31조를 위반하여 지정받지 아니하고 장기요양기관을 운영하거나 거짓이나 그 밖의 부정한 방법으로 지정받은 자
2. 삭제 〈2018. 12. 11.〉
3. 제35조제5항을 위반하여 본인부담금을 면제 또는 감경하는 행위를 한 자
4. 제35조제6항을 위반하여 수급자를 소개, 알선 또는 유인하는 행위를 하거나 이를 조장한 자
5. 제62조를 위반하여 업무수행 중 알게 된 비밀을 누설한 자

③ 다음 각 호의 어느 하나에 해당하는 자는 1년 이하의 징역 또는 1천만원 이하의 벌금에 처한다. 〈개정 2015. 12. 29., 2018. 12. 11., 2019. 4. 23., 2020. 12. 29.〉

1. 제35조제1항을 위반하여 정당한 사유 없이 장기요양급여의 제공을 거부한 자
2. 거짓이나 그 밖의 부정한 방법으로 장기요양급여를 받거나 다른 사람으로 하여금 장기요양급여를 받게 한 자
3. 정당한 사유 없이 제36조제3항 각 호에 따른 권익보호조치를 하지 아니한 사람
4. 제37조제7항을 위반하여 수급자가 부담한 비용을 정산하지 아니한 자

④ 제61조제2항에 따른 자료제출 명령에 따르지 아니하거나 거짓으로 자료제출을 한 장기요양기관이나 질문 또는 검사를 거부·방해 또는 기피하거나 거짓으로 답변한 장기요양기관은 1천만원 이하의 벌금에 처한다. 〈신설 2020. 3. 31., 2020. 12. 29.〉

[전문개정 2013. 8. 13.]

[시행일 : 2021. 6. 30.] 제67조

제68조(양벌규정) 법인의 대표자, 법인이나 개인의 대리인·사용인 및 그 밖의 종사자가 그 법인 또는 개인의 업무에 관하여 제67조에 해당하는 위반행위를 한 때에는 그 행위자를 벌하는 외에 그 법인 또는 개인에 대하여도 해당 조의 벌금형을 과한다. 다만, 법인 또는 개인이 그 위반행위를 방지하기 위하여 해당 업무에 관하여 상당한 주의와 감독을 게을리하지 아니한 경우에는 그러하지 아니하다. 〈개정 2010. 3. 17.〉

제69조(과태료) ① 정당한 사유 없이 다음 각 호의 어느 하나에 해당하는 자에게는 500만원 이하의 과태료를 부과한다. 〈개정 2010. 3. 17., 2013. 8. 13., 2015. 12. 29., 2018. 12. 11., 2020. 3. 31.〉

1. 삭제 〈2013. 8. 13.〉
2. 제33조를 위반하여 변경지정을 받지 아니하거나 변경신고를 하지 아니한 자 또는 거짓이나 그 밖의 부정한 방법으로 변경지정을 받거나 변경신고를 한 자

2의2. 제34조를 위반하여 장기요양기관에 관한 정보를 게시하지 아니하거나 거짓으로 게시한 자

2의3. 제35조제3항을 위반하여 수급자에게 장기요양급여비용에 대한 명세서를 교부하지 아니하거나 거짓으로 교부한 자

3. 제35조제4항을 위반하여 장기요양급여 제공 자료를 기록·관리하지 아니하거나 거짓으로 작성한 사람

3의2. 제35조의4제2항 각 호의 어느 하나를 위반한 자

4. 제36조제1항 또는 제6항을 위반하여 폐업·휴업 신고 또는 자료이관을 하지 아니하거나 거짓이나 그 밖의 부정한 방법으로 신고한 자

4의2. 제37조의4제4항을 위반하여 행정제재처분을 받았거나 그 절차가 진행 중인 사실을 양수인 등에게 지체 없이 알리지 아니한 자

5. 삭제 〈2013. 8. 13.〉
6. 거짓이나 그 밖의 부정한 방법으로 수급자에게 장기요양급여비용을 부담하게 한 자
7. 제60조, 제61조제1항 또는 제2항(같은 항 제1호에 해당하는 자는 제외한다)에 따른 보고 또는 자료제출 요구·명령에 따르지 아니하거나 거짓으로 보고 또는 자료제출을 한 자나 질문 또는 검사를 거부·방해 또는 기피하거나 거짓으로 답변한 자
8. 거짓이나 그 밖의 부정한 방법으로 장기요양급여비용 청구에 가담한 사람
9. 제62조의2를 위반하여 노인장기요양보험 또는 이와 유사한 용어를 사용한 자

② 제1항에 따른 과태료는 대통령령으로 정하는 바에 따라 관할 특별자치시장·특별자치도지사·시장·군수·구청장이 부과·징수한다. 〈신설 2013. 8. 13.〉

제70조 삭제 〈2013. 8. 13.〉

부　　칙〈법률 제17777호, 2020. 12. 29.〉

제1조(시행일) 이 법은 공포 후 6개월이 경과한 날부터 시행한다.

제2조(표준장기요양이용계획서에 관한 경과조치) 이 법 시행 당시 종전의 규정에 따른 표준장기요양이용계획서는 제17조의 개정규정에 따른 개인별장기요양이용계획서로 본다.

제3조(장기요양기관의 지정에 관한 경과조치) 장기요양기관으로 지정받으려는 자가 다음 각 호의 어느 하나에 해당하는 경우에는 제31조의 개정규정에도 불구하고 종전의 규정에 따른다.

1. 이 법 시행 당시 「노인장기요양보험법 시행규칙」 제23조에 따라 장기요양기관 지정신청서를 제출한 경우
2. 장기요양기관으로 지정받을 목적으로 이 법 시행 당시 「노인복지법」 제35조제2항에 따른 노인의료복지시설의 설치신고 및 같은 법 제39조제2항에 따른 재가노인복지시설의 설치신고를 한 경우
3. 장기요양기관으로 지정받을 목적으로 「노인복지법」에 따른 노인의료복지시설 또는 재가노인복지시설을 설치하기 위하여 이 법 시행 당시 「건축법」 제11조제3항에 따른 허가신청서를 제출하거나 같은 법 제14조제1항에 따른 건축신고를 한 경우

3

치매노인의 현황과 치매관리법상의 개선과제

제3장

치매노인의 현황과[1] 치매관리법상의 개선과제

I. 서 론

고령화 사회로 진전하면서 사람들이 노후에 가장 무서워하는 정신장애 중의 하나는 치매일 것이다. 우리나라는 급속한 고령화에 따른 치매환자는 매년 급증하고 있다. 누구든 치매가 걸릴 가능성에서 배제될 수 없다. 치매 유병률은 80세 이상의 초 고령에서 크게 증가하는 것이 일반적이다. 치매 유병률은 매년 크게 증가할 것으로 예측되고 있어 치매 등 환자의 치료 및 관리비용 증가로 인해 국가의료재정에 큰 부담으로 작용하고 있다. 치매로 인한 피해를 최소화하기 위한 대책마련이 절실하다.

그동안 정부는 치매대책을 수립해왔지만 관련 법률과 이에 따른 예산이 제대로 뒷받침되지 못해 큰 성과는 보지 못했다. 2008년 치매 유병률 조사 결과에 따라 2050년이면 65세 이상 노인 13.2%에 해당하는 213만 명이 치매노인이 될 것이라는 사실을 심각하게 받아들여 2008년 9월부터 복지부에서는 치매와의 전쟁을 선포하고 이후 대책을 수행해왔다. 마침내 2011년 8월 치매관리법을 제정하고 2012년 2월부터 시행하기에 이르렀다. 치매관리법 시행은 급속한 고령화 사회로의 진전에 대비한 중요한 정책으로서 그 의미가 크다. 치매관리법 제정으로 정책의 일관성을 크게 확보할 수 있고 또한 법률에 따른 예산 확보도 쉬워져 치매관리 정책에 큰 발전을 기대할 수 있을 것이다. 보건복지부가 「노인복지법」에 근거하여 실시한 2011년 노인실태조사 결과에 따르면 치매조기검진서비스의 인지도가 높은 편이나 치매예방프로그램의 인지도는 낮은 편이다. 노인성 치매에 대한 홍보와 인식부족으로 아직 많은 사람들이 치매를 질병이라기보다는 '노망'이라 하여 자연스러운 노화과정으로 간주하고 질병으로 받아들이지 않고 있으며 이는 치매의 발견과 치료의 장애요인으로 작용하고 있다.

1 이하의 내용은 조현 · 고준기, "치매노인의 현황과 노인장기요양보험법상의 개선방안" 한국산학기술학회논문지(2012.12) 게재논문을 수정보완한 것임.

치매는 환자자신의 사망률 증가, 삶의 질 저하뿐 아니라 장기간 동안 타인에 대한 의존성을 높임으로서 부양자의 심각한 심리적 · 육체적 · 경제적 부담을 초래하는 중증질환이다. 치매 질환의 증가로 인해 발생되는 노인 의료비의 증가는 사회적, 국가적 부담의 가중을 초래하고 있다. 최근 미국, 영국, 프랑스 등 서구 선진국을 중심으로 국가차원의 치매관리대책이 수립되어 시행되고 있다. 이하에서는 노인의 치매현황을 검토하고, 외국의 치매관리 정책에 대한 비교를 통하여 우리나라 치매노인의 노인장기요양보험법상의 요양인정 문제 등 치매관리를 둘러싼 정책적 문제점을 도출하고 이에 대한 개선방안을 제시하고자 한다.

Ⅱ. 노인의 치매현황과 문제점

고령화에 따른 뇌혈관성 질환, 치매 유병률 등 노인성 질환이 급격히 증가함에 따라 국가부담이 증대되고 있다. 노인성 질환 진료비 상위 질환으로는 고혈압, 뇌혈관질환, 골관절염, 당뇨, 치매 순이다. 특히, 치매 등 환자의 치료 및 관리비용 증가로 인해 국가의료재정에 큰 부담으로 작용하고 있다(표 3-1).

치매환자로 인한 사회적 비용은 연간 3조 4천억(한국)이다. 노인성 치매 중 알츠하이머 치매(약 70%) 및 혈관성 치매(약 21%)가 전체 치매환자의 약 90%이다. 노인의 14.9%는 기능상의 제한(기본적인 일상생활수행능력 7개, 수단적 일상생활수행능력 10개 항목 중 1개 이상 제한)을 경험하고 있다. MMSE-KC(한국형 치매 자가진단테스트)를 활용한 인지기능 저하자를 산출한 결과 응답자의 28.5%가 인지기능 저하자로 나타났고 고연령, 무배우자, 읍면지역에서 인지기능 저하자의 비율이 높게 나타났다(그림 3-1).

[표 3-1] 연령대별 노인 주요 질환

연령대	진료비 1위 질환
65~74세	고혈압
75~84세	뇌혈관질환
85세 이상	치매

*자료 : analysis of the treatment cost of elderly people over 65-year old,, 1st half-year in 2010, NHIC

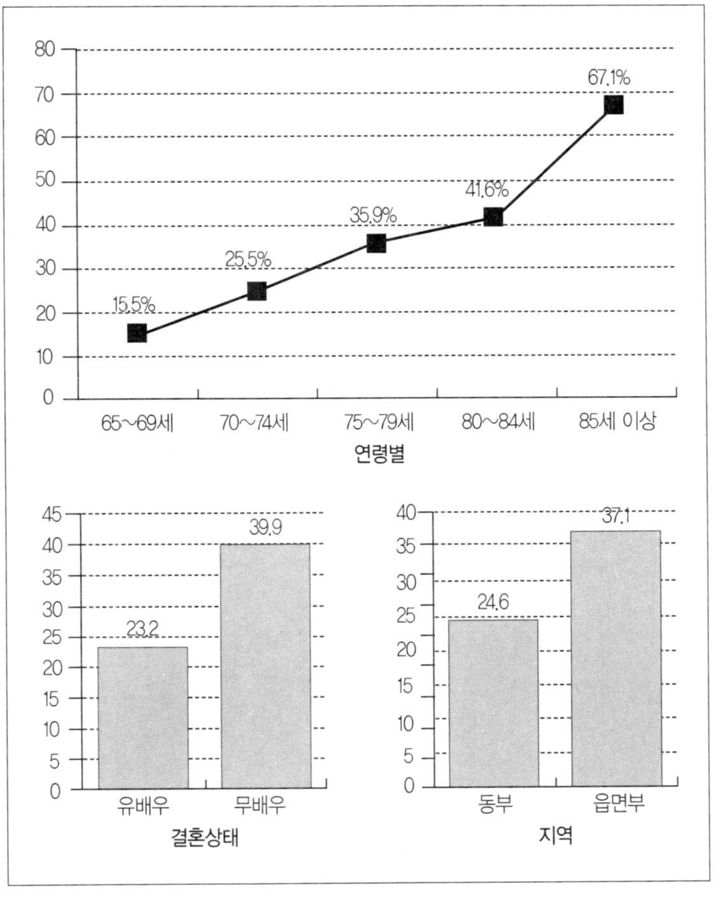

[그림 3-1] 노인의 MMSE-KC

치매는 뇌기능의 장애 때문에 만성적으로 기억 · 판단 · 언어 · 감정 등의 정신기능이 감퇴되어 일상생활에 지장을 초래하는 질병이다. 치매는 환자 자신의 인격을 파괴시키고 자신을 부양하는 사람들의 삶마저 황폐화시키는 비극적인 질병이라고 할 수 있다. 현재 치매를 완벽하게 치료할 수 있는 치료법은 개발되어 있지 않다. 다만 치매 역시 다른 질병과 마찬가지로 건강한 생활습관으로 예방이 가능한 질병이며 발병하더라도 조기에 발견할 경우 치료 가능성이 높아지고 중증(重症)으로 가는 것을 크게 지연시킬 수 있다는 것이 의료계의 확립된 의학상식이다. 그러나 현재 우리 사회에서는 치매라는 질병이 갖고 있는 비극성 때문에 치료를 필요로 하는 질병으로 인식되기 보다는 노화(老化)의 한 발현형태로서 인식되기도 하는 것이 현실이다.

[표 3-2] 치매노인의 증가 추이 및 전망 (단위 : 천명)

구분 \ 연도	'08년	'10년	'11년	'20년	'30년	'40년	'50년
65세 이상 인구 수	5,016	5,357	5,357	7,701	11,811	15,041	16,156
65세 이상 치매노인 수	421	469	495	750	1,135	1,685	2,127
치매유병률(%)	8.4	8.8	8.9	9.7	9.6	11.2	13.2

*자료 : prevalence rate of dementia in 2008, MOHW

치매로 인한 의료비 등 사회경제적 비용이 급증하면서 환자의 증가 수준보다 더욱 빠르게 늘고 있다. 치매 진료 현황을 보면 2002년 48천명 · 561억원에서 2009년 215천명 · 6,211억원으로 급격히 상승하였다. 65세 이상 11명 중 1명이 걸릴 정도로 노인에게 흔한 질병인 치매는 개인의 품위를 유지할 수 없을 수준으로 인격이 황폐화되고 독립적인 일상생활이 어려워 가정에도 부담이 큰 질환이다. 실제 노인성 치매를 앓고 있는 노인이나 중풍으로 거동이 불편한 노인의 경우 자녀들이 그와 함께 살려 하지 않기 때문에 문제가 발생한다. 치매를 앓고 있다 해도 인지능력이 다소 떨어지는 것 이외에는 건강상태는 양호한 경우도 많다. 하지만 자녀들은 이러한 노인을 경제적 이유 등으로 서로 부양하려 하지 않는 경우가 많아 노인전문병원 등에서 일시보호를 받는 경우도 있다.

보건복지부의 '2008년 전국 치매 유병률 조사'에 따르면 전국 65세 이상 노인 치매환자는 65세 이상 노인 전체 인구 501만 6천여 명 중 8.4%에 해당하는 42만 1천여 명으로 현재와 같이 급속한 속도로 고령화가 진행될 경우 2027년에는 치매환자가 100만 명이 넘을 것으로 전망하고 있다(표 3-2). 한편 서울대학교병원의 조사에 따르면 65세 이상 노인의 치매환자는 2010년 현재 469,478명(전체 노인의 8.76%)으로 추정되고 2011년 495,263명(8.94%), 2012년 521,516명(9.08%), 2020년 749,719명(9.74%), 2030년 1,135,441명(9.61%)으로 추정되어 급속한 고령화 진행에 따라 치매환자도 급증할 것으로 전망하고 있다.

치매환자가 증가함에 따라 치매환자(치매환자 진료인원, 2002년 48천명, 2005년 84천명, 2007년 135천명으로 증가)에 대한 의료비도 증가(2002년 561억원, 2005년 1,306억원, 2007년 3,268억원으로 증가)하고 있으며, 치매환자에 대한 가정 부양 부담으로 인하여 사회적 비용(치매로 인한 간접비용을 포함한 전체적인 사회 · 경제적 비용이 추계방법에 따라 최소 연간 3조 4천억 원에서 최대 연간 7조 3천억 원에 달할 것이라고 추정)을 야기하고 있는 실정이다. 치매의 종류는 약 70여종에 달하는 것이나 다수의 치매는 조기에 발견하여 적절하게 치료하면 진행을 지연시키거나 증상을 호전시킬 수 있다. 치매의 일부는 사전예방도 가능하고, 10~15% 정도의 치매는 치료를 통하여 정상적으로 호전될 수도 있다. 그럼에도 불구하고 치매에 관한 사회적 인식은 치매를 노화현상으로 보고 치료가 불가능하다는 부정적인 인식을 갖고 있다. 치매는 노인이면 당연히 겪는 노화현상이 아니라 뇌 기능의 장애로 인하여 지적 능력이 떨어지는 퇴행성 질환이다. 조기에 검진하여 예방하고 꾸준히 진료하면 질환의 진행속도나 증상을 늦출 수 있다. 그럼에도 불구하고 치매환자는 적절한 진단과 치료가 제공되지 못한 채 가족과 사회의 무관심 속에서 방치되고 있으므로 국가적 차원에서의 치료대책과 사회적 인프라 확보가 시급한 실정이다.

Ⅲ. 치매관리법의 검토

1. 제정목적과 취지

보건복지부는 치매문제를 법적으로 대응하기 위해 종래 노인복지법 제29조와 29조의2에서 치매관리사업, 치매상담센터의 설치 · 운영 등에 관하여 규정하고 있던 것을 2011. 8. 4(법률 11013호) 별도의 특별법, 치매관리법으로 제정하여 2012년 2. 5일 시행하였다. 치매관리법은 치매의 예방, 치매환자의 진료 · 요양 및 치매퇴치를 위한 연구 등에 관한 정책을 종합적으로 수립 · 시행함으로써 치매로 인한 개인적 고통과 피해 및 사회적 부담을 줄이고 국민건강증진에 이바지함을 목적으로 제정되었다(동법 제1조). 치매관리 및 치매환자에 대한 지원에 관하여는 다른 법률에 특별한 규정이 있는 경우를 제외하고는 이 법에서 정하는 바에 따른다(동법 제4조). 개별 질환에 대해 별도의 법으로 관리하는 예는 많지 않다. 치매에 대해 개별법령을 제정하여 특별히 관리하고자 하는 것은 치매의 고통이 사회적 부담이 되고 있으며, 국가의 각별한 정책의지가 있음을 나타내고자 하는 의미를 포함하고 있다. 우리나라는 치매관리의 법적 기틀을 마련하였으나 체계적 · 효율적인 인프라를 구축하고 치매 가족의 부담을 경감할 수 있는 실질적인 방안을 마련해 나갈 필요가 있다.

2. 치매관리법의 주요내용과 문제점

치매관리법에 따른 정책은 국가 치매사업의 통합적 수행 및 전문적 자문을 위한 국가치매관리위원회를 구성 · 운영하고 치매진료의 전문화 · 교육훈련 · 통계관리 등을 수행하는 중앙치매센터를 지정해 이를 중심으로 4개 권역별 거점치매센터, 보건소 치매상담센터 및 거점병원으로 연계되는 중앙-권역-지역 단위 전달체계를 구축하는 것이 핵심이다.

1) 치매의 정의 및 용어상의 문제점

"치매"란 퇴행성 뇌질환 또는 뇌혈관계 질환 등으로 인하여 기억력, 언어능력, 지남력(指南力), 판단력 및 수행능력 등의 기능이 저하됨으로써 일상생활에서 지장을 초래하는 후천적인 다발성 장애를 말한다(동법 제2조 제1호). '치매'에 대한 부정적 인식을 해소하기 위하여 2006년 보건복지부가 이를 대체할 새로운 용어를 찾기 위한 노력을 기울인 바 있으나, 2011년 현재까지도 대체할 적당할 용어를 찾지 못하고 있는 실정이다.

"치매환자"란 치매로 인한 임상적 특징이 나타나는 사람으로서 의사 또는 한의사로부터 치매로 진단받은 사람을 말한다(동법 제2조 제2호). "치매관리"란 치매의 예방과 치매환자에 대한 보호 · 지원 및 치매에 관한 조사 · 연구 등을 말한다(동법 제2조 제3호).

'치매'에 관한 부정적 인식에는 '치매(癡呆)'라는 용어 자체에도 원인이 있는 것으로 파악되고 있다. '치매'의 '치(癡)' 및 '매(呆)'는 모두 '어리석다'는 뜻을 갖고 있는데, '치매'라는 용어가 사용됨으로 인하여 뇌질환으로서의 해당 질병의 특징을 왜곡할 뿐만 아니라 환자 및 환자 가족에게 모멸감을 느끼게 하여 조기 진단을 어렵게 하고 있는 것이다. 본래 '치매(癡呆)'라는 용어는 19세기 후반 일본의 정신의학자인 쿠레 슈우조(呉秀三) 교수가 서양의 의학용어인 'Dementia(영어권 용어)' 또는 'Demenz(독일어권 용어)'를 '치매(痴呆)'라고 번역한 것에 유래한 것인데, 일본에서도 '치매'라는 용어 자체 때문에 치매의 조기 발견이 어렵게 되고 있다는 문제점이 지적되어 2004년 후생노동성의 주도로 국민의 여론조사 및 전문가 검토를 거쳐 '인지증(認知症)'으로 용어를 변경하고 인지증의 바른 인식을 위한 대국민 캠페인이 대대적으로 전개된 바 있다.

타이완에서는 이미 1990년대부터 '치매증(癡呆症)'이라는 용어의 거부감 때문에 조기 발견 및 적절한 치료가 어렵게 되고 있다는 점이 민간에서부터 지적되어 '실지증(失智症)'으로 용어를 변경하자는 움직임이 활발하였고, 2001년 「신심장애자권익보장법(身心障礙權益保障法)」 개정 시 '치매증(癡呆症)'을 '실지증(失智症)'으로 개정함으로써 국가 차원에서 이를 뒷받침한 바 있다.

또한 같은 한자문화권인 홍콩에서도 2010년 '치매증(癡呆症)'을 '뇌퇴화증(腦退化症)'으로 변경하기로 하는 등 21세기에 들어와 한자문화권 각 공동체는 '치매'의 용어가 가지는 부정적인 효과를 제거하기 위한 다양한 노력들을 기울인 바 있다. '치매'를 대체할 새로운 용어는 ① '관리가 가능'한 질병이라는 측면이 잘 드러나야 하고, ② 국민들이 거부감 없이 이해하기 쉬워야 하며, ③ 종래 사용되고 있는 용어 등과 충돌이 없어야 할 것이다. 이에 여러 분야의 전문가들의 의견을 종합한 결과 ⅰ) 질병의 본질이 인지능력에 관련되어 있다는 점에서 '인지(認知)'라는 용어를, ⅱ) 장애인과 같은 범주에서 사회의 관심과 이해를 도모한다는 점에서 '장애(障碍)'라는 용어를, ⅲ) 질병이라는 점에서 '증(症)'이라는 용어를 결합한 '인지장애증(認知障碍症)'이 적절한 것으로 판단되는 바, 이 법률안을 통하여 '치매'를 대체할 수 있는 새로운 용어를 마련할 필요성은 있다.

2) 치매관리 국가 개입 본격화

국가와 지방자치단체는 치매관리에 관한 사업(이하 "치매관리사업"이라 한다)을 시행하고 지원함으로써 치매를 예방하고 치매환자에게 적절한 의료서비스가 제공될 수 있도록 적극 노력하여야 한다(동법 제3조 제1항). 국가와 지방자치단체는 치매환자를 돌보는 가족의 부담을 완화하기 위하여 노력하여야 한다(동법 제3조 제2항). 국가와 지방자치단체는 치매와 치매예방에 관한 국민의 이해를 높이기 위하여 교육 · 홍보 등 필요한 시책을 마련하여 시행하여야 한다(동법 제3조 제3항). 「의료법」에 따른 의료인, 의료기관의 장 및 의료업무 종사자는 국가와 지방자치단체가 실시하는 치매관리사업에 적극 협조하여야 한다(동법 제3조 제4항).

보건복지부장관은 보건소에 치매상담센터를 설치하여 치매관리사업의 수행에 따른 비용의 지원을 규정하고 있는 등 치매의 예방과 관리를 위한 종합적인 입법적 대책을 마련하고 있다. 그러나 농어촌 등 의료취약지역의 경우 의료시설이 부족하여 치매 의심증상이 있더라도 제때에 검진을 받기 어렵고, 치매상담센터가 설치되는 보건소 소재지도 거주지와 멀리 떨어진 경우가 많아 국가에서 시행하는 치매관리사업의 혜택을 받기 어려운 실정이다. 농어촌 등 의료취약지역에 거주하는 65세 이상 노인에게는 '방문치매검진'을 의무화하여 우리 헌법이 국가에게 부과하고 있는 노인복지증진의무를 보다 충실히 이행할 필요가 있다. 치매검진사업에 소요되는 비용에 따른 재정소요가 발생할 것으로 예상된다. 예컨대, 방문치매검진사를 파견할 경우 보건복지부 추산 출장비 단가 30,000원은 향후 5년간 동일하게 적용되는 것으로 가정하고 추계기간을 2013년부터 2017년까지 5년으로 할 경우 개정안에 따라 방문치매검진사를 파견할 경우 2013년 4,590만원을 시작으로 2017년까지 향후 5년간 2억 2,950만원의 추가재정소요가 발생할 것으로 예상된다.

[표 3-3] 개정안에 따른 추가재정소요 : 2013~2017년 (단위 : 억원)

	2013	2014	2015	2016	2017	합계
방문치매검진사 파견에 따른 추가재정소요	4,590	4,590	4,590	4,590	4,590	22,950

자료 : 국회예산정책처 법안비용추계2과 예산분석자료임(2012년)

3) 치매관리종합계획의 수립 등

보건복지부장관은 제7조에 따른 국가치매관리위원회의 심의를 거쳐 치매관리에 관한 종합계획을 5년마다 수립하여야 한다(동법 제6조 제1항). 종합계획에는 ① 치매의 예방 · 관리를 위한 기본시책, ② 치매검진사업의 추진계획 및 추진방법, ③ 치매환자의 치료 · 보호 및 관리, ④ 치매에 관한 홍보 · 교육, ⑤ 치매에 관한 조사 · 연구 및 개발, ⑥ 치매관리에 필요한 전문인력의 육성, ⑦ 치매환자가족에 대한 지원, ⑧ 그 밖에 치매관리에 필요한 사항이 포함되어야 한다(동법 제6조 제2항).

4) 국가치매관리위원회

보건복지부장관은 종합계획 수립 및 치매관리에 관한 중요 사항을 심의하기 위하여 보건복지부장관 소속으로 국가치매관리위원회를 둔다(동법 제7조). 위원회는 위원장 1명을 포함한 15명 이내의 위원으로 구성한다(동법 제8조 제1항). 위원장은 보건복지부차관이 된다. 위원은 치매에 관한 학식과 경험이 풍부한 사람 중에서 보건복지부장관이 임명 또는 위촉한다(동법 제8조 제3항).

위원회는 ① 국가치매관리 체계 및 제도의 발전에 관한 사항, ② 종합계획의 수립 및 평가에 관한 사항, ③ 연도별 시행계획에 관한 사항, ④ 치매관리사업의 예산에 관한 중요한 사항, ⑤ 그 밖에 치매관리사업에 관한 중요한 사항으로서 위원장이 심의에 부치는 사항을 심의한다(동법 제9조).

5) 치매검진사업

보건복지부장관은 종합계획에 따라 치매를 조기에 발견하는 검진사업을 시행하여야 한다(동법 제11조 제1항). 치매검진사업의 범위, 대상자, 검진주기 등에 필요한 사항은 대통령령으로 정한다(동법 제11조 제2항). 국가는 치매검진을 받는 사람 중「의료급여법」에 따른 의료급여수급자 및 대통령령으로 정하는 건강보험가입자에 대하여 그 비용의 전부 또는 일부를 지원할 수 있다(동법 제11조 제4항).

치매검진 자료의 경우에는 건강보험공단에서 계속 유지해 치매검진과 치료 및 연구에 기여하도록 하는 방안이 검토되어야 할 것이다. 체계적으로 치매검진 기록을 계속 보관하면서 필요한 경우 당사자 또는 가족의 허락 하에 다른 의료진이 검진 자료를 이용할 수 있는 클라우드 컴퓨팅 시스템을 도입하면 이런 문제는 충분히 해결될 수 있을 것이다.[2]

6) 치매환자의 의료비 지원사업

국가 또는 지방자치단체는 대통령령으로 정하는 바에 따라 치매선별검사 및 전문검사 등에 소요되는 비용을 부담하도록 하고 있다. 치매관리법은 국가와 지방자치단체는 치매환자의 경제적 부담능력을 고려하여 치매 치료 및 진단에 드는 비용을 예산에서 지원할 수 있고(동법 제12조 제1항), 의료비 지원의 대상 · 기준 및 방법 등에 필요한 사항은 대통령령으로 정한다(동법 제12조 제2항)고 정하고 있다.

무료치매검진사업을 통해 60세 이상이면 누구나 전국 보건소에서 치매검사를 받아볼 수 있도록 하고 있다. 치매로 진단을 받고 보건소에 등록된 환자에게는 꾸준히 약을 복용하면서 치료관리를 받을 수 있도록 매월 3만원(연간 36만원) 상한의 치료관리비를 지원하고 있다.

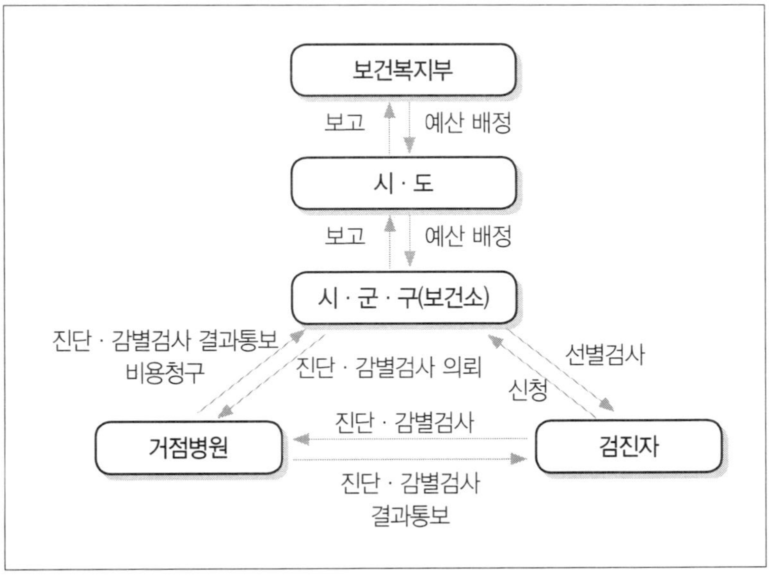

[그림 3-2] 치매조기검진사업 실시체계

60세 이상 노인을 대상으로 치매 조기 발견 및 등록 · 관리를 위한 "치매조기검진사업"은

2 이에 관해서는 최성재, 『치매관리법 시행에 바란다.』 노년시대신문, 금요컬럼, 2012.5.4.

1차로 보건소에서 치매선별검사를 한 후 2차로 치매거점병원을 통하여 치매진단검사 및 치매감별검사를 실시하고 있다. 보건소는 2007년 87개, 2008년 118개, 2009년 191개, 2010년 전국 253개 보건소로 확대하여 왔다. 치매거점병원은 신경과 또는 정신과 전문의 1인 이상을 확보한 의료기관으로 2010년 현재 237개소가 지정되어 있다. 치매선별검사는 MMSE(간이정신상태검사) 도구로 고위험군을 선별하는 것을 말한다. 치매진단검사는 신경과 또는 정신과 전문의에 의한 진료, 치매임상척도검사 및 신경인지검사를 실시하고 있다. 치매진단검사는 비급여항목이 포함되어 있으므로 8만원을 상한으로 하여 전액 지원(국비 50%, 지방비 50%)하며 치매감별검사는 급여항목으로 건강보험(또는 의료급여) 체계에 따라 본인 부담분에 대하여 지원(국비 50%, 지방비 50%)하고 있다. 치매감별검사는 치매의 원인 규명을 위한 혈액 · 소변검사 및 뇌 영상을 촬영하는 것을 말한다.

[표 3-4] 치매조기검진사업 현황 (단위: 건)

구 분	2006년	2007년	2008년	2009년	2010년
참여 보건소		87	118	191	253
참여 병원			88	151	237
치매선별검사	20,544	172,612	279,565	465,263	776,000
치매진단검사	3,296	16,212	19,357	29,859	52,372
치매감별검사	–	2,295	5,335	8,996	16,968

사업대상 인원은 2010년을 기준으로 치매선별검사 776,000명, 치매진단검사 52,372명, 치매감별검사 16,968명이다.

보건소에서 실시하는 치매선별검사는 치매상담센터의 운영비에 포함하여 지방자치단체 자체 예산으로 비용을 충당한다. 보건복지부는 이미 "치매조기검진사업"을 실시하여 사업대상을 60세 이상 전체 노인으로 설정하여 필요한 검사비용을 지원하고 있다. 그러나 법 시행을 위한 적절한 예산이 확보되지 않을 수도 있다는 점이다. 우선 2007년부터 정부가 치매관리사업을 위해 투입한 예산추이를 보면 줄어들다가 늘어나는 현상을 보이지만 특히 치매관리법이 시행되는 2012년 예산액이 2011년 예산액 보다 적게 편성돼 있는 것을 보면 예산확보가 쉽지 않을 수 있다는 우려를 떨치기 어렵다. 치매관리사업 예산을 지방정부와 분담해야 한다면 최근 지방정부의 복지예산 부담 증가가 큰 문제가 되고 있는 점도 예산확보의 어려움을 시사하는 것이라 생각된다.

7) 중앙치매센터의 지정

보건복지부장관은 치매관리에 관한 다음 각 호의 업무를 수행하게 하기 위하여 중앙치매센터를 설치 · 운영할 수 있다(동법 제16조 제1항).

▶ 중앙치매센터 수행 업무(치매관리법 제16조)

- 치매연구사업에 대한 국내외의 추세 및 수요예측
- 치매연구사업 계획의 작성
- 치매연구사업 과제의 공모 · 심의 및 선정
- 치매연구사업 결과의 평가 및 활용
- 재가치매환자관리사업에 관련된 교육 · 훈련 및 지원 업무
- 치매관리에 관한 홍보
- 치매와 관련된 정보 · 통계의 수집 · 분석 및 제공
- 치매와 관련된 국내외 협력
- 치매의 예방 · 진단 및 치료 등에 관한 신기술의 개발 및 보급
- 그 밖에 치매와 관련하여 보건복지부장관이 필요하다고 인정하는 업무

보건복지부장관은 중앙치매센터의 설치 · 운영을 그 업무에 필요한 전문인력과 시설을 갖춘 「의료법」 제3조 제2항 제3호의 병원급 의료기관에 위탁할 수 있다(동법 제16조 제2항). 보건복지부는 치매관리 공공인프라의 컨트롤타워 역할을 수행할 '중앙치매센터' 운영기관으로 '분당서울대학교병원'을 지정(2012. 5. 30)하였다. 중앙치매센터는 치매관련 연구사업의 통합 관리, 치매 예방 · 진단 및 치료에 필요한 신기술 개발 · 보급, 인력 · 서비스 · 시설 질 관리, 치매등록관리시스템 구축 · 운영 등 역할을 수행하게 된다. 치매 진료 · 연구시설은 정신건강의학과, 노인의료센터, 뇌신경센터, 재활의학과 등이 있으며 연구분야는 치매의 원인과 경과를 규명하기 위한 코호트(Cohort Study) 연구(한국인의 건강과 노화에 대한 전향적 연구), 치매 역학 지표 추정을 위한 전국 단위의 역학 조사(전국 치매노인 실태조사) 등이 있다. 하지만 중앙치매센터에서 시행하는 연구사업이 의학적 연구뿐만 아니라 비의학적 연구도 충분히 포함하는 것이 바람직하다. 중앙치매센터 및 권역별 치매센터가 병원중심이 돼있는 만큼 치매의 예방과 케어의 의학적 요인뿐만 아니라 비의학적 요인을 충분히 감안한 연구가 이뤄지지 않을 수도 있다.

8) 치매안심센터의 설치

치매안심센터는 치매의 위험이 높은 55세 이상의 자에 대하여 치매조기검진을 위한 치매 선별검사를 실시하고 치매선별검사 결과 전문검사 등이 필요한 경우 보건복지부령으로 정하는 바에 따라 관계 의료기관에 연계하여 검사할 수 있도록 한다. 즉, 시 · 군 · 구의 관할 보건소에 치매예방 및 치매환자 및 그 가족에 대한 종합적인 지원을 위하여 치매안심센터를 설치한다(동법 제17조 제1항). 치매안심센터는 ① 치매 관련 상담 및 조기검진, ② 치매환자의 등록 · 관리, ③ 치매등록통계사업의 지원, ④ 치매의 예방 · 교육 및 홍보, ⑤ 치매환자를 위한 단기쉼터의 운영, ⑥ 치매환자의 가족지원사업, ⑦ 장기요양인정신청 등의 대리, ⑧ 그 밖에 시장 · 군수 · 구청장이 치매관리에 필요하다고 인정하는 업무를 수행한다(동법 제17조 제2항). 치매관리법 제17조 제1항에 따라 전국 보건소에 치매안심센터가 설치 · 운영되고 있다.

Ⅳ. 외국의 치매관리의 비교 검토와 시사점

1. 미국

미국의 치매에 대한 입법정책의 주요 현안은 예방, 진단, 치료에 대한 연구의 촉진과 환자에 대한 서비스 전달의 용이성 등을 들 수 있다. 미국에서 치매환자는 각 체계의 서비스 혜택을 받는 일반 환자와 특별히 구분되어 있지는 않지만 의료체계에서는 치매환자가 신체적 장애노인으로 노인 서비스 체계에서는 병약 노인으로 정신건강 체계에는 정신질환 노인으로 분류된다. 미국은 치매에 관한 일반적이고 종합적인 법은 없다. 노인복지법(Older American Act)과 기타의 사회보장법(Social Security Act)의 적용영역에 치매를 포함하고 있다. 특히 치매의 중요성을 연방정부차원에서 인식하고 치매연구를 증진하기 위하여 1992년 알츠하이머 질병 및 관련연구법(Alzheimer's Disease and Related Dementias Research Act of 1992)을 제정한 바 있다. 미국의 건강과 인간 서비스부(Department of health and human services)는 치매문제를 다루는 주무부서이다. 2007년 7월 11일 미국 의회는 알츠하이머병에 대한 task forces에 Alzheimer's study group(ASG)을 만들고 국가전략을 수립하기 위한 준비를 시작하였다. Alzheimer's study group(ASG)은 전문가와 심층 인터뷰, 각종 논문 및 보고서에 대한 고찰, 개인 및 단체의 의견수렴과정을 거쳐

2009년 3월 National Alzheimer's Strategic Plan을 국회에 제출하였다. 이 보고서에서 ASG는 두 개의 커다란 권고안을 제시하였다. 첫째는 Alzheimer Solution project이며 두 번째는 rally support이다. Alzheimer Solution project는 예방에 대한 구상, 부양향상에 대한 구상, 민관협력의 3개 내용으로 구성된다. rally support는 Alzheimer Solution project의 성공을 위해 국가가 적극적으로 협조해야 한다는 내용으로 구성되어 있다.

2. 유럽

1996-1998년 유럽의회(Parliament)가 노인인구의 증가와 치매환자의 증가에 대한 우려를 표명했을 뿐 진전은 없다가 2006년 6월 29일 알츠하이머 유럽과 그 구성원들은 파리에서 유럽연합(EU), 세계보건기구(WHO), 유럽이사회(EU회원국 정상회의) 및 국가 정부에게 알츠하이머병과 치매를 정책적 우선순위에 두도록 하는 파리선언을 만장일치로 채택하였다. 2007년에는 유럽의회의 예산 지원을 받은 'EuroCoDe'프로젝트의 결과를 바탕으로 정책결정자들이 이루어야 할 목표와 부양자들에 대한 사회적 지원의 제공을 위한 권고사항을 포함한 보고서를 발간하고 권고사항을 제시하였다.

프랑스는 2001년과 2004년 두 차례의 국가계획을 통해 알츠하이머 질환은 장기간에 걸친 질병으로 인식하고 이와 관련된 모든 건강부양비용은 건강보험에 의해 지원되었다. 2007년에는 치매를 국가의 커다란 사건으로 선언하고 대중의 인식증진을 위한 캠페인을 각 지방정부의 기금으로 실시하였다. 사르코지 정부는 2008년 향후 5년 동안 추진하게 될 알츠하이머병과 연관질환에 대한 국가계획 2008-2012(National plan for Alzheimer and related disease)를 공개했다.

영국은 2006년 1월에 영국 최초의 치매에 대한 포괄적인 지침인 NICE/SCIE 지침(the National Institute for Health and Clinical Excellence〈NICE〉 and the Social Care Institute for Excellence〈SCIE〉 guideline)이 개발되었다. NICE/SCIE 지침은 치매치료 및 개입과 관련하여 약물학적, 심리학적 및 사회적 개입 및 서비스의 역할과 경제적 측면을 평가하고 치매환자와 부양자를 위한 최상의 지침을 제시하였다. 2007년에는 영국 NAO의 보고서(Improving services and support for people with dementia) 및 Alzheimer's Society의 보고서(Dementia UK)가 발표되었다. 두 보고서를 통해 영국에서의 치매에 대한 역학, 치매의 조기진단과 치료, 지역사회에서의 치매부양관리, 재원현황 등 치매관련 제반 사항의 현 상태에 대하여 면밀하게 분석되었고 포괄적이고 효율적인 치매관리를 위한 국가차원의 대책을 추동하는 주요 근거가 되었다. 이에 2007년 8월 국가치매전략(National Dementia Strategy) 개발계획이 공표되고 2009년 2월 영국 최초의 치매에 대한 전반적인 관리지침인 국가치매전략이 발표되었다.

3. 일본

일본의 현재 인구 1억 2,000만 명 가운데 20%인 2,500만 명 정도가 노인인구이다. 치매인구는 약 8%인 200만 명으로 추정하고 있다. 일본에서 치매노인 문제가 거론되기 시작한 것은 1970년대 초반이지만 1986년 후생성내에 치매노인대책본부와 치매노인대책전문위원회를 설치하였다. 1993년 재택개호지원센터와 노인성치매질환센터의 정비촉진, 발병예방과 조기발견, 조기대응의 철저, 치매노인의 상태에 따른 제공서비스 확충, 치매발병기전에 대한 규명 등을 주요내용으로 하는 대책이 제시되면서 본격적인 치매시스템 구축에 돌입하게 되었다. 하지만 최근까지도 일본의 치매관리서비스는 대체로 치매환자만을 위해 특수화되지는 못했으며 대부분 일반 노인이나 장애인을 위한 서비스를 치매환자도 같이 사용할 수 있다.

V. 치매노인의 노인장기요양보험법상 요양인정의 문제점과 개선방안

1. 치매 요양서비스를 둘러싼 치매관리법과 다른 법령과의 연계

일반적으로 요양서비스는 시설보호와 재가복지서비스를 통해 이루어진다. 이는 일반적인 규범은 사회복지사업법에 규정하고 있다. 노인에 관하여는 노인복지법과 노인장기요양법이 특별법으로 존재한다. 치매관리 및 치매환자에 대한 지원에 관하여는 치매관리법이 특별법으로 존재한다.

노인장기요양보험에서 가입자와 대상자가 일반적으로 불일치한다. 가입자는 전 국민인데 반하여 그 혜택은 65세 이상의 노인 및 65세 미만의 자이다. 다만 치매 · 뇌혈관성질환 등 대통령령으로 정하는 노인성 질병을 가진 자에게도 그 혜택이 주어지고 있다(동법 제2조 제1호). 특히 치매를 둘러싼 요양서비스와 관련하여 노인장기요양보험법과 노인복지법은 다음과 같은 법의 취지나 목적과 성격이 서로 다르다.

노인장기요양보험법 제정으로 기초수급권자 · 차상위 계층 및 저소득 노인위주의 복지서비스 공급체계를 서비스가 필요한 모든 노인으로 확대되고 서비스가 양적 · 질적으로 향상되었다. 특히 치매 · 중풍 등 질환 노인에 대한 의료 대체적 내지 의료 보완적 기능으로서 요양서비스가 제공되는 계기가 되었다. 그럼에도 불구하고 노인복지법의 관점에서 보면 시설서비스나 재가서비스 모두 그 수급자 범위에 특별한 변화는 없어 보이며 오히려 예방적 측면에서는 일반수급자나 장기요양등급탈락자 등에 적절한 대응을 하지 못하고 있다. 즉, 장기요양보험법상 수급권자임에도 서비스 이용이 현저하게 곤란한 자, 치매환자로서 요양등급이 하락하거나 수급권자로 진입하지 못한 자, 4~5등급임에도 적절한 서비스를 받지 못하는 자 및 노인장기요양보험 시행 이후 노인복지법상 노인복지서비스 대상에서 제외된 자 등에 대한 보호체계는 고려되고 있지 않다. 노인장기요양보험제도로 인하여 그동안 수행했던 노인복지법상 서비스 제공은 그대로 유지되면서 장기요양보험제도가 함께 연계성을 강화하고, 조화롭게 운영되도록 하는 것이 노인장기요양보험 법제 개선의 과제이다.

2. 치매관련 외국의 장기요양보험제도와의 비교 및 시사점

1) 피보험자와 수급권자

OECD 주요국가의 대부분은 장기요양보호 대상을 노인만으로 한정하는 경우는 없고 전국민을 대상으로 하고 있다. 그러나 노인이 가장 대표적이고 주된 장기요양보호 대상자가 되고 있다. 독일 장기요양보험(Pflegeversicherung : 양호보험, 간호보험)의 경우 연령이나 원인에 관계없이 모든 국민을 대상으로 하는 보편적 사회보장제도이다. 의료보험의 피보험자는 법에 의하여 당연히 장기요양보험의 가입자이다(SGB XI 제1조 제1항, 제20조). 수급자격은 육체적 · 정신적 또는 정서적 질병이나 장애로 인하여 일상생활을 통상적 · 반복적으로 수행하는데 적어도 6개월 이상 타인의 조력을 필요로 하는 사람을 그 대상으로 한다(SGB XI 제14조 제1항). 이는 일본과 우리나라가 노인 또는 노인성 질환을 앓고 있는 자만을 수급권자로 인정하고 있는 것과 차이가 있다.

일본의 장기요양보험은 피보험자를 제1호와 제2호 피보험자로 구분한다. 제1호 피보험자는 65세 이상 노인으로 요개호 상태 · 요지원 상태가 되면 그 원인에 관계없이 수급자격을 갖는다. 제2호 피보험자는 40세 이상에서 64세까지 의료보험 가입자로 뇌졸중, 노인의 초기치매 등 16종의 특정 질병에 수반하여 발생하는 요지원 · 요개호 상태에 대해서만 보험급부를 받는다(장기요양보험법 제9조). 요개호 상태는 노쇠하여 질환 중에 있거나 치매 등으로 주택 및 시설서비스 개호를 항상 받아야 하는 경우를 말하고 요지원 상태는 요개호 상태로는 인정할 수 없으나 사회적으로 일상생활을 보내기 위해 지원이 필요한 상태를 말한다. 개호급여 수급자격은 신체상 · 정신상의 장애로 인하여 목욕, 배설, 식사 등의 일상생활에서 기본적인 동작의 전부 또는 일부에 대해서 타인의 도움을 필요로 하는 개호필요 상태가 6개월 이상 지속되는 사람에게 주어진다(장기요양보험법 제19조).

우리나라의 경우 노인요양보험 가입자는 국민건강보험 가입자와 같이 전 국민이다(동법 제7조 제3항). 수급자는 일본과 같이 65세 이상의 노인은 제1호 수급자로 원인과 관계없이 보험급여의 수급권이 발생한다. 45세에서 64세까지의 노화 및 노인성 질환 대상자는 제2호 수급자로 노화에 따른 질병으로 인해 요양보호가 필요하다고 판단될 때에만 인정된다.

2) 요양서비스의 종류와 수준

장기요양서비스는 국가에 따라 차이가 많지만 전체적으로 보면 다양한 서비스들이 제공되고 있다. 서비스의 종류는 실제로 장애를 가지고 있어 도움을 필요로 하는 노인과 노인을 수발하는 가족 수발자를 위한 것(① 비물질적 서비스: 교육 훈련, 정보제공, 안내, 가족 보호자 교대 서비스(respite care), 가족 보호자 자조집단 지원 등, ② 물질적 서비스: 수발수당, 교대 · 휴가 수당, 수발기간 연금납입기간으로 인정, 소득지원 등)으로 크게 나누어 볼 수 있다. 장기요양보호서비스가 가족 이외의 공식적 서비스에 의존하는 비율은 점차 증가하고 있지만 아직도 가족에 의존하는 비율이 훨씬 높다. 가족 수발자에게 노인을 수발하는 과정에서 피로, 스트레스, 타 가족원과의 갈등, 개인 사생활 시간의 박탈, 수발기술 부족으로 인한 어려움 등이 많이 나타나 가족 수발자 자신도 서비스를 받아야 할 경우가 많아지게 되었다. 장기요양보호서비스에 있어서는 노인뿐만 아니라 노인의 가족 수발자도 대상자가 되고 있다.

독일의 경우 재가급여와 시설급여 및 요양서비스 제공자에 대한 급여로 나눠어진다(SGB XI 제28조). 재가급여가 우선이고 재가보호로 충분한 요양보호를 받을 수 없는 경우에 한하여 단기보호급여를 청구할 수 있다. 이러한 방법으로도 충분한 요양보호가 이루어질 수 없는 경우에만 시설에 입소시켜 시설보호를 받는 것이 독일 장기요양보험제도의 원칙이다(SGB XI 제3조). 급여형태로는 현물급여, 현금급여, 현물과 현금의 혼합급여가 있다. 단 시설급여는 현물급여만이 제공된다. 급여는 최고한도액까지 장기요양보험에서 부담하고 초과금액은 본인이 부담하여야 한다. 이외에 재가요양보호 제공자에 대한 급여가 있다.

일본은 재가서비스, 시설서비스로 나눌 수 있다. 재가서비스는 다시 재가서비스, 지역밀착형서비스, 케어메니지먼트로 나누어진다(장기요양보험법 제10조). 이들은 모두 비용급여로서 규정형식은 현금 급여이다. 요개호자로 인정된 자는 재가서비스와 시설서비스 모두 이용이 가능하나 요지원자는 재가서비스 중 신 예방급여만을 이용할 수 있다.

우리나라는 장기요양보호 대상 노인을 위한 급여와 가족요양보호제공자를 위한 급여로 분류되는데, 전자는 재가급여와 시설급여로 분류된다. 재가급여(동법 제23조 제1항 제1호)는 가정에서 요양보호사와 간호사 등으로부터 식사 도움, 화장실 도움, 세면, 목욕, 말벗, 외출동행, 간호서비스 등을 받으며 집안청소 등 일상가사 지원서비스도 받을 수 있는 급여를 말한다. 시설급여(동법 제23조 제1항 제2호)는 수급자를 장기요양기관이 운영하는 노인복지법 제34조의 규정에 따른 노인의료복지시설(노인전문병원은 제외)에 장기간 동안 입소시켜 신체활동 지원 및 기능회복훈련 등을 제공하는 장기요양급여를 말한다. 특별현금급여(동법 제23조 제1항 제3호)로는 가족요양비(제24조), 특례요양비(제25조) 요양병원간병비(제26조) 등 3종을 규정하고 있다.

최근 다수의 국가에서는 중요 질병이나 장애에 대하여 복합적이고 연속적인 서비스 체계(continuum of care) 프로그램을 개발하고 특히 재가 또는 지역사회 서비스를 강화하거나 다양화하며, 가족 수발자 지원 서비스를 강화하는 등 보호의 연속체계가 유지될 수 있도록 하는 추세이다. 최근 선진 OECD 국가의 가장 두드러진 장기요양보호서비스 동향은 재가보호를 강조하는 경향이다. 재가보호서비스를 다양화하고 서비스 질을 강화하여 지역사회에서 재가보호서비스를 받도록 하는 것이 비용도 절약하고 노인의 심리적 및 사회적 측면에서도 바람직한 것으로 인정되고 있다. 그렇기 때문에 OECD 국가에서는 가족 수발자의 적극적 참여를 이끌어 내는 여러 가지 서비스를 제공하는 방향을 추구하고 있다. 또한 주거공간의 구조가 노인이 신체적 장애를 가지고 생활할 수 있도록 잘 설계되면 어떤 면에서 주거공간 자체도 중요한 장기요양보호서비스가 될 수 있기 때문에 장애노인의 신체적 독립성을 높여줄 수 있는 주거 서비스로서 보호주택(sheltered housing), 의존주택(assisted living facility), 계속보호 실버타운(CCRC) 등의 제공과 입주 인센티브 등을 제공하는 등 주거 서비스도 주요 장기요양보호서비스로 고려되고 있다.

3) 시사점

OECD 국가는 서비스 대상을 노인으로 한정하는 경우는 드물고 전 국민을 대상으로 하는 서비스를 제공하고 있다는 점, 대체로 증가되는 장기요양보호 비용을 고려하여 본인부담을 증가시키는 추세에 있다고 볼 수 있는 점, 서비스 종류 및 수준에서는 보호의 연속체계(continuum of care)를 강화하고 있는 점, 재가보호서비스에 중점을 두면서 특히 비용을 절약하는 측면에서 재가보호 또는 지역사회보호를 지향하는 방향으로 나가고 있다는 점, 가족 수발자의 적극적 참여를 이끌어 내는 여러 가지 서비스를 제공하는 방향을 추구하고 있다는 점, 주거 서비스를 주요 장기요양보호서비스로 간주하고 있는 점은 우리나라에서도 시사하는 바가 크다.

전달체계의 측면에서 보면 선진외국의 사례에서 볼 때 의료서비스와 사회서비스의 통합 · 조정이 필요하다는 점, 시설 입소 전에 노인이 독립적 생활 기능이 어느 정도인가를 정확히 평가하는 것이 필요하다는 점, 장기요양보호서비스에서 케이스 매니지먼트를 중요시하는 방향으로 나가야 한다는 점, 보호계획과 서비스 선택에 가족이 참여하도록 해야 한다는 점, 비용의 절약과 더불어 서비스의 효과성을 높이기 위하여 서비스의 질을 높여야 한다는 점 역시 우리나라에 시사하는 바가 크다.

3. 치매 요양서비스의 다양화와 급여확대를 위한 법적 개선방안

재가서비스를 이용하고 있는 주 돌봄자입장에서는 현재 제공되고 있는 서비스의 종류와 양이 충분치 않다고 보고 있다. 경증 치매 · 중풍 등으로 보호가 필요한 노인에 대한 장기요양 혜택을 확대하기 위해 등급판정기준 완화 · 서비스 이용대상의 확대에는 중장기적인 적정부담수준에 대한 사회적 합의가 필요하다. 보건복지부는 실제 요양이 필요한데도 서비스를 받지 못하는 노인을 위해 경증 치매 · 중풍 등으로 보호가 필요한 노인 등에게 장기요양서비스를 확대하였다.

등급	심신의 기능상태
1등급	심신의 기능상태 장애로 일상생활에서 전적으로 다른 사람의 도움이 필요한 자로서 장기요양인정 점수가 95점 이상인 자
2등급	심신의 기능상태 장애로 일상생활에서 상당 부분 다른 사람의 도움이 필요한 자로서 장기요양인정 점수가 75점 이상 95점 미만인 자
3등급	심신의 기능상태 장애로 일상생활에서 부분적으로 다른 사람의 도움이 필요한 자로서 장기요양인정 점수가 60점 이상 75점 미만인 자
4등급	심신의 기능상태 장애로 일상생활에서 일정 부분 다른 사람의 도움이 필요한 자로서 장기요양인정 점수가 51점 이상 60점 미만인 자

5등급	치매환자로서(노인장기요양보험법 시행령 제2조에 따른 노인성 질병으로 한정) 장기요양인정 점수가 45점 이상 51점 미만인 자
인지 지원 등급	치매환자로서(노인장기요양보험법 시행령 제2조에 따른 노인성 질병으로 한정) 장기요양인정 점수가 45점 미만인 자

까다로운 등급 판정으로 혜택을 받기 어려웠던 치매 노인들을 중심으로 지속적인 대상자를 확대할 필요가 있다. 무엇보다 요양보호사의 돌봄 서비스를 받을 수 있는 노인장기요양보험 수급을 신청해도 등급 외 판정을 받은 경우가 발생하고 있다. 이는 현재 장기요양보험 등급이 신체 활동 여부를 중심으로 판정이 이뤄지고 있기 때문에 발생하는 문제이다. 특히 혼자 어디 가서 물건을 사기 어렵고 판단력이 떨어져서 언어장애도 있는 치매환자의 경우, 기억력 장애, 판단력, 의사소통 전달 등에 대해 종전보다 가점을 부여하는 등 치매노인에 대한 서비스 판정기준을 완화하여 요양보험의 혜택을 부여할 필요가 있다. 장기요양수혜자의 인정 점수 기준을 완화(예컨대, 75-53점에서 75-51점으로 완화)하고 치매노인에 대한 서비스 판정기준을 개선할 필요가 있다. 특히 기존 신체 중심으로 이뤄졌던 치매노인의 서비스 판정기준을 환자의 인지 능력 중심으로 변화시킬 필요가 있다.

주돌봄자와 현장전문가들이 공통적으로 지적하고 있는 것이 등급판정체계의 개선이다. 현행 등급판정체계는 노인의 신체기능에만 초점을 두고 있어 인지적, 사회적 기능에 대한 평가가 잘 이루어지지 않는 것으로 보인다. 즉, 노인의 상태를 다양한 측면, 예컨대 신체적 기능상태, 치매, 정신질환 등 인지기능상태, 심리 · 정서적 상태 등 객관적으로 측정할 수 있는 합리적이고 객관적인 지표를 개발하고 전문적 조사방법을 도입해야 할 것이다.

선진 주요 국가에서도 이러한 입법례를 찾아볼 수 있다. 독일의 경우 '독일장기요양보험개혁 2008'을 통해 재가급여영역에서 치매환자와 정신질환자에 대한 급여제공을 확대하고 상대적으로 증상이 심하지 않은 치매환자들이 급여를 제공받을 수 있도록 제도를 보완하였다. 일본의 경우에도 2006년 '기능 상태에 문제가 적은 치매환자'에 대한 욕구판정의 기준을 개정하여 세밀한 조사표를 개발 · 적용하고 있다. 미국의 경우 inter RAI(Resident Assessment Instrument)를 사용하여 대상자의 기능 상태를 평가하고 있는데 이 측정도구는 사정대상자의 욕구에 따라 다양한 척도(예컨대, 재가서비스 이용자용, 시설서비스 이용자용 등)가 존재하고 전문가의 판단에 상당한 비중을 둔다는 특징이 있다. 이와 함께 경제상황, 돌봄 가능시간, 집안환경 등 사회적 측면에 대한 평가를 추가로 포함시키는 방안도 모색하여야 한다.

4. 성년후견제도의 도입

고령사회의 진전으로 인한 고령자의 증가 및 성년자이지만 지적능력, 정신능력이 부족한 사람들이 증가함으로써 이들에 대한 법적 대응이 필요하다. 성년후견제도는 법률행위를 행함에 있어 의사결정이 곤란한 자에 대하여 그 판단능력을 보충하여 그들의 권리를 지키는 제도를 말한다. 종전에는 금치산자 및 준금치산자(우리나라의 한정치산자에 해당된다)를 보호하는 제도가 있었지만 정신장애의 정도가 경미한 사람에게 과도하게 자기 결정권을 제한하는 효과를 가져 오고 성년후견과 미성년자후견의 구별이 없는 등 여러 문제점이 있어 실제적인 이용이 적었다. 따라서 정신장애의 정도에 따른 실효성 있는 성년후견제도의 도입이 요청된다. 가벼운 치매, 가벼운 지적 장애, 가벼운 정신장애에 있는 자들은 일상생활을 함에 있어서는 별도의 도움이 필요하지 않지만 고도의 판단능력을 요구하는 계약 등의 법률행위를 함에 있어서는 적절한 판단이 되지 않을 우려가 있으므로 어느 정도 행위능력이 제한될 필요가 있다. 이에 관해서는 민법의 개정이 필요하고 입법례로는 일본의 성년후원제도(법정후견제도와 임의후견제도)가 많은 시사점을 주고 있다. 민법상의 법정성년후원제도가 판단능력이 저하된 경우에 이용되는 제도라고 한다면 임의후견계약제도는 본인이 현재 판단능력이 충분한 경우에도 장차 치매 등으로 판단능력이 저하될 경우에 대비하여 신뢰하는 사람과의 계약에 의하여 그를 임의후견인으로 정하여 두고 그러한 때가 되었을 때에 본인의 생활, 요양간호 및 재산관리에 관한 사무의 전부 또는 일부를 위탁하고 그 위탁에 관계된 사무에 대하여 대리권을 부여하는 위임계약이다.

Ⅵ. 결 어

고령화 사회로 진전하면서 치매환자는 매년 급증하고 있다. 이로 인한 치매환자의 치료 및 관리비용 등 사회적 비용은 크게 늘고 있어 이에 대한 대책이 절실하다. 외국에서도 국가차원에서 치매에 관한 국가전략을 수립하거나, 효율적인 치매관리를 위한 국가차원의 대책을 세우거나 관련 법제도를 마련하고 있다.

치매에 대한 법제도적 대응방안으로 노인복지법, 노인장기요양보험법, 치매관리법이 존재한다. 정부는 치매관리법 시행에 따라 치매관리를 보다 체계적이고 지속적으로 추진할 필요가 있다. 보다 효과적인 치매관리 대책을 위해 관련법과 정책의 추진에 있어서 다음과 같은 개선이 필요하다.

첫째, 치매 검진을 65세 이상 노인에 대한 국민건강보험의 건강검진 항목에 반드시 포함시키고 1차 검진에서 이상이 발견되면 2차 검진부터는 소득에 따라 차등적으로 부담하고서라도 진료를 계속 받을 수 있도록 하는 것이 바람직하다.

둘째, 치매의 특성상 치매는 증상이 심해질수록 치료 효과가 적고, 가족들의 부담도 급격히 증가한다. 치매예방사업과 조기 검진을 통해 치매 발병을 예방하거나 발병 시기를 늦추고 조기 발견하여 치료를 받도록 하여 치매로 발생되는 여러 문제를 겪게 되는 어려움을 예방하거나 최소화하는 것이 필요하다. 치매 조기검진 및 치료관리지원 등 '노인보건복지종합계획'을 수립하여 추진할 필요가 있다. 인지기능 저하자에 대한 치매 조기검진 활성화를 위해 국가건강검진체계를 개편하고 치매 고위험군에 대한 보건소의 사후관리 강화, 특히 '치매'에 대해서는 조기검진과 치료비 및 케어서비스 지원 등 집중적인 예방 및 치료관리 정책을 추진하여야 한다. 지자체 보건소에서는 60세 이상을 대상으로 치매 조기검진사업을 실시하여 치매 유소견자에 대한 관리를 적극적으로 실시하고 있으나 60세 이상을 대상으로 하고 있어 매년 발생이 증가하고 있는 젊은 층에 대한 치매검진과 관리는 부족한 실정이다. 따라서 치매발생의 잠재 그룹인 40~50대를 대상으로 한 조기진단 및 관리 프로그램의 서비스 확대가 필요하다.

셋째, 현재와 같은 노인장기요양보험법상의 장기요양급여내용의 획일성으로는 경증 치매 등 요양노인의 욕구를 다양하게 충족시키기 어려운 부분이 있기 때문에 등급판정기준 완화와 서비스 이용대상의 확대가 필요하다. 또한 현행 등급판정체계는 노인의 신체기능에만 초점을 두고 있어 인지적 기능에 대한 평가가 잘 이루어지지 않고 있다. 치매, 정신질환 등 인지기능상태, 심리 · 정서적 상태 등 객관적으로 측정할 수 있는 합리적이고 객관적인 지표를 개발하고 전문적 조사방법을 도입해야 할 것이다. 아울러 치매노인의 가족 돌봄자들을 위한 노인수발에 필요한 전문적 지식습득 등 포괄적 지원서비스 제공 확대 방안도 필요하다.

넷째, 지방정부의 복지예산 부담 증가로 인하여 치매관리사업 예산을 지방정부와 분담으로 인한 예산확보의 어려움이 가중되고 있다. 법 시행을 위한 적절한 예산이 확보되어야 한다.

B. S. Jang, Role of the law of elderly welfare following the enactment of the law of long term treatment insurance for elderly people, Chunbuk university's compendium of law, Vol. 32, 2011. 5

G. E. Kim, Confronting tasks of Kyung–nam Prov. Government in compliance with the enactment of dementia management law, Brief on Kyung–nam Policy, 2011. 10.

H. Y. Lee, Present situation and problems of the law for elderly welfare of Korea, Collection of treaties on law, Vol. 32(2), 2011

I. H. Choi, Policy of the support on family care for elderly people: Improvement of the law of long term treatment insurance for elderly people and additional support, 2011 Issue paer of KWDI, 2011. 12

J. H. Cho, Problems and its solutions of the law of long term treatment insurance for elderly people, Committe of law for elderly, Sam–woo publish co., 2009

Ministry of Health and Welfare, Survey on the occurrence of dementia in 2008

National Health Insurance Corp., 「2002~2007, Result of the analysis on the treatment trend in geriatric disease, 2008

National Health Insurance Corp., Analysis of Socio–economical cost of dementia pati–ent, 2005

OECD, Long–term Carr for Older People. Paris, 2005

S. J. Choi, Issues and problems of the enforcement of elderly care insurance law, Korea society of elderly science and research, the 9th Forum on the aging society, 2006. 2

S. J. Choi, What we expect from the dementia management law, article of Friday co–lumn, Senescence Times, 2012. 5. 4

SNU Hospital, Survey on the occurrence of senile dementia in 2008

SNU Hospital, Survey report on the Korea elderly people's cognition of dementia, 2008

SNU Institute of Industry and Academy, Study on the preparation of dementia manage–ment law, 2010

치매관리법

[법률 제17795호, 2020. 12. 29., 일부개정]

제1장 총칙

제1조(목적) 이 법은 치매의 예방, 치매환자에 대한 보호와 지원 및 치매퇴치를 위한 연구 등에 관한 정책을 종합적으로 수립·시행함으로써 치매로 인한 개인적 고통과 피해 및 사회적 부담을 줄이고 국민건강증진에 이바지함을 목적으로 한다. 〈개정 2018. 6. 12.〉

제2조(정의) 이 법에서 사용하는 용어의 뜻은 다음과 같다. 〈개정 2018. 6. 12., 2020. 12. 29.〉

1. "치매"란 퇴행성 뇌질환 또는 뇌혈관계 질환 등으로 인하여 기억력, 언어능력, 지남력(指南力), 판단력 및 수행능력 등의 기능이 저하됨으로써 일상생활에서 지장을 초래하는 후천적인 다발성 장애를 말한다.
2. "치매환자"란 치매로 인한 임상적 특징이 나타나는 사람으로서 의사 또는 한의사로부터 치매로 진단받은 사람을 말한다.
3. "치매관리"란 치매의 예방과 치매환자에 대한 보호·지원 및 치매에 관한 조사·연구 등을 말한다.
4. "치매관리사업수행기관"이란 다음 각 목의 기관을 말한다.

   가. 제16조의 중앙치매센터

   나. 제16조의2의 광역치매센터

   다. 제16조의3의 공립요양병원

   라. 제16조의4의 치매안심병원

   마. 제17조의 치매안심센터

   바. 제3조제1항의 치매관리사업을 수행하는 법인 또는 단체

[시행일 : 2021. 6. 30.] 제2조

제3조(국가 등의 의무) ① 국가와 지방자치단체는 치매관리에 관한 사업(이하 "치매관리사업"이라 한다)을 시행하고 지원함으로써 치매를 예방하고 치매환자에게 적절한 의료서비스가 제공될 수 있도록 적극 노력하여야 한다.

② 국가와 지방자치단체는 치매환자를 돌보는 가족의 부담을 완화하기 위하여 노력하여야 한다. 〈신설 2015. 1. 28.〉

③ 국가와 지방자치단체는 치매와 치매예방에 관한 국민의 이해를 높이기 위하여 교육·홍보 등 필요한 시책을 마련하여 시행하여야 한다. 〈신설 2015. 1. 28.〉

④ 「의료법」에 따른 의료인, 의료기관의 장 및 의료업무 종사자는 국가와 지방자치단체가 실시하는 치매관리사업에 적극 협조하여야 한다. 〈개정 2015. 1. 28.〉

제4조(다른 법률과의 관계) 치매관리 및 치매환자에 대한 지원에 관하여는 다른 법률에 특별한 규정이 있는 경우를 제외하고는 이 법에서 정하는 바에 따른다.

제5조(치매극복의 날) ① 치매관리의 중요성을 널리 알리고 치매를 극복하기 위한 범국민적 공감대를 형성하기 위하여 매년 9월 21일을 치매극복의 날로 한다.

② 국가와 지방자치단체는 치매극복의 날 취지에 부합하는 행사와 교육·홍보 사업을 시행하여야 한다.

제2장 치매관리종합계획의 수립·시행 등

제6조(치매관리종합계획의 수립 등) ① 보건복지부장관은 제7조에 따른 국가치매관리위원회의 심의를 거쳐 치매관리에 관한 종합계획(이하 "종합계획"이라 한다)을 5년마다 수립하여야 한다. 종합계획 중 대통령령으로 정하는 중요한 사항을 변경하는 경우에도 또한 같다.

② 종합계획에는 다음 각 호의 사항이 포함되어야 한다. 〈개정 2015. 1. 28.〉

1. 치매의 예방·관리를 위한 기본시책
2. 치매검진사업의 추진계획 및 추진방법
3. 치매환자의 치료·보호 및 관리
4. 치매에 관한 홍보·교육
5. 치매에 관한 조사·연구 및 개발
6. 치매관리에 필요한 전문인력의 육성
7. 치매환자가족에 대한 지원
8. 그 밖에 치매관리에 필요한 사항

③ 보건복지부장관은 확정된 종합계획을 관계 중앙행정기관의 장, 특별시장·광역시장·도지사·특별자치도지사(이하 "시·도지사"라 한다) 및 시장·군수·구청장(자치구의 구청장을 말한다. 이하 같다)에게 통보하여야 한다.

④ 관계 중앙행정기관의 장, 시·도지사 및 시장·군수·구청장은 종합계획에 따라 매년 치매관리에 관한 시행계획(이하 "시행계획"이라 한다)을 수립·시행 및 평가하여야 한다.

⑤ 보건복지부장관, 관계 중앙행정기관의 장, 시·도지사 및 시장·군수·구청장은 종합계획 또는 시행계획을 수립·시행하기 위하여 필요한 경우에는 관계 기관·단체·시설 등에 자료제공 및 업무협조를 요청할 수 있다. 이 경우 협조 요청을 받은 관계 기관 등은 특별한 사유가 없는 한 이에 따라야 한다.

⑥ 종합계획의 수립과 시행계획의 수립·시행 및 평가에 필요한 사항은 대통령령으로 정한다.

제7조(국가치매관리위원회) 보건복지부장관은 종합계획 수립 및 치매관리에 관한 중요 사항을 심의하기 위하여 보건복지부장관 소속으로 국가치매관리위원회(이하 “위원회”라 한다)를 둔다.

제8조(위원회의 구성) ① 위원회는 위원장 1명과 부위원장 1명을 포함하여 20명 이내의 위원으로 구성한다. 〈개정 2020. 12. 29.〉

② 위원장은 보건복지부차관이 되고, 부위원장은 위원 중에서 위원장이 지명하는 사람이 된다. 〈개정 2020. 12. 29.〉

③ 위원은 치매에 관한 학식과 경험이 풍부한 사람 중에서 보건복지부장관이 임명 또는 위촉한다.

④ 그 밖에 위원회의 구성·조직 및 운영에 필요한 사항은 대통령령으로 정한다.

[시행일 : 2021. 6. 30.] 제8조

제9조(위원회의 기능) 위원회는 다음 각 호의 사항을 심의한다.

1. 국가치매관리 체계 및 제도의 발전에 관한 사항
2. 종합계획의 수립 및 평가에 관한 사항
3. 연도별 시행계획에 관한 사항
4. 치매관리사업의 예산에 관한 중요한 사항
5. 그 밖에 치매관리사업에 관한 중요한 사항으로서 위원장이 심의에 부치는 사항

제3장 치매연구사업 등

제10조(치매연구사업) ① 보건복지부장관은 치매의 예방과 진료기술의 발전을 위하여 치매 연구·개발 사업(이하 “치매연구사업”이라 한다)을 시행한다.

② 치매연구사업에는 다음 각 호의 사항이 포함되어야 한다.

1. 치매환자의 관리에 관한 표준지침의 연구
2. 치매 관련 의료 및 복지서비스에 관한 연구
3. 그 밖에 보건복지부령으로 정하는 사업

③ 보건복지부장관은 치매연구사업을 추진할 때 학계·연구기관 및 산업체 간의 공동연구사업을 우선 지원하여야 한다.

④ 보건복지부장관은 치매연구사업에 관한 국제협력의 증진을 위하여 노력하고 선진기술의 도입을 위한 전문인력의 국외파견 및 국내유치 등의 방안을 마련하여야 한다.

⑤ 보건복지부장관은 「의료법」 제3조제2항에 따른 종합병원(이하 “종합병원”이라 한다), 「사회복지사업법」 제2조제3호에 따른 사회복지법인, 그 밖의 보건의료 및 복지 관련 단체로 하여금 치매연구사업을 실시하게 할 수 있다.

⑥ 치매연구사업 지원에 필요한 사항은 보건복지부령으로 정한다.

제11조(치매검진사업) ① 보건복지부장관은 종합계획에 따라 치매를 조기에 발견하는 검진사업(이하 "치매검진사업"이라 한다)을 시행하여야 한다.

② 치매검진사업의 범위, 대상자, 검진주기 등에 필요한 사항은 대통령령으로 정한다.

③ 치매의 검진 방법 및 절차 등에 필요한 사항은 보건복지부령으로 정한다.

④ 국가는 치매검진을 받는 사람 중 「의료급여법」에 따른 의료급여수급자 및 대통령령으로 정하는 건강보험가입자에 대하여 그 비용의 전부 또는 일부를 지원할 수 있다.

제12조(치매환자의 의료비 지원사업) ① 국가와 지방자치단체는 치매환자의 경제적 부담능력을 고려하여 치매 치료 및 진단에 드는 비용을 예산에서 지원할 수 있다.

② 제1항에 따른 의료비 지원의 대상·기준 및 방법 등에 필요한 사항은 대통령령으로 정한다.

제12조의2(치매환자의 가족지원 사업) ① 국가와 지방자치단체는 치매환자의 가족을 위한 상담·교육 프로그램을 개발·보급하여야 한다.

② 제1항에 따른 상담·교육 프로그램의 개발·보급 및 지원 등에 필요한 사항은 보건복지부령으로 정한다.

[본조신설 2015. 1. 28.]

제12조의3(성년후견제 이용지원) ① 지방자치단체의 장은 치매환자가 다음 각 호의 어느 하나에 해당하여 후견인을 선임할 필요가 있음에도 불구하고 자력으로 후견인을 선임하기 어렵다고 판단되는 경우에는 그를 위하여 「민법」에 따라 가정법원에 성년후견개시, 한정후견개시 또는 특정후견의 심판을 청구할 수 있다.

1. 일상생활에서 의사를 결정할 능력이 충분하지 아니하거나 매우 부족하여 의사결정의 대리 또는 지원이 필요하다고 볼 만한 상당한 이유가 있는 경우
2. 치매환자의 권리를 적절하게 대변하여 줄 가족이 없는 경우
3. 별도의 조치가 없으면 권리침해의 위험이 상당한 경우

② 지방자치단체의 장이 제1항에 따라 성년후견개시, 한정후견개시 또는 특정후견의 심판을 청구할 때에는 대통령령으로 정하는 요건을 갖춘 사람 또는 법인을 후견인 후보자로 하여 그 사람 또는 법인을 후견인으로 선임하여 줄 것을 함께 청구하여야 한다.

③ 지방자치단체의 장은 치매환자의 치료·보호 및 관리와 관련된 기관·법인·단체의 장에게 제2항에 따른 후견인 후보자를 추천하여 줄 것을 의뢰할 수 있다.

④ 국가와 지방자치단체는 제1항 및 제2항에 따라 선임된 후견인의 후견사무의 수행에 필요한 비용의 일부를 예산의 범위에서 보건복지부령으로 정하는 바에 따라 지원할 수 있다.

⑤ 제1항부터 제4항까지의 규정에 따른 후견제 이용지원의 요건, 후견인 후보자의 자격 및 추천 절차, 후견인 후견사무에 필요한 비용 지원 등에 필요한 사항은 보건복지부령으로 정한다.

[본조신설 2017. 9. 19.]

제13조(치매등록통계사업) ① 보건복지부장관은 치매의 발생과 치료 및 관리 등에 관한 자료를 지속

적이고 체계적으로 수집·분석하여 통계를 산출하기 위한 등록·관리·조사 사업(이하 "치매등록통계사업"이라 한다)을 시행하여야 한다. 이 경우 통계자료의 수집 및 통계의 작성 등에 관하여는 「통계법」을 준용하며, 통계의 산출을 위하여 처리되는 개인정보는 「개인정보 보호법」 제58조제1항에 따라 같은 법이 적용되지 아니하는 개인정보로 본다. 〈개정 2020. 12. 29.〉

② 보건복지부장관은 치매등록통계사업과 관련하여 고유식별정보를 처리하는 경우에는 개인정보 보호를 위하여 보건복지부령으로 정하는 바에 따라 암호화 등 안전성 확보에 필요한 조치를 하여야 한다. 〈신설 2020. 12. 29.〉

[시행일 : 2021. 6. 30.] 제13조

제13조의2(치매정보시스템의 구축·운영) ① 보건복지부장관은 치매 관련 사업과 제17조에 따른 치매안심센터의 업무를 효율적으로 수행하기 위하여 치매정보시스템을 구축·운영할 수 있다.

② 보건복지부장관은 제1항에 따른 시스템의 구축·운영에 관한 사무를 수행하기 위하여 불가피한 경우 「개인정보 보호법」 제23조에 따른 건강에 관한 정보와 같은 법 제24조에 따른 고유식별정보(주민등록번호를 포함한다)가 포함된 자료를 처리할 수 있다. 이 경우 보건복지부장관은 「개인정보 보호법」에 따라 해당 정보를 보호하여야 한다.

③ 제1항에 따른 시스템의 구축·운영 등에 필요한 사항은 보건복지부령으로 정한다.

[본조신설 2020. 12. 29.]

[시행일 : 2021. 6. 30.] 제13조의2

제14조(역학조사) ① 보건복지부장관은 치매 발생의 원인 규명 등을 위하여 필요하다고 인정하는 때에는 역학조사를 실시할 수 있다.

② 제1항에 따른 역학조사의 실시 시기·방법 및 내용 등에 필요한 사항은 보건복지부령으로 정한다.

제14조의2(치매실태조사의 실시) ① 보건복지부장관은 치매의 현황, 비용부담 등을 파악하기 위하여 실태조사를 5년마다 실시하고 그 결과를 공표하여야 한다.

② 보건복지부장관은 제1항에 따른 실태조사를 위하여 관계 기관·법인·단체·시설의 장에게 필요한 자료의 제출 또는 의견의 진술을 요청할 수 있다. 이 경우 관계 기관·법인·단체·시설의 장은 정당한 사유가 없으면 그 요청에 따라야 한다.

③ 제1항에 따른 실태조사의 방법과 내용 등에 관하여 필요한 사항은 보건복지부령으로 정한다.

[본조신설 2020. 12. 29.]

[시행일 : 2021. 6. 30.] 제14조의2

제15조(자료제공의 협조 등) ① 보건복지부장관, 시·도지사 또는 시장·군수·구청장(제20조에 따라 권한을 위임·위탁받은 자를 포함한다. 이하 이 조에서 같다)은 치매환자를 진단·치료하는 의료인 또는 의료기관, 「국민건강보험법」에 따른 국민건강보험공단 및 건강보험심사평가원, 관계 중앙행정기관의 장, 지방자치단체의 장, 공공기관의 장, 그 밖에 치매에 관한 사업을 하는 법인·단체에 대하여 보건복지부령으로 정하는 바에 따라 다음 각 호의 업무 수행을 위하여 필요한 자료의 제출

이나 의견의 진술 등을 요구할 수 있다. 이 경우 자료의 제출 등을 요구받은 자는 특별한 사유가 없으면 이에 따라야 한다. 〈개정 2020. 12. 29.〉

1. 치매검진사업
2. 제12조에 따른 치매환자의 의료비 지원사업
3. 제12조의2에 따른 치매환자의 가족지원 사업
4. 제12조의3에 따른 성년후견제 이용지원
5. 치매등록통계사업
6. 제13조의2에 따른 치매정보시스템의 구축·운영
7. 제14조에 따른 역학조사
8. 제17조에 따른 치매안심센터의 업무
9. 그 밖에 치매와 관련하여 보건복지부장관이 필요하다고 인정하는 업무

② 보건복지부장관, 시·도지사 또는 시장·군수·구청장이 제1항에 따라 필요한 자료의 제공을 요청하는 경우 「개인정보 보호법」 제23조에 따른 건강에 관한 정보와 같은 법 제24조에 따른 고유식별정보(주민등록번호를 포함한다)가 포함된 자료의 제공을 요청할 수 있다. 이 경우 요청을 받은 기관 또는 사람은 정당한 사유가 없으면 그 요청에 따라야 한다. 〈개정 2020. 12. 29.〉

③ 보건복지부장관, 시·도지사 또는 시장·군수·구청장은 자료 제공 요청 시 고유식별정보를 처리하는 경우에는 개인정보 보호를 위하여 보건복지부령으로 정하는 바에 따라 암호화 등 안전성 확보에 필요한 조치를 하여야 한다. 〈신설 2020. 12. 29.〉

④ 제1항에 따라 요구할 수 있는 자료 등의 구체적인 범위는 대통령령으로 정한다. 〈신설 2020. 12. 29.〉

[시행일 : 2021. 6. 30.] 제15조

제16조(중앙치매센터의 설치) ① 보건복지부장관은 치매관리에 관한 다음 각 호의 업무를 수행하게 하기 위하여 중앙치매센터를 설치·운영할 수 있다. 〈개정 2015. 1. 28., 2020. 12. 29.〉

1. 치매관리사업수행기관에 대한 기술지원 및 평가 지원 업무
2. 치매관리 지침 개발 및 보급
3. 시행계획의 추진실적 평가 지원
4. 치매연구사업 지원
5. 치매관리사업 관련 교육·훈련 및 지원 업무
6. 제12조의3에 따른 성년후견제 이용지원 업무의 지원
7. 치매등록통계사업 지원
8. 제13조의2에 따른 치매정보시스템의 구축·운영의 지원
9. 제14조에 따른 역학조사
10. 제17조에 따른 치매안심센터 업무의 지원
11. 치매 인식개선 교육 및 홍보

12. 치매 관련 정보의 수집·분석 및 제공

13. 치매와 관련된 국내외 협력

14. 그 밖에 치매와 관련하여 보건복지부장관이 필요하다고 인정하는 업무

② 보건복지부장관은 제1항에 따른 중앙치매센터의 설치·운영을 그 업무에 필요한 전문인력과 시설을 갖춘 대통령령으로 정하는 법인·단체에 위탁할 수 있다. 〈신설 2015. 1. 28., 2020. 12. 29.〉

③ 제1항에 따른 중앙치매센터의 설치·운영 및 제2항에 따른 위탁 등에 필요한 사항은 보건복지부령으로 정한다. 〈개정 2015. 1. 28.〉

[제목개정 2015. 1. 28.]

[시행일 : 2021. 6. 30.] 제16조

제16조의2(광역치매센터의 설치) ① 시·도지사는 치매관리에 관한 다음 각 호의 업무를 수행하게 하기 위하여 보건복지부장관과 협의하여 광역치매센터를 설치·운영할 수 있다. 〈개정 2018. 6. 12., 2020. 12. 29.〉

1. 치매관리사업 계획
2. 치매 연구
3. 제17조에 따른 치매안심센터 및 「노인복지법」 제31조에 따른 노인복지시설 등에 대한 기술 지원
4. 치매 관련 시설·인프라 등 자원조사 및 연계체계 마련
5. 치매 관련 종사인력에 대한 교육·훈련
6. 치매환자 및 가족에 대한 치매의 예방·교육 및 홍보
7. 치매 인식개선 교육 및 홍보
8. 제12조의3제3항에 따른 후견인 후보자 추천
9. 제12조의3에 따라 선임된 후견인에 대한 감독지원 및 후견사무의 지원
10. 그 밖에 보건복지부장관이 정하는 치매 관련 업무

② 시·도지사는 제1항에 따른 광역치매센터의 설치·운영을 그 업무에 필요한 전문인력과 시설을 갖춘 「의료법」 제3조제2항제3호의 병원급 의료기관에 위탁할 수 있다.

③ 제1항에 따른 광역치매센터의 설치·운영 및 제2항에 따른 위탁 등에 필요한 사항은 보건복지부령으로 정하는 바에 따라 해당 지방자치단체의 조례로 정한다.

[본조신설 2015. 1. 28.]

[시행일 : 2021. 6. 30.] 제16조의2

제16조의3(공립요양병원의 설치 및 운영) ① 지방자치단체는 치매 등 노인성 질병을 가진 지역주민에 대한 의료사업을 수행하기 위하여 대통령령으로 정하는 바에 따라 「의료법」 제3조제2항제3호라목에 따른 요양병원(이하 "공립요양병원"이라 한다)을 설치·운영할 수 있다.

② 보건복지부장관은 보건복지부령으로 정하는 바에 따라 공립요양병원에 대한 운영평가를 실시하여야 한다. 다만, 보건복지부장관이 필요하다고 인정하는 경우에는 지방자치단체의 장으로 하

여금 운영평가를 하게 할 수 있다.

③ 지방자치단체의 장은 공립요양병원 운영의 전문성과 효율성을 제고하기 위하여 필요한 경우에는 보건복지부령으로 정하는 법인·단체 또는 개인에게 그 운영을 위탁할 수 있다.

④ 제3항에 따라 공립요양병원의 운영을 위탁하려는 경우에는 이를 공고하여 일반입찰에 부쳐야 한다. 다만, 공립요양병원의 설치·운영에 필요한 부지 또는 건물 등으로서 보건복지부령으로 정하는 재산을 기부채납한 자에게 위탁하는 경우에는 수의계약을 할 수 있다.

⑤ 공립요양병원 운영의 위탁기간은 그 위탁을 받은 날부터 5년으로 하며, 지방자치단체의 장은 제2항에 따른 운영평가 결과를 고려하여 5년 단위로 위탁계약을 갱신할 수 있다.

⑥ 지방자치단체의 장은 제3항에 따라 공립요양병원의 운영을 위탁받은 자(이하 "수탁자"라 한다)가 공립요양병원을 위법 또는 부당하게 운영하거나 위탁계약을 위반한 사실이 있는 경우 그 시정을 요구할 수 있다.

⑦ 지방자치단체의 장은 수탁자가 다음 각 호의 어느 하나에 해당하는 경우 위탁계약을 해지할 수 있다. 다만, 제1호에 해당하는 경우에는 위탁계약을 해지하여야 한다.

1. 거짓이나 그 밖의 부정한 방법으로 위탁계약을 체결한 경우
2. 부도, 파산, 해산, 의료인의 면허자격 정지 또는 취소, 의료업에 관한 허가 정지 또는 취소 등의 사유로 공립요양병원의 위탁 운영이 곤란하다고 인정되는 경우
3. 제2항에 따른 운영평가를 정당한 사유 없이 거부·방해 또는 기피한 경우
4. 제6항에 따른 지방자치단체의 장의 시정 요구를 정당한 사유 없이 이행하지 아니한 경우
5. 그 밖에 위탁계약 내용에 포함된 계약 해지 사유가 발생한 경우

⑧ 지방자치단체의 장은 제7항에 따라 위탁계약을 해지하려면 수탁자에게 미리 의견진술의 기회를 주어야 한다.

[본조신설 2018. 6. 12.]

제16조의4(치매안심병원의 지정) ① 보건복지부장관은 치매의 진단과 치료·요양 등 치매 관련 의료서비스를 전문적이고 체계적으로 제공하기 위하여 필요한 인력·시설 및 장비를 갖추었거나 갖출 능력이 있다고 인정되는 의료기관을 치매안심병원으로 지정할 수 있다.

② 치매안심병원으로 지정받으려는 의료기관은 보건복지부장관에게 신청하여야 한다. 이 경우 제16조의3제1항에 따른 공립요양병원이 신청하면 그 지정을 우선적으로 고려할 수 있다.

③ 국가 또는 지방자치단체는 제1항에 따라 지정된 치매안심병원이 치매전문병동을 설치·운영하거나 치매 관련 의료서비스를 제공하기 위한 시설·인력·장비를 확충하는 경우에는 소요 경비의 전부 또는 일부를 지원할 수 있다.

④ 치매안심병원으로 지정받은 의료기관은 보건복지부령으로 정하는 바에 따라 적정한 치매 관련 의료서비스를 제공하기 위한 계획을 수립하고 그 시행 결과를 보건복지부장관에게 보고하여야 한다.

⑤ 치매안심병원 지정의 기준, 절차 등에 필요한 사항은 보건복지부령으로 정한다.

[본조신설 2018. 6. 12.]

제17조(치매안심센터의 설치) ① 시·군·구의 관할 보건소에 치매예방과 치매환자 및 그 가족에 대한 종합적인 지원을 위하여 치매안심센터(이하 "치매안심센터"라 한다)를 설치한다.

② 치매안심센터는 다음 각 호의 업무를 수행한다. 〈개정 2019. 4. 30., 2020. 12. 29.〉

1. 치매 관련 상담 및 조기검진
2. 치매환자의 등록·관리
3. 치매등록통계사업의 지원
4. 치매의 예방·교육 및 홍보
5. 치매환자를 위한 단기쉼터의 운영
6. 치매환자의 가족지원사업

6의2. 「노인장기요양보험법」 제22조제2항에 따른 장기요양인정신청 등의 대리

6의3. 제12조의3에 따른 성년후견제 이용 지원사업

6의4. 치매 인식개선 교육 및 홍보

7. 그 밖에 시장·군수·구청장이 치매관리에 필요하다고 인정하는 업무

③ 치매안심센터의 장은 치매안심센터에 치매환자로 등록된 사람 또는 그 가족에게 「노인장기요양보험법」에 따른 장기요양인정의 신청, 장기요양인정의 갱신신청 또는 장기요양등급 등의 변경신청에 관한 사항(신청의 대리에 관한 사항을 포함한다)을 안내할 수 있다. 〈신설 2019. 4. 30.〉

④ 치매안심센터의 시설·인력기준과 그 밖에 필요한 사항은 보건복지부령으로 정한다. 〈개정 2019. 4. 30.〉

[전문개정 2018. 6. 12.]

[시행일 : 2021. 6. 30.] 제17조

제17조의2(치매상담전화센터의 설치) ① 보건복지부장관은 치매예방, 치매환자 관리 등에 관한 전문적이고 체계적인 상담 서비스를 제공하기 위하여 치매상담전화센터를 설치할 수 있다.

② 치매상담전화센터는 다음 각 호의 업무를 수행한다.

1. 치매에 관한 정보제공
2. 치매환자의 치료·보호 및 관리에 관한 정보제공
3. 치매환자와 그 가족의 지원에 관한 정보제공
4. 치매환자의 가족에 대한 심리적 상담
5. 그 밖에 보건복지부장관이 필요하다고 인정하는 치매 관련 정보의 제공 및 상

③ 보건복지부장관은 제1항에 따른 치매상담전화센터의 설치·운영을 그 업무에 필요한 전문인력과 시설을 갖춘 「의료법」 제3조제2항제3호의 병원급 의료기관, 치매 관련 전문기관·법인·단체 등에 위탁할 수 있다.

④ 제1항에 따른 치매상담전화센터의 설치·운영 및 제3항에 따른 위탁 등에 필요한 사항은 보건복지부령으로 정한다.

[본조신설 2015. 1. 28.]

제4장 보칙

제18조(비용의 지원) ① 국가와 지방자치단체는 치매관리사업을 수행하는 자에 대하여 다음 각 호에 해당하는 비용의 전부 또는 일부를 지원할 수 있다. 〈개정 2015. 1. 28., 2018. 6. 12.〉

1. 제10조에 따른 치매연구사업, 제11조에 따른 치매검진사업, 제12조의2에 따른 치매환자의 가족지원 사업, 제13조에 따른 치매등록통계사업 및 제14조에 따른 역학조사 수행에 드는 비용

1의2. 제16조, 제16조의2 및 제17조에 따른 중앙치매센터, 광역치매센터 및 치매안심센터의 설치·운영에 드는 비용

1의3. 제17조의2에 따른 치매상담전화센터의 설치·운영에 드는 비용

2. 치매관리사업에 대한 교육·홍보에 드는 비용

3. 치매관리사업에 필요한 전문인력의 교육·훈련에 드는 비용

4. 치매관리사업을 수행하는 법인·단체의 교육 및 홍보 사업에 드는 비용

② 제1항에 따른 비용 지원의 기준·방법 및 절차에 필요한 사항은 대통령령으로 정한다.

제19조(비밀누설의 금지) 이 법에 따라 치매관리사업에 종사하거나 종사하였던 자는 업무상 알게 된 비밀을 누설하여서는 아니 된다.

제20조(위임과 위탁) ① 이 법에 따른 보건복지부장관 또는 시·도지사의 권한은 대통령령으로 정하는 바에 따라 그 일부를 시·도지사 또는 시장·군수·구청장에게 위임할 수 있다.

② 이 법에 따른 보건복지부장관, 시·도지사 또는 시장·군수·구청장의 권한은 대통령령으로 정하는 바에 따라 그 일부를 치매관리사업을 수행할 수 있는 법인·단체 등에 위탁하여 시행할 수 있다.

제5장 벌칙

제21조(벌칙) 제19조를 위반하여 비밀을 누설한 자는 2년 이하의 징역 또는 2천만원 이하의 벌금에 처한다.

부 칙〈법률 제17795호, 2020. 12. 29.〉

이 법은 공포 후 6개월이 경과한 날부터 시행한다.

4

치매노인의 장기요양보호를 둘러싼 현장의 사례

제4장

치매노인의 장기요양보호를 둘러싼 현장의 사례

1. 치매노인은 「황홀한 사람」

1972년 일본에서 치매노인에 관한 애환을 그린 소설 『황홀한 사람』이 영화로 만들어져 화제가 된 적이 있었다. 치매노인을 개호하고 있는 아들 부부는 맞벌이인데 아들은 자기 부친의 개호를 처에게만 맡기고 있었다. 처도 일하러 나가고 있기 때문에 일과 개호의 틈바구니에서 심신 모두 막다른 곳까지 몰리고 있었다. 이 영화에서 치매노인개호가 여성에게 맡겨져 있는 것에 대해 문제를 제기하고 사회전체에서 지탱해나가야만 한다는 것을 보여주고 있다.

이 소설 속에서 묘사되고 있는 치매노인의 모습은 황홀한 상태로 자신이 어떻게 되어 있는 것인가를 이해하지 못하고 가족과의 커뮤니케이션을 가질 수가 없다는 것이다. 가족들의 대화 속에서도 치매노인과 가족의 관계가 마치 기르는 개와 주인 같은 관계로 되어 있는 것은 아닌가 착각을 일으킬 정도이다.

치매노인이 아들을 잊어버린 것에 대해서 다음과 같이 묘사하고 있다.

「개나 고양이도 기르는 주인은 금세 기억해내고 잊지 않는 법, (치매노인도) 자기 자신에게 가장 필요한 상대만은 본능적으로 알고 있지 않을까?」, 「엄마가 기르는 주인이라고 해」, 「그러면 아빠를 기억하고 있어도 아무 것도 해 줄 이유는 없으니까」 이와 같이 치매가 되면 돌봐주는 사람에게만은 반응한다고 하는 동물적인 감각이 되어간다고 묘사되어 있다. 개호하는 사람이 얼마나 힘든 것인가, 개호하는 사람과의 커뮤니케이션이 잘 되지 않는다고 하는 것은 묘사되어 있으나 치매노인이 무엇을 생각하고 있는가 하는 장면은 거의 없다.

다만 이런 대목이 주목된다. 돌봐주고 있는 며느리가 기저귀를 바꾸기 위해 양해도 구하지 않고 시아버지의 사타구니에 손을 넣으려고 하면 「며느리님, 이상한 짓 하지 말아주세요」라고 말하는 장면이다. 시아버지의 이와 같은 반응은 극히 자연스럽고 평범한 반응이다. 실제 치매환자의 경우도 여러 가지 것을 알고 있고 판단하고 있다고 말하고 있지만 정확히는 알 수 없다. 어쩌면 이 소설에서는 치매환자는 아무것도 모르게 되어버린다는 이미지가 최근 매우 확산되어 있다는 것을 보여주고 있다. 실제로 개호하고 있는 가족은 환자 본인이 아무 것도 모른다고 하는 것이 아니고 그때그때 치매노인 본인이 의사를 전달해주고 있다는 것을 실감해서 알고 있다고 생각한다. 그러나 일반사람들은 '치매에 걸린 사람은 아무것도 모르기 때문에 가족은 힘들다'라고 하는 이미지가 확산되고 있는 것처럼 보인다.

2. 치매증과 함께 사는 실천의 시작

1) 「치매노인」의 거처 만들기의 사례

30~40년 전까지만 해도 치매에 걸린 사람이 적었다. 반면 사회와 가족 속에서 배제되지 않고 확실한 안식처가 있었다. 언제부터인가 치매노인이 거처 내지 안식처가 없어지게 되고 치매가 중요한 문제라고 하는 인식이 확산되어 왔다. 현재는 차츰 치매환자의 서비스도 나아지고 있지만 20년쯤 전에는 가족이 돌볼 수 없으면 정신병원에 갈 수밖에 없는 현실이었다. 우리나라도 고도 경제 성장 속에서 급격하게 가족관계가 변하고 지역사회에서의 생활환경도 변하게 되면서 사람들의 정신적인 여유도 없어져 버렸다. 치매노인의 안식처가 없어져 버린 것은 이와 같은 사회환경의 변화도 하나의 원인이 아닐까? 치매노인의 안식처가 없어지고 집안에서의 역할이 없어지게 되면 치매의 상태도 점점 나빠져 가기 마련이다.

일본에서는 「치매노인을 가진 가족의 모임」이 만들어져 1980년경부터 치매가족의 어려움을 어떻게든 해결해보자고 하는 조직이 만들어지고 활동하기 시작하였다. 치매환자를 어떻게 돌봐주면 좋을까 하는 모색이 시작된 것이다. 그 후에 생긴 치매노인 케어의 두 개의 새로운 흐름을 소개해본다.

하나는 매일형 탁로소 「물망초」로 가족의 생활과 개호력의 저하를 방지하고 치매노인의 거처를 만드는 시도이다. A시에 탁로소 「물망초」가 있다. 여기는 1988년 당초 주 1회의 탁로소로서 시작했는데 건축기사를 하고 있던 N씨의 개호를 둘러싼 가족들의 절실한 바람을 계기로 매일형 탁로소로 확충되었다.

N씨는 한창 나이인 52세 때 지주막하출혈로 쓰러져 뇌혈관성 치매가 되어 일을 할 수 없게 되었다. 학교에 다니고 있는 아이가 셋이나 있어 한 집안의 대들보인 셈이다. 쓰러진 직후에는 가족의 이름도 생각해내지 못하는 상태였다. 아내는 학교의 사환을 해서 앞으로의 생활을 지탱해 나가야만 하고 일을 하지 않고 집에서 개호한다는 것은 불가능 했다. 그러자 그 병원의 의사가 좋은 조언을 했다. 「병원에 입원시키면 아버지는 이 이상 좋아지지

않아요. 탁로소에 맡기는 쪽이 훨씬 좋아요」라고 한 것이다. 같이 살고 있던 N씨의 어머니가 쇼크를 받은 나머지 「내 아들은 미쳐버렸다. 미치게 한 며느리가 나쁘다. 창피스럽다」고 하여서 고부관계도 나빠졌다. 친척과의 왕래도 없어지고 아내는 집안을 유지할 수 없어 손을 뗄 수밖에 없는 실정이었다. 어떻게든 이런 상태에서도 아내는 애들 셋을 키우고 생활해 나가야만 한다. 부인의 절박한 사정을 알고 몇 명의 자원봉사자 여성이 교대해서 낮 동안 맡아주게 되었고 부인은 일을 계속할 수 있었다. 그것이 「물망초」가 매일형 탁로소로 옮겨가는 계기가 된 것이다. 「탁로소」라는 형태를 갖춘 것은 무엇보다도 개호자 가족의 생활을 유지하기 위해서 개호자가 낮 동안 일하고 있는 사이, 치매노인을 맡아주는 것이 긴급하게 요청되었기 때문이었다.

적은 자본으로 도시의 빈 집을 빌려서 시설로 이용하고 같은 마을에 살고 있는 서로 아는 사람들이 자원봉사자로서 유지해 줄 수 있게 되었다. 이것이 결과적으로 치매환자에게는 좋은 환경이 되었다. 즉, 그때까지의 가정에서의 생활과 위화감이 없는 장소, 개호해주는 사람도 낯익은 사람이라고 하는 극히 자연스러운 분위기를 만들어 낼 수 있었다. 치매노인에게는 불안하지 않고 안심할 수 있는 거처가 무엇보다도 필요하다. 더구나 매일 다니게 되어 자기 자신의 거처라는 의식이 생긴 것이다. 지금은 월요일부터 금요일, 아침 9시부터 저녁까지 평균 3명의 이용자가 지내고 30대부터 80대까지의 30명 가까운 자원봉사자가 교대로 일하고 있다. 점심 식재료는 자원봉사자가 가져오거나 시민들로부터의 차입(借入)으로 유지되고 있다. 이용자는 하루 1,500엔의 이용료를 지불한다. 정부가 경제적 부담을 원조한다면 이용자는 큰 도움이 될 것이다.

B시에 「수원」이라는 시설이 있다. 「물망초」처럼 자원봉사자의 협력을 얻으면서 유료로 치매노인을 맡아주는 소규모 다기능형 홈이다. 정원이 적기 때문에 당초에는 특별양호 노인홈으로서 인가받지 못했다. K씨가 대규모 시설에서는 치매노인의 생활 터전으로서 한계가 있다고 판단하고 무인가 소규모시설로서 1987년에 개발된 것이다. 스웨덴의 그룹홈이 일본에 소개되기 전에 같은 종류의 시설을 독자적으로 생각해낸 것이다. 거기에서는 입소자 8명과 데이서비스 이용자 8명에 대해 직원 8명이 확보되어 있어 개별적 대응이 가능하다. 입소자와 지역 사람과의 교류도 실현되고 있다.

2) 치매성 노인케어의 모색 「작은 산에 있는 집」

이것은 의료에서 시작한 케이스이다. B시에 「작은 산에 있는 집」이라는 치매노인을 대상으로 한 외래방문형의 데이케어시설이 있다. 정신과 진료소 의사인 T씨와 간호사인 L씨가 몇 개의 탁노소와 데이서비스센터를 돌보면서 치매환자에 대해 의료쪽에서 더욱 적극적인 방법을 모색할 수 없을까 하는 문제의식으로부터 1993년에 개발한 것이다.

치매노인과 바로 정면에서 마주보고 집단정신요법을 전개하는 것으로 치매노인의 마음 세계를 해명하고 개호와 의료방식의 가능성을 찾고 있다. 여기에서는 약물요법이 아닌 「집단정신요법」이 행해지고 있다. 「집단정신요법」이란 치매환자 10명 정도가 집단 속에서 상호작용하는 것에 의해 건망증에서 오는 불안이나 고민을 없애고 스스로의 감정 회복을 꾀하여 자신감을 회복하는 것을 목표로 한 치료법이다. 구체적으로는 데이케어의 생활 그 자체를 「무대」로 생각하여 각 멤버가 「주역 체험」과 「관객 체험」을 할 수 있도록 해서 치매노인 자신이 자기표현을 하고 그것을 통해서 자기실현을 꾀하는 것이다. 진료소 옆에 있는 가정집 풍의 건물이 시설이고 전에는 큰 밭이 있어 채소를 재배할 수가 있었다.

3) 치매노인은 말할 수 없다?

치매환자가 집단으로 게임을 하거나 레크리에이션을 하는 곳은 많지만 「작은 산에 있는 집」의 실천에서 매우 흥미 있는 것은 치매노인 본인의 말에 주목한다는 것이다. 처음에는 의사들도 환자 본인은 자기 일을 아무것도 모르게 되어가고 아무 말도 하지 않을 것이라고 생각하고 있었던 것 같다. 진료 때에도 「이름을 말하세요」, 「지금 총리는 누구입니까?」라고 하는 치매 판정 문진을 한 후 의사는 가족하고만 말을 했던 것이다.

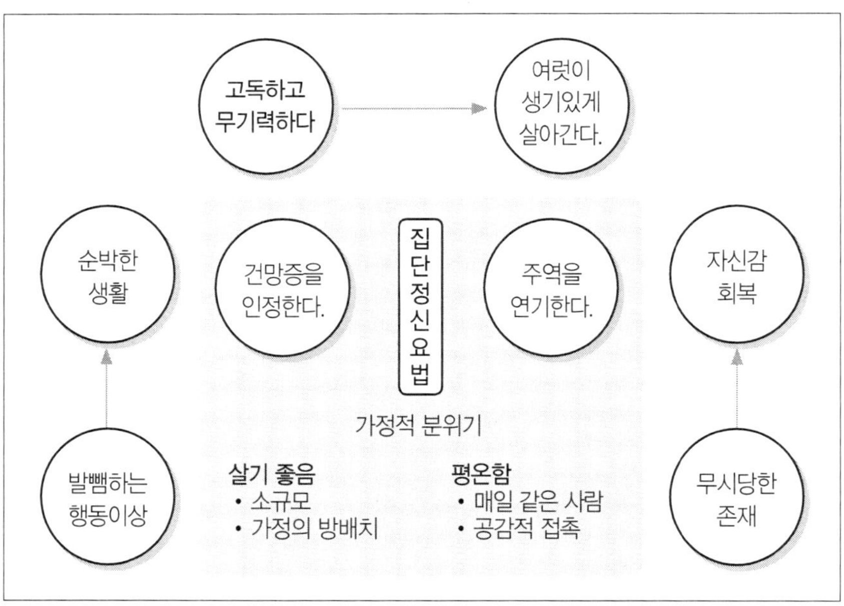

「작은 산에 있는 집」의 케어

그런데 사는 곳이 편하다고 느끼게 되자 치매노인들은 여러 가지 것을 말하기 시작하여 자기의 불안이나 고통도 말하기 시작하게 되었다. 환자 본인이 여러 가지 것을 생각하고 있는 것을 알 수 있어서 의사도 자신의 최초 진료방법이 대단한 오진이었고 환자 본인은 묵묵히 있어도 가족과 말하는 내용을 이해하고 있었다는 것을 깨닫게 되었다. 그 이후에는 신중하게 묻고 이야기를 듣는 진료요법으로 바뀌게 되었다. 치매노인의 중얼거림 몇 개를 소개해 본다.

4) 치매노인의 중얼거림

「나도 처음에는 이런 곳에 들어오지 않았으면 좋았을 텐데. 머리는 바보같이 뒤죽박죽이지만 그다지 남에게 폐를 끼치는 것도 아니고……. 여기로 가라, 가라해서 정말 기분이 나빴다」(K씨)

이 분은 가기 싫은 곳에 억지로 데려온 것에 대한 불만을 말하고 있다.

「무엇보다도 금방 잊어버리고 만다. 어렸을 때는 기억력이 좋은 것이 자랑이었는데……. 왜 그럴까 정말 한심하다. 영문모를 소리를 말하고……. 괴롭다」(O씨)

치매환자는 자기가 건망증인 것을 모른다고 생각하는 적이 종종 있으나 그렇지만은 않다. 이 분은 건망증인 자신을「한심하다고 생각하고 있다」고 말했다. 케어(돌봄)는 이 환자 본인의 고통을 완화시키는 것에 초점을 맞추기로 했다.

「2, 3년 전에는 자신만만했다. 다른 사람의 상담에 응하기도 했고……. 남이『노망이 들어서…….』라고 해도 나는 그런 일은 없을 거라고 생각하고 있었다. 작년 봄 쯤부터 건망증이 되어서 약속같은 것은 하지 않고 있다. 여러 가지 일을 해왔지만 자신감이 흔들리게 되었다. 이대로는 안 된다. 불안하다. 어떻게 된 것일까? 나는 부끄러운 느낌이 든다. 처가『당신 뭐라고 하는 거야?』하고 같은 말을 몇 번씩 하면 화가 나서 손이 나갑니다. 괴로움을 주게 되어 죄악이라고 생각하고 있다. 처에게 잘못했다고 생각한다. 말할 수 없게 되었다. 설마 내가 이런 병에 걸리게 되다니……. 상상해보지도 못했다.」

이 분은「잘 잊어버리니까 약속은 안한다」고 하는 판단을 분명히 하고 있다. 또「말하면 처에게 때리려고 손을 올리게 되고 죄를 만드니까 말하지 않게 되었다」하는 것에 주목할 필요가 있다. 치매환자는「말하지 않게 된다」고 하는 것뿐만이 아니고 자기 의지에서「말하

지 말자」고 판단하고 있는 적이 적지 않다는 것이다.

5) 치매노인의 수기

다음 문장은 탁노소에 다닌 지 2개월째인 78세 노인이 직접 쓴 「오래 살아도 좋다」라고 하는 타이틀의 수기이다.

「오래 살아도 좋다」

「최근 건망증이 심해졌다. 건망증은 나쁜 일이다. 한심한 일이다. 건망증은 남에게 폐를 끼치는 것은 아니다. 그래도 싫다. 생각하는 대로 말할 수 없으니까. 생각하는 것을 말할 수 없는 것이 나쁜 일이다. 빨리 죽고 싶다. 그 정도로 건망증은 괴롭다. 잊어버리는 것은 이제 어떻게 해볼 수도 없지만 어떻게 할 수도 없다. 어떻게 할 수도 없는 나는 빨리 죽고 싶다고 생각한다. 생각할 수가 없으니까 잊어버리기 전에는 생각할 수가 있었다. 밭일이나 그 밖의 뭐라도 할 수 있었다. 논밭 갈기, 두렁 쌓기, 써레질, 그 외 뭔가 하고 싶어도 하고 싶은 마음이 있어도 무엇을 하면 좋을지 모르겠다. 할 일을 말해주면 다시 할 수 있다. 할 일이 아무것도 없으니까 죽어도 좋다고 생각한다. 할 일이 있으면 아직 더 오래 살아도 좋다.」

「건망증은 괴롭다」 그러나 「할 일이 있으면 오래 살아도 좋다」고 하는 심정을 토로하고 있다. 치매노인에 대한 오해를 산산조각으로 날려버릴 정도의 박력있는 문장이다. 여기에서 매우 중요한 것은 「할 일을 말해주면 다시 할 수 있다」고 말하고 있는 것이다. 혼자서는 할 수 없어도 개호자나 동료가 옆에 있어서 자기가 하고 싶다고 생각하고 있는 것을 협력해 준다면 자기에게도 할 수 있는 일이 얼마든지 있다고 주장하고 있다. 이것은 치매노인의 지원에 대한 중요한 힌트가 되고 있다. 치매노인에게는 소위 「바짝 다가붙는 개호」가 요구되고 있다고 할 수 있다. 이 분은 자기 생각을 표현할 수 있게 되어 점차 이상행동이 없어지고 배설 실수도 없어져 기저귀를 뗄 수 있게 되었다.

환자 본인과 가족에게도 여유가 생겨서 미소가 돌아왔다. 이것은 우리들에게 인간의 심신관계와 타인과의 관계는 상호간에 밀접하게 묶여 있다는 것을 보여준 사례로서 매우 흥미 깊은 것이다.

6) '좌담회'도 할 수 있다.

「작은 산에 있는 집」의 실천으로 더욱 대단한 것은 치매환자끼리 좌담회를 조직한 것이다. 간호사인 L씨가 진행자가 되고 5, 6명이 자기의 치매에 대한 경험, 지금 생각하고 있는 것을 자유롭게 말하는 이 좌담회의 내용은 일본 신문에 보도되었다. 「치매환자가 좌담회를 할 수 있는 것일까?」하고 놀라움을 갖고 전해졌다. 좌담회 도중에 이야기가 옆길로 새기도 하고 노래를 부르기도 하고 여러 가지 탈선이 있었으나 진행자가 잘 수습하고 있다. 또 치매환자에게 심포지움 등의 강연회장에 오게 해서 자기가 쓴 수기를 읽게 하는 경연도 하고 있다. 환자 본인은 자기가 쓴 수기라는 것을 분명하게 기억하고 있지 못하고 있다. 다만, 「나와 같은 분이군요」라고 생각하기도 한다. 옆에 있는 사람이 「할머니가 쓰셨어요」라고 말하면 알아듣고 눈물을 글썽이며 읽었다고 한다. 이와 같은 경연은 지역사회 사람들의 치매에 대한 생각을 바꾸게 하는 큰 계기가 되고 있다.

7) 「치매노인에게 귀를 기울이자」

「작은 산에 있는 집」에서는 이와 같은 치매노인 자신의 말이나 생각에 힌트를 얻으면서 개호 계획을 세우고 있다. 개호하는 쪽의 마음먹기가 아니라 환자 본인의 언동을 힌트로 어떠한 개호를 하면 좋은가를 항상 탐구하고 의사도 환자 본인의 기분을 고려하면서 진료 방법을 연구하게 되었다. 개호하고 있던 쪽이 몰랐던 치매환자의 마음 속 세계를 환자 본인으로부터 배운다고 하는 자세를 확립한 것이다. 또 치매노인의 생각이나 고통을 가족과 지역 사람들도 알 필요가 있다고 생각해서 환자 본인이 내뱉은 속삭임이나 수기를 『바퀴자국』이라고 하는 뉴스에 실어서 가족과 지역 관계자에게 보내는 일을 시작했다. 환자 본인이 말하는 언어가 중요한 보물이고 그 보물을 가족이나 지역과도 함께 공유해야 겠다고 생각했기 때문이다.

「작은 산에 있는 집」의 표어는 「상식에 얽매이지 않고 치매노인에게 귀를 기울이자」라는 것이다. 「환자 본인은 아무것도 모른다」고 하는 치매노인에 대한 고착된 이미지에서 벗어나 한 사람의 인간으로서 대하는 것의 중요함을 가르치고 있다.

(1) 우수한 실천사례에서 배울 것

이와 같은 「물망초」와 「작은 산에 있는 집」에서 우수한 실천사례의 공통점은 무엇인가?

① 가정적인 분위기

「물망초」와 「작은 산에 있는 집」의 시설은 소규모이고 보통 가정과 같은 방배치로 되어 있는 가정적인 분위기가 있는 것이 공통점이다. 이것은 치매노인에게 있어서는 오래 살아 정든 집처럼 안심되고 마음 편하게 평온함을 느끼는 것이 매우 중요하기 때문이다. 또 개호자나 노인들끼리의 인간관계도 중요하다. 노인과 공감적인 접촉을 할 수 있는 직원이나 같은 장해를 가진 사람이 주위에 있어서 그것도 매일 같은 사람과 접촉할 수가 있다면 불안감을 느끼는 일은 적게 된다. 매일 다닐 수 있는 것도 중요한 조건이다. 치매환자는 어제도 왔었다고 하는 것을 명확하게 기억하고 있지는 않지만 감각적으로는 알 수 있는 것이다. 주 1회만의 외래방문에서는 지난 번의 기억이 사라져버려 좀처럼 침착하지 못한다. 우리들도 모르는 곳에 처음 가서 주위가 모르는 사람뿐이라면 침착할 수 없다. 치매환자는 이와 같은 것을 매일매일 경험하고 있는 것이다. 매일 다님에 따라 그 차이를 어느 정도 메울 수가 있는 것이다.

② 건망증을 부끄럽게 생각하지 않는다.

환자 본인이 건망증을 부끄럽게 생각하지 않는 분위기가 중요하다. 건망증이 있어도 그것을 비난하지 않고 「나는 건망증이다」고 말하는 것을 숨기지 않고 여러 사람 앞에서 말하고 자기도 분명하게 그것을 인식하게 되어 기분적으로 편안해진다. 건망증은 병이고 부끄러운 일은 아니라고 확인하는 것이다. 건망증을 감싸줄 필요도 없고 건망증이 고통스럽지 않게 되면 치매와 순순히 서로 바라볼 수 있게 된다.

③ 주역을 연기해서 자신감을 회복한다.

케어의 경우 한사람, 한사람이 주역이 될 수 있는 장면이 반드시 하루에 한번은 있다는 것, 예를 들면, 음식을 보기 좋게 담고 식기를 씻고 식사 준비가 다 되었다는 신호 종을 울리는 것 등 작은 것이라도 그 사람에 맞게 뭔가 역할을 담당하게 해준다. 동시에 주역이 되고 있는 사람을 응원하는 관객의 역할도 중요하다. 주역을 연기하고 있는 사람에게 주목하는 것이다. 주역이 되고 있는 사람을 관객이 돌봐서 제구실을 하게 하고 주역이 되고 있는 사람은 모두가 자기 역할을 돌봐주고 기뻐해주고 있는 것을 실감할 수 있다. 전원이 주역과 관객을 경험할 수 있는 자리를 의식적으로 만드는 연구가 나날의 케어 속에서 행해지고 있다. 왜 이것이 중요한가?

가정이나 지역사회 속에서 그와 같은 기회가 없어지고 있기 때문이다. 「위험하니까 그만 두세요」, 「노인은 말 참견하지마라」고 해서 노인들이 주역이 되는 장면이 없어지게 되고 있는 것이다. 「재미있었다」, 「감사하다」라고 말해준 적도 없고 무시당하는 존재가 되고 있다. 그것이 「자신은 도움이 안되며 쓸모없는 인간이 되었다」고 느끼게 하여 환자 본인을 정신적으로 괴로운 지경에 빠지게 하고 있다. 그렇지 않고 「자신은 아직 여러 가지 일을 할 수 있고 그것을 모두가 주목하고 있다」고 실감할 수 있는 경우가 필요하다. 그것에 의해 자신감을 회복해갈 수 있게 되는 것이다.

8) 치매증을 다시 묻는다.

인간으로서의 공통성을 놓치지 않는다. 이와 같은 새로운 실천에 의해 치매증상이 경쾌하고 보통의 노인과 다르지 않은 모습을 보이는 사람도 나오고 있다. 이것을 생각한다면 치매증에 대한 종래의 견해를 고쳐 생각할 필요가 있다고 본다. 「마음은 멍청하지 않다」고 말할 수 있도록 치매가 되었다고 해도 보통사람과 다르지 않은 부분도 많은 것이다. 다르지 않은 것은 단지 마음 뿐만은 아니다. 이와 같이 사람으로서 다르지 않은 쪽에 눈을 돌리는 것이 중요하다고 본다. 이제까지 「문제행동」 등 보통사람과 다른 부분만 너무 주목하고 있었던 것이다. 케어에 있어서는 그 사람이 종래대로 무엇을 할 수 있는가에 주목하는 것이 필요하다.

9) 「문제행동」은 치매증 자체가 원인은 아니다.

'문제행동'도 치매니까 나오는가? 반드시 그렇지는 않다. 탁노소나 데이케어에 다니기 시작한 사람 중에는 문제행동이 개선되어가는 경우가 꽤 있다. 이것은 치매증과 문제행동은 다른 차원의 것이라고 받아들이지 않으면 설명할 수 없다. 문제행동은 그것을 만들어낸 직접적인 계기가 있다. 그 계기를 없애주면 문제행동은 반드시 표면화 되지는 않는다. 그러므로 치매질환 그 자체와 문제행동과는 분리해서 생각해야만 한다. 문제행동을 만들어내는 계기를 몇 개쯤 생각할 수 있다.

① 치매질환 그 자체의 진행에 의한 기억장해나 지남력장해(시간이나 장소 등 자기와 주위와의 관계를 모르게 되는 것)에서 오는 문제행동이다. 예를 들면 화장실이 어디인지 알 수 없게 된다. 변이 나와 버린 후 어떻게 하면 좋을까 기억에서 사라진다. 이것은 시중 들어주면 커버할 수 있다.

② 불안한 마음이 만들어낸 정신 증상이다. 저녁 때 시설에서 「집에 가고 싶다」, 「보내주세요」하고 나가려고 하는 것은 직원이 근무가 끝나서 돌아가는 모습을 보고 환자 본

인이 안정할 수 없게 되기 때문이다.

③ 치매증 이외의 새로운 질환에 걸린 경우나 상처 등 합병증이 원인이 되고 있는 경우도 있다.

④ 복용하고 있는 약이 맞지 않아 문제행동의 방아쇠가 되고 있다는 케이스도 있다.

⑤ 개호자와의 커뮤니케이션이 잘 되지 않는 것이 문제행동의 계기가 되는 경우도 있다. 이것은 지적 장애인 아이들에게서도 자주있는 일이다.

⑥ 변화된 생활환경, 생활조건에 적응할 수 없는 것 등 그 사람이 놓여 있는 환경의 급격한 변화가 문제행동의 방아쇠가 되는 경우도 있다. 숏 스테이를 이용했을 때 자주있는 일이다.

③과 ④의 경우 이외는 치료적으로 해결되는 문제가 아니고 그 사람의 생활 속에서 대응해야 할 문제이다.

치매증에는 몇 개의 레벨이 있다.

치매증에는 사람에 따른 개인차가 있다. 치매증을 장애로서의 측면에서 보면 다른 레벨을 구별하는 것이 필요하다. 일괄해서 치매증으로서 처리해서는 안 되고 다양한 레벨의 요인이 겹쳐진 것으로 취급하지 않으면 안 된다.

① 치매의 원인이 된 질병은 무엇일까 하는 레벨이 있다. 크게 나누면 알츠하이머병에 의한 것, 뇌혈관성 질환에 의한 것이 있다. 또 특별하게 병이 없다고 하는 케이스도 있어서 그 상태를 끝까지 지켜볼 필요가 있다.

② 뇌의 기능장해 레벨을 구별하는 것도 필요하다. 뇌의 어느 부분이 파괴되고 있는가에 따라 기억장해나 판단력장해, 운동장해 등의 다른 장해가 나타나는 것이다.

③ 그 사람이 놓여있는 생활환경이나 가족과의 관계의 레벨차이에 따라서도 생활장해나 커뮤니케이션 장해의 현상이 달라진다.

거기에다 실제의 치매증상은 다음과 같은 더욱 복잡한 요소에 의해 영향을 받는다.

① 각 레벨에서 장해가 있는 부분과 건강한 부분이 공존

② 질병의 진행속도와 회복의 작용

③ 생활이나 커뮤니케이션이 양호해지면 뇌의 기능장해 진행이 둔화하거나 회복

④ 나이가 듦에 따르는 모든 기능의 쇠약함

이와 같은 여러 요소가 복합해서 불안정한 균형 상태에 있는 것이 치매노인인 것이다. 개인을 진찰해서 알 수 있는 레벨과 인간관계나 생활환경을 오랫동안 보지 않으면 알 수 없는 레벨이 있다. 그 각각의 레벨마다 어떠한 대응이 필요한 가를 생각해야만 한다. 더구나 각 레벨은 환경이나 시간과 함께 변화한다. 생활이나 정신상태가 안정되면 장해가 있는 뇌의 부분을 다른 부분이 커버한다고 하는 뇌의 재생력에 따라 증상이 회복되는 사람도 있다. 그러기 위해서는 안정된 생활환경과 인간관계, 그 사람이 적극적인 역할을 완수할 수 있는 경우가 필요한 것이다.

10) 불안과 스트레스를 없앤다.

치매노인은 생활장해와 커뮤니케이션 장해를 갖고 그것을 혼자서 잘 조절할 수 없는 것에 대해 불안과 고뇌를 느끼면서 매일 생활을 하고 있다. 개호자 측은 환자의 내면을 이해하지 못하면 환자의 행위가 그때까지 익숙해진 방법으로는 이해할 수 없는 「이상행동」으로 보이게 된다. 그리고 개호자가 환자의 「이상행동」을 꾸짖거나 비난하거나 부인하는 언동이 다시 환자에게 초조감과 곤혹감을 갖게 한다. 그 결과 가장 이해해주면 좋다고 생각하는 사람에게 이해받지 못한 고립감과 시설직원으로서 「권력」을 행사하는 사람에게 저항할 수 없는 절망감 속에 빠져들게 되는 것이다. 무엇보다도 먼저 이 복잡한 스트레스로 가득 찬 상황에서 환자를 구해내는 것이 필요하다. 시설에 있어서는 자물쇠를 채우거나 묶거나 하는 「약속」을 중지하는 것이 그 첫걸음이 된다. 그러나 특별양호 노인홈이나 병원에서는 직원체제의 제약에서 그 일보를 내딛지 못하고 있는 곳이 많아 「중증」인 치매노인이 만들어지고 있다.

11) 다양한 커뮤니케이션의 수단

우리들이 사람과 사람과의 관계를 굳게 맺는 공동의 행동에는 일상생활 행동, 일, 취미 등 다양한 행동이 있다. 그 관계에서의 의사소통은 단지 언어로만 하는 것이 아니고 신체 전체를 사용한 다중적인 것이다. 특히 언어능력에 장해를 가진 치매노인의 인간관계나 공동의 행동을 유지하기 위해서는 다양한 커뮤니케이션 수단을 구사할 필요가 있고 환자 본인 자신이 그와 같은 노력을 하고 있는 것을 알아차리는 것이 중요하다. 「또 이상한 말을 하고 있다」 그 말에만 사로잡혀 있으면 점점 환자 본인의 생각과는 차이가 생겨 서로 스트레스를 더하게 된다. 익숙해진 직원이나 도우미는 단지 말을 거는 것만이 아니고 스킨십이나 몸짓, 손짓, 마음으로의 커뮤니케이션 등에 항상 주의하고 있다. 또 신체에 의해 확실히

익히게 된 행동을 끌어내는 노력을 한다. 또 그 때 인간의 오감(시각, 청각, 미각, 후각, 촉각)을 사용하여 상태를 간파하거나 쾌 · 불쾌의 감정을 인지하거나 해서 상대가 무엇을 요구하고 있는가를 관찰하는 것이다. 원래 일본사람은 이러한 「상대를 관찰하는」 의사소통 방법에 뛰어나고 그것에 기인한 문화를 키워왔다. 다도 등은 그 전형이다. 그 사람의 언동, 마음이나 신체표현 등의 전체를 간파하고 상관관계를 만드는 것이 무엇보다도 중요한 것이다.

12) 대화능력은 보존되고 있다.

일반적으로 치매환자는 언어능력이 없어지고 있다고 생각되지만 개인차가 있다고는 해도 대화능력은 꽤 남아있다. 대화란 전화로 하는 수다나 우물가에 모여 앉아 떠드는 것처럼 서로 지껄이는 것이다. 그 때의 상대가 말한 것에 대해서 즉석에서 문득 떠오른 것을 말하면 좋은데 그다지 기억을 필요로 하지는 않다. 대화를 거듭하고 있는 중에 같은 화제로 되돌아오는 일도 있다. 공감적인 대화자가 있는 곳이라면 이야기가 활기를 띠고 우연한 계기로 자신의 깊은 생각이 무심결에 입 밖으로 튀어나온 적도 있다. 그 때 환자 본인이 이야기한 말을 개호하는 측이 적어두는 것도 중요한 일이 될 것이다. 「작은 산에 있는 집」에서는 치매환자끼리 어떤 테마에 의거하여 좌담회까지 하고 있다고 소개했다. 좌담회를 하기 위해서는 상대가 말하고 있는 내용을 이해하고 그것에 맞는 것을 말해야만 한다. 결국 논리적으로도 정확한 판단을 할 수 있어서 자신이 이야기해야 할 말을 골라서 말해야만 한다. 「작은 산에 있는 집」의 예는 치매가 진행된 사람이라도 그 능력이 아직 상실되지 않은 것을 보여주고 있는 것이다.

13) 치매가 되어도 안심하고 살 수 있는 조건 만들기

위에서 본 바와 같이 우리들은 치매공포증에 사로잡혀 치매가 되지 않을 예방법은 없는가 하고 초조해하지 않고 치매가 되어서도 안심하고 살아갈 수 있는 조건을 사회적으로도 만들어가는 것이 지금이야말로 긴급하게 중요하다고 할 수 있다.

5

장기요양보험제도와 치매노인요양을 둘러싼 실무현장에서 나타나는 문제점

제5장

장기요양보험제도와 치매노인요양을 둘러싼 실무현장에서 나타나는 문제점

재가서비스 이용의 어려움

[어머니 치매가 심하니까 매일 욕이에요. 아침부터 저녁 잠잘 때까지 욕이에요. 아들한테 며느리한테 욕하고 계속 그러니까 그러려니 해도 정신적으로 스트레스를 많이 받아요. 오히려 가족이 스트레스로 인해 병이 생기지 않을까 걱정돼요.]

[영감이 치매라 바지에 똥만 쌌다 하면 무조건 패버려요. 똥싸면 그거 벗으면 좋은데……. 공단직원이 시설로 보내라고 하는데, 돈내기가 무서워서요(본인부담금을 면제받고 있었음).]

[집안에 치매환자가 있으면 몇 년 지나면 힘들어서 정신적으로 피해도 많고 사실 목욕서비스나 그 외에 더 필요한 서비스를 받고 싶어도 15% 개인부담금이 사실 금전적으로 어렵기 때문에 하고 싶어도 못해요.]

이와 같이 가족 주수발자(아들 · 딸, 며느리, 손자, 배우자 등) 대부분이 수급자 수발에 대한 정신적 · 금전적 스트레스를 받고 있다. 특히 치매 수급자를 수발하는 가족 주수발자의 경우는 스트레스 강도가 더 크다. 방문요양기관으로부터 본인부담금을 면제받거나 가족요양보호사로 일하고 있어 주야간 보호를 보낼 경우 방문서비스보다 본인부담금에 대한 부담증가 등 금전적인 문제로 인해 주야간 보호를 보내고 있지 못한 경우가 많다.[1]

등급이 상향되었을 때 이용할 수 있는 서비스의 부재

[데이케어센터를 이용할 수 있는 사람은 제한되어 있고 사실 데이케어센터를 이용하면서 요

1 한은정외 3인 "장기요양서비스이용지원체계의 개선방안", 국민건강보험 정책연구원 연구보고서(2012-20), 139면.

양보호사나 간호사님들이 정성을 다하여 상태가 좋아졌어요. 하지만 등급이 떨어지잖아요. 결국은 센터는 못나가게 되고 다른 서비스도 받을 수 있는 것도 못 받게 되니까 결국 상태가 좋아지면 다들 직장 다니거나 일을 해야 하기 때문에 집에서 봐 줄 사람도 없어요. 요양보험제도가 상태가 나빠져야 지원해주는 것이기 때문에 미리 예방하는 차원의 지원이 없는 셈이 아닌가요?]

가족 주수발자들은 수급자들의 건강 및 기능상태의 향상을 원하지만 이와 동시에 등급이 상향되었을 때 이용할 수 있는 서비스가 없기 때문에 등급상향에 대한 우려도 갖고 있다.

1. 치매노인의 실태에 맞지 않는 장기요양인정

장기요양인정을 위한 조사항목은 이미 정해져 있다. 그 항목을 보면 반드시 치매환자에게 필요한 장기요양을 이끌어낼 수 있는 항목으로 되어 있지 않다고 하는 인상마저 갖게 한다. 오히려 자리보전하고 있는 치매노인이나 신체적으로 약한 치매노인용의 판정항목이 되고 있다는 느낌을 주고 있다.

앞에서 소개한 건축기사였던 N씨는 이미 실시된 인정모델 사업에서 자립인정이 되어버렸다. N씨는 「물망초」에 매일 다니는 것으로 안정된 생활과 정신상태를 되찾고 증상도 회복했기 때문에 신변의 기본적인 일은 스스로 할 수 있게 되었던 것이다. 그러나 혼자 놔두면 상태가 불안정하게 될 수 있다.

치매노인을 개호하는 개호자의 부담은 조사항목에 있는 개호자의 지시에 대한 반응이나 문제행동에 반드시 비례하는 것은 아니다. 치매의 중증도에 의해서만 판단할 수 없는 경우도 있다. 특히 치매노인에게는 심리적인 긴장이나 압박이 있어서 자주 주위 사람들과의 트러블이나 감정적 압력이 생기지만 이것은 조사항목에는 반영되어 있지 않다. 환자 본인의 상태는 환경이나 타인과의 관계에 크게 영향을 받기 때문에 그것을 바르게 평가할 수 없는 조사 항목에도 한계가 있다. 특별 요양 홈에서의 개호 실태를 모델로 하고 있는 것에서 오는 한계라고 할 수 있다. 이와 같이 컴퓨터에 의한 1차 판정만으로는 전혀 기대 밖의 결과가 나오는 것이 지급단계에서 예상될 수 있다. 판정을 위한 조사항목과 기준을 재검토할 필요가 있다.

1) 특기사항 · 의사 소견서의 중요성

치매노인의 장기요양보험 서비스를 신청할 경우에는 이러한 문제점을 보충하기 위해서 장기요양 인정조사 직원에 의한 특기사항이나 의사 소견서로 개호실태를 충분히 기술하는 것이 불가피하다. 특기 사항란에 조사항목에서는 건질 수 없는 개호의 실태나 가정환경을 확실하게 써줄 필요가 있으므로 의견서를 받을 때에는 치매증에 대한 것을 잘 아는 의사에게 적절하게 기입을 의뢰하도록 할 필요가 있다. 또 인정이전의 문제점도 존재한다. 장기요양보험은 자기가 신청해서 비로소 서비스를 받을 수 있는 제도이다. 행정담당자가 권유하러 오지도 않는다.

예를 들면 다음과 같은 케이스가 있다. 독거노인으로 치매가 막 시작된 자이다. 멀리 떨어진 곳에 살고 있는 딸에게 이웃사람으로부터 「아무래도 치매가 진행돼서 힘든 것 같다」라는 연락을 받았다. 딸이 「의사에게 갑시다」라고 말해도 환자본인은 「나는 어디도 이상하지 않아」라고 주장한다. 설사 병원에 가도 딸도 어떤 상황인지 직접 알지 못하기 때문에 정확한 것을 말할 수 없다. 이러한 사람은 장기요양보험에 어떻게 관계될 수 있을까? 꽤 심한 상태가 되지 않으면 장기요양보험신청에 연결될 수 없는 케이스로 생각할 수 있다.

2) 시설정비의 지연

또 다른 문제는 적절하게 장기요양인정이 되어도 기대한 만큼 서비스를 받을 수 있는 것이 반드시 보장된다고는 할 수 없다는 점이다. 장기요양보험제도 시행에 의해 지금까지 노인복지제도의 두 조직으로 되어 있던 서비스가 하나로 통합된다. 그러나 치매노인을 위한 시설은 절대수가 부족한 현상이다. 특히 그룹 홈의 정비는 불충분하고 많은 보완이 필요한 실정이다. 데이서비스는 치매환자가 이용할 수 있는 제도이지만 이 서비스를 실시하고 있는 곳은 아직 한정되어 있다. 치매 노인을 위한 데이케어를 할 수 있는 곳도 극소수이다. 더구나 이들 서비스는 요양등급이 높지 않으면 매일 다닐 수 없게 된다. 특히 고령화가 진행되고 있는 지역에서 필요한 서비스의 정비가 늦어지고 있는 것이다. 제도가 시행되어도 시설 정비를 자치단체가 독자적으로 강화하지 않으면 필요로 하고 있는 사람들이 서비스를 받을 수가 없어서 「보험은 있으나 개호는 없다」는 사태를 초래할 수 있다.

3) 이용자 부담의 문제

장기요양보험에서는 서비스를 받으면 일정비율의 자기부담을 해야만 한다. 그것이 장기요양보험제도로 바뀌게 되면서 일부 고액 소득자를 제외한 대다수의 사람들에게는 현행제도보다도 부담액이 늘어나게 되었다. 그 때문에 경제적 이유에서 횟수를 줄일 수밖에 없는 케이스도 나오게 된다. 치매노인의 경우 매일 다니는 것이 매우 중요하다. 익숙한 환경에 정착하는 것에 의해 증상도 안정된다. 그렇게 되면 가족도 여유를 갖고 대응할 수 있게 된다. 이용자 본인부담 때문에 이용횟수가 줄어들게 되면 그 효과는 저하될 수밖에 없다.

2. 치매노인케어의 도달점과 장기요양보험

치매노인에 대한 개호수준은 현재 어디까지 도달해왔는가? 지금 노인장기요양보험법이 시행되었지만 과연 장기요양인정을 둘러싸고 어떠한 과제가 있는가? 치매노인의 가족은 어떻게 대응하면 좋은가? 향후 노인장기요양보험법제도의 개선에 대해 어떠한 과제가 있는가? 치매노인과 가족에 대한 케어를 어디까지 할 수 있는가? 또 장기요양보험제도의 서비스 메뉴에서 치매노인개호에 어떻게 대응할 수 있을까? 치매노인에 대한 인간으로서의 존엄을 지킬 수는 있을까? 등 치매노인개호를 둘러싼 이러한 문제를 어떻게 접근해야 하는가를 검토할 필요가 있다.

1) 「치매노인을 가진 가족의 모임」 운동의 성과에 자신을 갖고 뒷전으로 밀리는 치매노인

나는 「치매노인을 가진 가족의 모임」 활동에 참여한지 10년 되었다. 낙천적인 성격 때문인지 모르지만 그 동안에 치매노인에 대한 시설이 정말로 진보되었구나 하는 실감을 갖고 있다. 이것도 「가족의 모임」이 운동을 계속해온 성과라고 생각한다. 1990년에 K시 사회복지협의회가 실험적으로 시작한 탁노소 「치매성 노인의 모임」에 코디네이터로서 참여했다. 거기에서 2년간 「가족의 모임」 회원 분들과 함께 치매환자의 시중을 들어왔다. 그곳에서의 경험을 말하고자 한다. 왜 사회복지협의회가 치매환자에게 한정된 탁노소를 시작했는가 하면, 당시 치매노인이 데이서비스를 이용하려고 해도 「치매환자는 우왕좌왕 여기저기 돌아다니고 무엇을 할지 알 수 없다」라는 이유로 거절당하는 상황이었기 때문이다. 그렇다면 「치매노인만을 떠맡아 보살피는 탁노소를 만들자」하여 시작한 것이다. 탁노소에서 치매노인과 접하는 중에 「아무것도 할 수 없고 알지 못하는 사람」이라고 생각하고 있었던 것이 틀렸다는 걸 깨달았다. 모든 것을 알지 못하는 것도 아니고 자기 자신이 깜빡 잊거나 비정상적인 일을 하고 있는 것을 알아차리고 있다. 할 수 있는 것도 많이 있다. 「치매환자가 이런 일도 할 수 있을까?」하는 경우를 많이 경험했다. 그때까지 여러 가지 「문제행동」들도 있어서 가족 분은 몹시 고생을 해왔다. 집에서는 실패나 트러블이 많아 질책한 적이 종종 있었지만 환자본인은 가족과 떨어져 탁노소에서 자기가 할 수 있는 능력을 평가받는 것으로 자신감을 회복하고 건강하게 되었다. 가족도 눈을 뗄 수 없는 개호에서 한숨 돌리게 되고 또

남겨진 능력을 알고 환자본인을 객관적으로 볼 수 있게 되었다.

나는 K시의 데이서비스센터에서 최근까지 일하고 있지만 여기는 K시 내에서 처음으로 매일 다닐 수 있는 치매환자전용의 E형 데이서비스를 개시한 곳이다. 일반적인 데이서비스에서는 주 1회 밖에 다닐 수 없다. 그러나 탁노소의 경험에서 「매일 다니는 것만으로도 치매환자는 안정된 생활을 보낼 수 있다」고 주장하고 그 실현을 위해 운동을 펼쳐 왔다. 이렇게 해서 데이서비스가 시작된 것이다. 지금은 자리보전하는 분이 「치매환자는 매일 다닐 수 있어서 좋겠다. 우리들은 주 1회뿐이야」라고 부러워하기까지 했었다. 이것도 우리들 「가족의 모임」을 시작으로 현장에 관계하는 사람들이 운동을 해 온 것에 의해 쟁취할 수 있었던 성과이다. 일반적으로 노인개호시책은 자리보전하는 환자를 염두에 두고 진행된 경향이 있다. 치매노인을 위한 시책은 뒷전으로 밀리게 된 것이다. 제도나 시설을 만들 수가 있었다. 이번 장기요양보험에서도 자리보전하는 환자를 중요시하고 치매노인은 경시되고 있다. 그러므로 치매환자도 안심하고 살 수 있는 장기요양보험제도로 만들어가기 위해 많은 사람들과 함께 생각하고 운동해가는 것이 중요하다. 「노력하면 실현된다」고 하는 것을 나의 경험에서도 말하고 싶다.

2) 의료에서 배제되는 치매노인

치매노인은 나이 듦과 함께 다른 신체적인 병을 병발하는 일이 자주 있다. 그런데 의료분야의 전문화가 진행되어가는 상황속에서의 치매노인이 의료에서 배제될 가능성이 확대되고 있다. 특히 배회 등의 문제행동이 있는 환자에 대해서 필요한 의료케어가 실시되지 않는 현실이다. 예를 들면 배회 등의 「액티브」한 문제행동이 있는 치매노인에 대해서 암이나 뇌경색의 의심이 있어도 우선 먼저 가족에게 「치매증이 있으므로 치료나 검사를 할 수 없다」고 설득하거나 다른 병원으로 옮길 것을 재촉하거나 하는 경우도 있다. 장기요양보험제도가 시작됨에 따라 점점 필요한 의료에서 배제될 가능성이 증대되는 것은 아닐까하고 우려도 있다. 장기요양보험제도의 시행에 따라 치매노인이 개호에 집약되지 않고 필요한 의료에 대해서도 보장받을 수 있도록 앞으로 보험 · 의료와 개호를 중심으로 하는 복지와의 연계 · 제휴를 더욱더 강화해 가는 것이 과제가 된다. 의료 · 복지 쌍방의 서비스가 제휴 · 통합되는 형태도 역시 향후 과제로 남아있다.

3) 재가서비스의 실상과 문제점

재가서비스의 구체적인 사례에서 나타나는 치매노인 케어의 현상과 문제점은 무엇인가?

(1) 사례 A. 수년전에는 생각할 수 없었던 재택생활

75세로 혼자살고 있는 남성 A씨

막무가내로 재택생활조차 받아들이지 않는다. 뇌경색 때문에 보행이 곤란하고 스스로 침대에 앉는 것이 고작이다. 오줌이 마려운 느낌도 없고 완전히 기저귀를 찬 상태이지만 그것을 이해하지 못하고 기저귀를 어느 틈에 빼버려서 주위는 순식간에 불결해진다. 치매노인을 감싸주는 행위에도 심하게 저항한다. 그러나 1년 반 전 굴러떨어져서 입원한 것을 계기로 환자본인의 양해를 이끌어내면서 퇴원 후의 재택지원의 형태를 다시 수정하기로 하였다. 이를 위해 일상적인 지원관계를 어떻게 만들어 낼 것인가 관계자가 의논을 거듭했다. 그 결과「더러워지면 그 보다 더 세탁한다」고 하는 마음가짐으로 A씨의 희망을 최대한 존중한다고 하는 방침을 굳혔다. 현재는 노인 홈에서 택배식, 하루 5회의 홈 도우미에 의한 기저귀 교환이나 집안일, 방문간호에 의한 입욕이나 신체관리, 내과와 비뇨기과로부터의 방문진료라고 하는 형태로 어떻게든 재택생활을 유지하고 있다.

지역간의 차이가 있으나 비교적 서비스를 얻기 쉬운 지역에서라면 수년전에는 생각할 수도 없었던 재택생활을 실현할 수 있게 되었다. 그리고 문제행동이라고 하는 경우에도 관계자의 적극적 이해가 필요했다고 생각한다. 이것은 커다란 전진이라고 본다. 그러나 겨우 여기까지 도달한 과정에 이번에는 장기요양서비스 한도를 법률로 정해버린 장기요양보험이 실현되게 되었다. A씨의 경우에도 지금은 한도를 염두에 두지 않고「필요한 원조는 무엇일까?」라는 생각으로 공적인 서비스를 받을 수 있는데 앞으로는 현재의 서비스가 장기요양보험으로 전부 커버된다고는 기대할 수 없고 전액 자기부담으로 민간서비스를 추가하지 않으면 재택생활을 유지할 수 없다고 예상된다.

(2) 사례 B. 재가서비스의 희망을 이룰 수가 없다.

78세로 혼자 사는 남성 B씨

뇌경색으로 입원 후 겨우 잡고 걸을 수 있을 만큼 회복되어 다시 혼자 살게 되었다. 이해력 저하는 진행될 뿐이지만 주 3회 홈 도우미의 가사원조를 받으면서 데이케어(주 2회)와 데이서비스(주 1회)에는 언제나 즐겁게 참가할 수 있었다. 그러나 보행장해의 진행을 이해할 수 없고 일을 하려고 움직이면 굴러떨어지고 골절되고 자주 입 · 퇴원을 반복했다. 어떻게든 수술은 극복했지

만 폐쇄적인 입원생활에서는 낮과 밤이 바뀌는 것이 심각한 문제로 되었다. 안정제에 의한 활력 저하도 나왔다. 멀리 떨어진 곳에 사는 아들은 「좋아하는 집에 보내주고 싶다. 가끔 모습을 봐 달래면 좋을 텐데……」하고 어느 정도 위험을 알고도 재택을 선택하게 되었다. 그러나 아쉽게도 서비스량이 부족하여 여러 번 방문할 수 있는 도우미를 확보할 수 없었기 때문에 자택복귀는 불가능하게 되었다.

B씨는 A씨의 경우보다도 이동능력이 높기 때문에 가사나 배설 등의 문제뿐만 아니라 위험에 대해 지켜보는 개호가 빈번히 필요하게 된다고 생각된다. 치매노인의 신체가 부자유해서 배회는 못하지만 위험한 행동을 회피하기 위해 혼자 놔둘 수 없는 경우는 자주 있다. 위험을 예측한 섬세한 개호나 안부확인을 위한 개호가 필요하게 된다. 앞으로 적극적으로 사회적 개호 속에 편입시켜야만 할 영역이라고 생각한다.

(3) 사례 C. 약한 입장에 있는 이용자

76세로 딸과 손자와 셋이 살고 있는 C씨

딸이나 손자의 얼굴도 알아볼 수 없을 정도의 알츠하이머가 진행되었다. 딸은 이혼 후 아이 기르기와 어머니의 개호를 떠맡고 앞날이 깜깜했다. 어쨌든 노인보건시설을 이용하고 집단생활에서의 모습을 끝까지 지켜보면서 어머니의 앞날을 생각해 가기로 했다. 이것은 동시에 딸의 인생을 생각하는 것이기도 하다. 딸은 어머니와의 관계를 통찰해서 가장 좋은 선택은 뭘까 하고 계속 모색했다. 당연히 어머니에 대한 부정적인 감정과도 마주보게 되었다. 딸의 괴로운 작업이 시작되었다. 그런데 아직 그 작업을 시작한지 얼마 안되었을 때 상담원으로부터 「3개월이 되었으니까 다음에 갈 곳을 정하도록 하세요」하는 일방적인 연락을 받았다. 하는 수 없이 다른 시설을 견학하기 시작했지만 딸이 「어머니에게 적절하다」고 타협할 수 있는 곳은 아무래도 발견되지 않았다. 이윽고 입소중인 시설에서 소개할 수 있는 시설이 있다고 연락이 왔다. 그러나 그곳은 이전에 견학을 하고 아니라고 판단한 시설이었다. 딸은 보이지 않는 중압감에 빠졌다.

「어머니와의 심리적인 문제를 정리하면서 납득할 수 있는 자기결정을 할 수는 없는 것일까?」

「원조란 이용자의 개별성이나 관계성을 무시하고 단지 물건을 적당히 나누어 주는 것인가?」

딸은 복지서비스나 원조의 이름하에 보이지 않는 힘으로 인간적인 요구를 절하시켜 멸시당해 가는 이용자의 모습을 체득하고 있었다.

이 사례는 이제까지 비교적 경시되어온 상담원조의 질에 대한 문제를 던져서 원조하는 사람 모두에게 강렬한 경종을 주는 것이라고 생각한다. 특히 치매노인을 가진 가족은 이 딸처럼 정말로 다양한 현실과 감정에 마주치게 될 것이다. 해결의 방도가 간단히 발견되지 않을 때도 많다고 본다. 앞으로 치매노인 원조의 다수는 케어매니저가 담당하게 된다. 장기요양보험제도의 발족으로 대량으로 양성되는 케어매니저가 기계적인 서비스의 준비만으로 달려가는 것은 아니고 가족과 함께 고뇌해서 문제해결에 힘을 합쳐가는 것을 목표로 할 필요가 있다고 생각한다.

4) 크게 변화된 진찰실에서 볼 수 있는 풍경

(1) 치매를 외래로 진찰하는 것의 실패

나는 W시에 있는 H병원에서 정신과 의사를 하고 있다. 나는 케어매니저의 자격을 갖고 있지 않다. 나는 치매개호가 대단히 좋은 지점까지 왔다고 실감하고 있다. 정신과 의사로서 매일 병원에서 진료하기 때문에 내가 할 수 있는 이야기는「진찰실에서 볼 수 있는 풍경」에 한정된다. 그 풍경은 이 10년 동안에 크게 변화되었다고 느끼고 있다. 10년 전 내가 있는 곳에서 진찰받은 환자의 가족으로부터는 치료가 아니고「수용」을 요청받은 적이 많았다고 생각한다. 내 기억으로는 당시의 W시에서의 치매노인의 재택원조 상황은 예를 들면 데이서비스는 2주일에 1번, 도우미는 1주일에 2번 정도가 한계였다고 생각한다. 특별요양 노인홈의 입소의 경우 3년 대기하여야 하는 상황이었다. 결국「가족의 개호력만에 의지한 재가서비스」와「그것이 한계를 맞이했을 때에 입원 또는 입소」라고 하는 2개의 선택밖에 준비되어 있지 않았다. 내가 있는 병원은 치매환자를 입원시켜 보살필 수 있는 침대가 적고 외래수가 많은 것이 특징이다. 필연적으로「외래중심으로 치매노인을 진찰한다」고 하는 것을 기본으로 할 수밖에 없었다. 그러나 그것은 잘 되지 않았다. 당연한 일이지만「외래에서 치매를 진찰한다」는 시도의 성패는「재택에서 치매를 간호한다」는 것의 가부와 겹쳐있었기 때문이다. 단기 입원으로 귀가시키려 해도 가정에 개호의 기본이 없으니까 가족의 강한 저항과 지역사람들로부터의 불평, 비판을 낳았다. 많은 사람에게 폐를 끼치고 많은 사람들로부터 비판을 받게 되었다. 이것은「가족개호만의 재택」과 그것이 한계를 맞이했을 때의「시설수용」만의 당시의 상황을 반영하고 있었다고 해도 좋다.

치매를 재택에서 간호하는 조건이 되어가고 있다. 그때로부터 10년이 지나 병원에 요구되는 기능은 대단히 변화되었다. 하나는 「진단확정」이나 「정신증상을 조금 낫게 하는 것」을 목적으로 한 수진이 늘어난 것이다.

입원치료에 있어서도 「다른 서비스 이용이 가능한 상태로 지속해간다」는 것에 따라 「지금 이상으로 개호하기 쉽게 되도록」이라고 하는 치료목표가 성립하게 되었다. 이것은 진찰실에서 볼 수 있는 풍경으로서는 큰 변화였다. 이러한 변화를 가능케 한 배경에는 노인보건시설이나 방문간호스테이션이 등장하고 재택개호지원센터가 생기게 되었으며 E형 데이서비스, 그룹 홈이라고 하는 새로운 서비스 유형이 창출되고 발전해 간 것 등을 들 수 있다. 또 양적 확대만이 아니고 치매에 대한 인식도 깊어졌으며 질적으로 우수한 실천사례가 등장함에 따라 치매노인의 입장에서 서비스 제공이 가능해지고 있다. 그러나 이들 서비스 제공에는 지역에 따라 큰 격차가 있다. 밝은 앞날을 기대해 볼 수 있는 정도에 있다는 것이 치매노인개호를 둘러싼 현재의 상황은 아닌가 하는 생각이 든다.

(2) 장기요양보험에 의한 표준의 공과

이 도달점이 장기요양보험에 의해 어떻게 될 것인가는 미묘한 부분이다. 장기요양보험에 의해 제공되는 서비스 수준은 현재의 도달점의 일반적 · 평균적인 부분에 기준을 두고 그것을 표준화한다고 하는 방법으로 설정되는 것이라고 할 수 있다. 그러나 표준화에는 공과 양면이 있다. 뒤쳐진 부분을 끌어올림과 동시에 앞서 나아가고 있는 부분을 평가절하할 수밖에 없기 때문이다. K시라는 한정된 지역을 봐도 각 행정구에 따라 격차가 크고 서비스가 빈곤한 지역에 사는 사람들에게는 복음이 되는 한편, 평균적인 수준을 상회하는 서비스를 제공하고 있는 지역에 사는 사람들에게는 현상으로부터의 후퇴를 의미한다.

기존의 여러 사례는 종래 받아온 서비스가 장기요양보험 시행에 의해 제한되고 많은 사람과 서비스를 투입하는 것으로 재택생활을 계속하고 있는 사람이 시설입소를 어쩔 수 없이 하게 되는 경우도 많은 것 같다. 환자본인이나 가족의 생각을 보다 반영하여 선구적인 실천을 모색해 온 경우에는 장기요양보험과의 충돌이나 마찰이 커질 수도 있다. 장기요양보험이 보다 치매노인의 존엄을 유지할 수 있도록 기존의 선구적인 노력 속에서 발견된 경험사례를 보편화(표준화)해가는 것도 바람직하다고 생각한다.

(3) 치매노인 개호의 특질

장기요양인정은 일상개호의 수고를 시간으로 전환해서 순위를 부여한 것이지만 조사항목을 보면 여러 사람이 말한 것처럼 치매노인의 장기요양실태와 동떨어진 항목으로 되어 있는 느낌을 준다. 결국 현시점에서 구체적으로 장기요양을 필요로 하는「문제가 되는 행동」을 체크하는 것이고「문제가 되는 행동」을 일으키지 못하도록 행해지고 있는 개호행위에는 눈을 돌리려고 하지 않는 것이다. 치매노인개호의 특징은「문제가 되는 행동」이 발생하지 않도록 혹은 최소한이 되도록 노력한다는 소위 예방적인 측면에 있다.

이것은 단순히 하나의 행위에 대해서 직접적으로 원조하는 개호행위와 비교하면 복잡하고 몹시 시간이 걸리는 개호인 것이다. 가령 가족은 치매노인에게 바뀐 언동이 있으면 적절한 표현을 할 수 없는 환자 본인의「무엇인가의 신호」로서 열심히 이해하려고 하고 안정된 상태를 만들려고 한다. 이러한 개호의 연속은 결코 평탄하지 않고 실로 많은 에너지를 소비하게 한다. 가족은 환자본인이 비록 현실을 이해할 수는 없어도 조금이라도 평화로운 나날을 보낼 수 있도록 실로 세심한 주의를 기울이면서 개호를 계속하고 있는 것이다. 그런데 그 노력이 성과를 거두어 문제가 되는 행동이 없어졌다는 것에 의해 장기요양인정 평가에서는 제외되는 것이다. 이것은 매우 역설적인 일이다.

치매유형에 의한 데이터 분석으로 치매라고 판정하기는 어렵다. 인정조사표(기본조사)는 치매에 관해서는 기억장해 · 지남력장해와 문제행동을 짜 맞춰서 구성되고 있지만 치매의 임상유형에 따라 장기요양인정에서 비교적 바르게 평가되기 쉬운 유형과 대단히 낮게 평가되기 쉬운 유형이 있다. 치매전반에 대한 문제도 있으나 임상유형에 따라서는 혜택받은 케이스와 혜택받지 못한 케이스가 나오게 된다. 그러므로 유형마다의 데이터 축적과 분석이 필요하게 된다. 이 분석결과를 사용해서 개선점을 더욱 구체적으로 마련해 가는 것이 필요하다.

3. 가족은 방문조사에 어떻게 임해야 좋을까?

1) 장기요양 인정조사 직원이라고 해서 반드시 치매증에 익숙하다고는 할 수 없다.

실제의 장기요양인정 작업에서는 케어매니저의 자격을 가진 장기요양 인정조사 직원이나 시 · 정 · 촌 직원이 가정을 방문해서 사정을 듣고 조사를 한다. 아무리 조사원이 관련 연수에 가서 치매노인에 대한 강의를 받았더라도 이것만으로는 치매노인이 안고 있는 문제를 이해할 수 없을 것이다. 치매증에 대한 인식이나 경험이 부족한 사람이 평가나 진단을 할 경우 그 환자의 실태를 충분히 이해하지 못하는 일이 많다. 가령「안녕하세요」하고 방문하면「안녕하세요. 앉으세요. 밖은 덥지요? 시원한 차라도 한잔」이라는 일상의 인사나 예의는 보통사람과 다르지 않은 환자도 있다.

치매증 초기에서 중기 전까지는 자주 있는 일이다. 혹은「어디에서 오셨습니까?」하고 물으면「B 뉴타운에서 왔다. 예전에 나는 전쟁에 나갔었죠. 어디 어디서……」라고 확고한 어조로 옛날이야기를 시작하는 분도 있다. 이러한 인사나 대화에 속아서「이 사람은 건강하다」고 조사원이 판단해 버리는 일도 있다. 치매환자는 아까 먹었던 식사는 기억하지 못해도 옛날의 일은 잘 기억하고 있는 것이다. 여러 가지 질문을 하는 등 이야기를 진척시키면 앞뒤가 맞지 않는데 같은 말을 되풀이하는 것을 깨닫게 된다.

또 실내 정리정돈이나 청소, 환자본인의 복장, 활기있는 표정이나 차분한 모습을 잘 관찰할 필요도 있다. 조사원이 이처럼 마음을 쓰면 그 사람의 치매가 어느 정도인가를 판단할 수 있는 것이지만 치매에 대한 전문지식이 부족한 의료관계자나 복지관계자로는 그것을 할 수 없다고 생각한다. 특히 정신이 왔다 갔다하는 치매환자는 상황을 더욱 알기 어렵다.

조사원을 선택할 수 있는 경우에는 치매증에 대한 전문적 지식이 있고 가족의 이야기를 받아드리는 조사원에게 의뢰하는 것이 중요하다. 치매노인의 언동, 행동, 마음의 갈등을 이해할 수 있는 조사원인가 아닌가에 따라 인정결과가 좌우될 수 있다고 해도 과언이 아니다.

2) 개호의 실태를 구체적으로 전한다.

치매노인에 있어서 장기요양보험의 시작이 되는데 될 수 있는 한 현명하게 이용하고 체험하면서 개선의 필요를 호소하는 방법밖에 없다. 일련의 인정 절차 중에 호소해가는 것이 포인트가 된다.

① 애매하게 대답하지 말고 구체적인 상황, 곤란을 전해야 한다.

우선 장기요양인정을 위한 방문조사에 관해서이다. 가족은 조사원의 질문에「있다」,「없다」고 대답만 하지 말고 개호하는데 시간이 걸리는 부분이나 부담스럽게 느끼고 있는 부분을 모두 빠짐없이 조사원에게 전해주어야 한다. 조사항목의 회답 중에는「지켜보는 것이 필요」,「유지가 필요」,「간접적 원조」,「일부개조」,「가끔 있다」,「거의 없다」고 하는 중간적인 선택지가 많이 포함되어 있다.

그것들의 설문에는 애매하게 대답하지 않도록 해야 한다. 가령「큰소리를 낸다」는 설문에「네. 그렇습니다」혹은「가끔 있다」라고 대답만 하지 말고 언제, 어떤 상황에서 큰소리를 내는지 구체적인 곤란이나 개호의 상황을 이야기하도록 해야 한다.「특히 야간에 큰소리를 내는 일이 많고 밤이기 때문에 안정시키기 위한 외출도 할 수 없기 때문에 한밤

중에 잠들지 못하고 계속 상대를 해줘야만 하기 때문에 정말로 피곤하다」고 설명하면 1개월에 몇 차례 일지라도 개호의 어려움을 알게 된다. 또 조사원이 다른 조사항목에도 참고할 수 있는 계기가 될지도 모른다.

또 가족 중에는 「우리는 그렇게 수고를 많이 하지 않는다」며 아무렇지도 않은 듯이 생활의 일부로서 개호를 하고 있고 개호라고 인식하지 못하고 있는 사람도 있다.

예컨대, 「배설 싸인」을 놓치지 않고 화장실에 함께 간다. 몇 번이나 같은 말을 하지만 끈기있게 대답을 한다, 사람을 잘못 인식하고 있지만 완전히 그 사람이 되어 상대를 한다, 밖에 나가고 싶어 해서 함께 따라가 시중 든다 등이다. 이와 같은 실태를 전하지 않으면 「배설을 혼자서 할 수 있다」고 받아들일 수밖에 없다. 나날의 생활 속에서 실제로 마음을 쓰고 있는 것, 무심코 대처하고 있는 것을 떠올리면서 전해주어야 한다.

② 조사원에게 전하고 싶은 것을 메모한다.

조사원은 가족의 여러 가지 호소를 판단해서 응답 선택지를 선택함과 동시에 특기사항란에 써서 기입한다. 이것이 2차 판정에 있어서 고려되니까 개호실태나 노고를 빠뜨리지 않고 어떻게 인정조사표(기본조사)에 포함시키는가가 과제가 된다. 물론 씌어있으면 된다고 하는 것은 아니다. 그럼에도 불구하고 심사를 위한 시간은 극히 단시간이므로 적절하게 실태를 반영시켜서 간결한 표현이 요구된다. 그러기 위해서도 가족은 조사항목을 미리 알아두고 조사원에게 전하고 싶은 것을 잊지 않도록 메모하는 등 조사를 위한 준비를 하는 것이 중요하다.

③ 의사에게는 증상의 메모를 건넨다.

1차 판정에서의 중요한 자료는 조사원의 특기사항과 함께 주치의의 의견서이다. 특히 내과나 정형외과 등 정신과 이외에서 치료중인 환자는 자택에서의 치매상태를 자세하게 주치의에게 전달하지 않는 경우가 있기 때문에 주의가 필요하다.

단기간의 진찰에서는 충분히 전할 수 없는 일도 있으므로 진찰할 때 간결하게 쓰여진 메모 등을 건네서 치매실태를 잘 이해시키는 것도 좋은 방법이라고 생각한다.

의사는 병원에서는 진찰할 때 첨부된 편지나 증상 경과 메모 등이 전부 진료 카드에 붙어있는 것을 참고하곤 한다. 주치의가 의견서를 기입하는 경우에는 반드시 얼마간의 도움이 된다고 생각한다.

④ 설득력이 있는 특기사항, 의사의 의견서를 받는다.

장기요양인정의 결정을 각자치단체에 설치되어 있는 장기요양등급 판정위원회에서 행한다. 여기서 컴퓨터에서 나온 1차 판정을 토대로 특기사항과 의사의 의견서를 종합적으로 검토해서 5명의 심사원이 2차 판정을 내게 된다.

1차 판정의 랭크를 변경할 수 있는 권한을 갖고 있기 때문에 여기가 승부처가 된다. 많은 경우 각 심사원은 우선 자료를 대강 훑어보고 자기 나름의 잠정적인 평가를 하고 장기요양등급 판정위원회에 임하게 된다. 장기요양등급 판정위원회에서는 한 번에 대량의 심사를 하기 때문에 1인당 심사기간이 겨우 3분에서 5분 정도 밖에 사용할 수 없다. 한 번에 처리하는 양을 볼 때 이와 같은 계산이 될 수밖에 없다. 그러므로 치매노인의 개호실태를 이해할 수 있도록 간결하고 설득력 있는 특기사항과 의견서를 쓰는 것이 매우 중요하다.

(1)「의사 소견서」 작성에 있어 가족이 주의할 점

장기요양인정에서는 의사 소견서나 방문조사의 특기사항 기재 내용에서 특히 개요의 시간이 걸리는 것이 구체적으로 분명하게 되어 있는 경우에는 그것을 토대로 1차 판정결과를 변경할 수 있게 된다. 역으로 말하면 의사 소견서나 특기사항에 특히 기재가 없는 경우에는 컴퓨터에 의한 1차 판정이 그대로 최종적인 인정결과가 되어버린다.

의사 소견서에는 진단명, 장해의 직접 원인이 되고 있는 질병의 경과 · 치료내용, 과거 14일 이내에 받은 의료, 심신의 상태에 관한 의견, 개호에 관한 의견, 기타 특기해야 할 사항 등이 기재된다. 매우 상세한 내용이므로 외래 · 입원 카르테(Karte: 의사의 진료기록카드) 기재를 참고로 할 뿐만 아니라 항목을 빠뜨리지 않고 기재하는 것은 곤란하다고 말할 수 있다. 개호자, 가족은 어떠한 증상 때문에 어느 만큼 개호에 시간이 걸리는가를, 어떻게 요령있게 빠뜨리지 않고 주치의에게 전해서 의견서에 기재해 받는 것이 매우 중요한 포인트가 된다. 그러기 위해서는 의견서 작성을 위한 문진표를 이용하는 것이 좋다.

미리 기입해서 의사에게 건네는 것도 좋다. 물론 의견서 기입에는 환자본인의 진찰이 필요하므로 장기요양인정 신청에 있어서는 주치의와 연락을 긴밀히 해두는 것이 필요하다. 또 방문 진단이나 재활 등 계속적으로 진료를 받고 있는 사람은 별도로 하고 전문적인 의료나 감기 등으로 가끔 의료기관에 가는 사람 등은 주치의가 정해지지 않은 경우도 있을 것이다. 이 기회에 주치의를 가까운 곳에 갖는 것을 권장한다.

3) 납득할 수 없으면 이의신청한다.

2차 판정에서 나온 장기요양 인정결과에 불만이 있는 경우 이의신청(재심사청구)이 제도적으로 보장되고 있다. 가족이 직접 실태를 호소하는 기회이므로 심사결과에 납득할 수 없는 경우에는 꼭 활용해 보자.

장기요양 인정결과에 대해서 불만이 있으면 신청자가 재심사를 요구할 수 있는 이의신청 제도가 있지만 지금까지 이와 같은 행정에 의한 노인 홈 입소조치에 대해서 이의신청의 행위는 할 수 없고 대기가 용인되어 왔다. 받은 서비스에 대해서 불만을 말하는 것도 적은 실정이다.

「보복이 있는 것은 아닐까?」하고 우려했기 때문이다. 그러나 장기요양보험제도에 있어서는 인정결과에 이의신청이나 서비스에 대한 불만은 제도적으로 보장되고 있고 그러기 위한 상담창구가 있어 지원도 해주고 있다. 이것은 크게 활용해야 할 제도이다.

독일에서는 장기요양보험제도가 시작되고 벌써 5년이 지나고 있다. 독일의 자료를 보면 인정에 대한 이의신청은 40%에서 80%율로 행해지고 있다. 게다가 이의신청을 한 사람의 40% 전후의 사람들이 그 후의 재심사에서 인정랭크가 변경되었다고 보고되고 있다. 「조금 이상하다」고 생각되면 참지 말고 이의신청이나 불만신청을 하는 것이 필요하다. 일본변호사회 등에서는 재심사의 결과를 될 수 있으면 빨리해야 하고 그렇지 않으면 요개호자에게 도움이 되지 않는다고 지적하고 있다. 이의신청이 많이 나오게 하는 것이 장기요양보험제도의 개선에도 연결된다.

4. 더 좋은 장기요양보험이 되기 위한 개선에 대한 제언

1) 예방 과정으로서의 개호를 지원해야만 한다.

치매노인의 개호에서 중요한 것은 치매환자를 따뜻하게 보살피고 마음을 알아주고 행동을 예측하는 것에 의해「문제행동」을 방지할 수 있다는 것이다. 그것에 의해 환자본인도 가족도 안정된 생활을 보낼 수 있게 된다. 이것을 장기요양보험제도는 바르게 평가해야만 한다. 앞에서 말한 인정방법에 있어서 치매노인의 특징은 문제가 되는 행동이 발생하지 않도록 노력하는 소위 예방적인 측면에 있다는 것을 말했다.

그러기 위해서 하는 계속적으로 시간이 걸리는 개호가 인정실무에서는 평가받지 못하는 실정인데 장기요양보험제도를 이와 같은 예방 과정으로서의 개호를 지원하는 것으로 바꿔가야만 한다. 그렇지 않으면 치매노인의 개호를 지원하는 장기요양보험이 되지 않는다.

리허빌리테이션(rehabilitation)이나 예방의 관점을 전적으로 동감한다. 장기요양보험법에서는 그 시점에서 대상자가 실제로 필요로 하고 있는 개호의 실태로만 판정되지 않는다. 그 때문에 가령 데이서비스를 주 5회 이용하기 위해서는 요양등급이 높지 않으면 안 된다. 그러나 초기 치매환자에게서는 데이서비스 이용이 리허빌리테이션이나 예방면에서 효과가 있다는 것이 많은 경험에서도 확실하게 인정되고 있다. 이것을 더욱 인식하고 필요하게 된 개호조건을 정비해가기 위한 장기요양보험이 그렇게 되지 않기 위한 생활 리허빌리테이션이나 예방의 관점을 도입한 사고방식으로 변해갈 필요가 있다.

(1) 치매에 자립판정은 있을 수 없다.

현재 치매증상을 주원인으로 뭔가 서비스를 이용하고 있는 사람은 중등도 이상의 치매상태에 있다고 보면 거의 틀리지 않는다. 경도의 치매상태란 「사회생활에는 지장을 주지만 일상생활에는 원조를 요하지 않는다」는 레벨을 가리킨다.

이 레벨의 사람이 치매를 이유로 서비스 제공 대상이 되고 있는 것은 적다. 따라서 치매를 이유로 장기요양인정을 받으려고 하는 사람에게는 적어도 자립판정을 얻을 수 없고 무조건 요지원 이상의 판정이 되어야만 한다고 본다. 장기요양보험에는 개호를 요하는 상태에 대한 원조를 충분히 제공한다고 하는 측면과 함께 개호를 필요로 하는 상태가 되는 것은 될 수 있는 한 방지하는 데 있다. 또는 개호를 필요로 하는 상태를 될 수 있는 한 경감한다고 하는 측면이 있다. 일본에서도 개호인정에서 「요개호」 앞에 「요지원」이라고 하는 순위를 준비한 것은 후자의 측면에 의한 것이다. 이러한 점에서 「리허빌리테이션 전치(前置)」라는 말로 이해해도 좋다고 본다. 치매성 질환의 특징은 그 많은 것이 진행성이라는 점이다. 그 점에서도 「리허빌리테이션 전치」를 주장하는 장기요양보험제도의 취지가 바르게 장기요양인정에 반영되어야만 한다고 생각한다. 리허빌리테이션이나 예방 등 치매노인이 일찍부터 케어를 받을 수 있는 제도로 정비해가야만 한다.

2) 가족관계를 시야에 넣은 제도로

치매노인 개호에 대한 심신의 부담감은 때로는 시설급여를 통하여 가족관계가 발전함으로써 개호하는 가족의 심신 상태를 크게 변화시키는 경우가 있다. 이 경우 재가서비스에서 시설급여로 새로 바꿀 필요가 있다고 하는 경우도 있다. 그러나 그 결과 치매노인이 시설에 장기간 입소해버리면 그때까지의 재택생활과는 달라지고 조금 거리를 둔 치매노인과 가족의 관계가 만들어져 버릴 수 있다. 그것은 재가서비스의 한계성에 이르러 시설입소를 선택하게 하는 일면을 반영하고 있는지도 모른다. 이 이외에도 우리들은 시설입소와 재가서비스를 선택하는 가족에게 무의식중에 우열을 정하는 것은 아닌가 하는 생각이 든다.

재가서비스가 소리 높아짐에 따라 더욱 우려되는 점도 있다. 마치 시설입소자 가족은 나쁜 짓을 한 것처럼 갈등을 겪게 되는 경우도 있다. 요개호노인과 그 가족의 관계는 극히 개별적이다. 시설에 입소하고 있어도 가족이 노인과의 관계를 포기하지 않고 노인에게 마음을 쓰고 그것들을 할 수 있는 형태로 계속 관계해 가는 것이 중요하다. 그것을 지지하는 것이 시설의 가족지원이라고 본다. 이용자와 시설과는 직접 계약관계가 된다. 가족에게는 시설이 지금까지보다 한층 가까운 것이 되고 시설업소가 노인과 가족의 발전적 관계를 만드는 것에 기여하는 것을 기대한다.

치매노인 본인이나 가족이나 실태에 알맞은 유연한 운용은 최고 단계인 최중증(1등급) 판정을 받은 경우 모델케이스에 있어서는 데이서비스 이용의 상한이 설정되어 있다. 체재시간 이외의 하루 대부분의 시간은 서비스를 받을 수 없다. 이처럼 서비스의 이용이 제한되는 상황에서는 가족개호가 전제가 되지 않으면 제택생활을 계속할 수 없을 것이라 예상된다. 치매증 환자에 관해서는 가족에 의한 개호를 전제로 한 사고방식으로 되고 있다고 할 수 있다. 가족개호를 믿지 않아도 환자 본인의 상태나 특징, 가정환경 등의 각각의 조건에 맞는 이용을 할 수 있는 제도를 만들어 갈 필요가 있다. 특히 문제행동이 있는 경우는 더욱 유연한 운용이 요구된다.

(1) 독거치매노인에 대한 문제점

독거생활이 성립되는 서비스를「보험있고 개호없다」고 하는 말을 자주 듣는데 장기요양인정이 되어도 가장 중요한 서비스를 받을 수 없다고 하는 것이 현실이다.

현재의 서비스 수준에서는 대응하기 어렵다는 것은 분명하다. 이것은 병을 발견했지만 치료를 하지 않고 방치되었다고 하는 상태와 같은 것으로 간과할 수 없는 사실이다. 오로지 현장 밖에는 알 수 없는 실정도 많다고 보기 때문에 앞으로 그와 같은 문제상황에 대해서는 보다 많은 현장사례가 축적될 필요가 있고 개선에 노력을 기울일 필요가 있다. 또 장기요양인정은 가족의 유무와는 무관하고 환자본인의 심신상태만으로 인정된다. 이것은 가족의 개호력에 의존하지 않고 개호의 사회화를 추진해가고 있는 증거라고 말할 수 있다. 그렇다고 하면 현재 독거치매노인생활을 성립시키기 위한 서비스가 어디까지 보장되는지가 명확하게 검토되어야만 한다. 앞으로 독거치매노인에게 제공되는 서비스의 양과 생활레벨을 크게 개선해 나갈 필요가 있다고 본다.

3) 이용자 중심의 제도로 인정랭크와 한도액이 세트로 되어 있는 문제점

장기요양보험제도에서는 장기요양인정에 의해 이용할 수 있는 서비스의 한도액이 정해진다. 다시 말하면 인정랭크와 이용할 수 있는 서비스 양이 세트로 되어 있는 것이다. 장기요양등급 인정랭크는 대상자의 상태에 따른 필요한 개호량을 보장하려 하는 것이 아니고 장기요양인정 규준을 국가의 의도로 바꿀 수 있는 것이다. 장기요양보험에서는 환자본인에게 있어 필요한 서비스나 가족이 원하는 서비스를 보장하는 것을 제일 근본적으로 생각해야만 한다. 그때마다 국가의 재정사정이나 의도로 장기요양인정이 좌우되는 일이 있어서는 안 된다. 그와 같은 법과 제도로 개선해 나갈 필요가 있다. 실제 스웨덴의 경우가 그렇게 되어 있다. 예컨대, 이 사람에게는 어느 개호가 필요한가를 정하는 사례회의에 여러 사람들이 모여서 듣는다. 거기에서 필요한 개호방침을 정하고 나서 필요한 비용을 어떻게 할 것인가를 생각한다. 일본의 경우는 반대이다. 한도액 범위 내에서 서비스를 선택하게 된다. 돈과 인정랭크를 연계시키고 있기 때문이다. 사견으로는 장기요양등급의 판단과 지불한도액이 직접 연계하는 구조를 없애야만 한다고 생각한다. 그러나 현행 건강보험제도와 같이 의사가 중심이 되어 필요한 서비스를 결정하는 것이 아니고 장기요양등급 판정이나 서비스 내용을 이용자 본인의 입장에서 체크하는 구조를 만드는 것이 필요하다고 본다.

(1) 장기요양보험의 이면성, 공평성과 자기결정권

장기요양보험은 2개의 측면을 가진 제도라고 볼 수 있다. 하나는 전국 다 같은 규준이라고 하는 「공평성」의 개념 아래 획일성 · 경제성을 추구하려고 하는 측면이다. 또 하나는 「자기결정」의 이념에 나타날 수 있도록 개인의 개별성, 권리성, 존엄성을 중시하려고 하는 측면이다. 이 두 개의 측면이 상호간에 긴장관계에 있다고 하는 것이 장기요양보험제도의 큰 특징이라고 할 수 있다. 장기요양보험은 공평성을 대표하는 것이고 개별사정에서 생기는 요구를 최초부터 제외한다고 하는 사고방식이다. 환자본인과 가족의 요구에서 출발하여 실태와 장기요양인정과의 괴리를 최소한으로 방지하는 긴장관계를 만들 수 있는지의 여부가 제도존속의 열쇠를 쥐고 있다고 할 수 있다. 그러므로 장기요양보험제도가 갖고 있는 권리성, 개별성, 자기결정이 이념대로 살려진 제도가 되도록 제언하고 행동하는 것이 필요하다. 그러기 위해서는 어떻게 해야만 좋을까? 장기요양보험제도 원칙에 있는 자기결정은 당연히 치매노인에게도 적용되어야만 한다. 그러나 아쉽게도 치매가 진행되면 진행될수록 자기의사를 유효하게 표현하는 것이 어렵게 된다. 이와 같은 질환의 성격으로부터 자기결정을 존중하기 위해서는 「케어의 연속성」을 추구함과 동시에 환자본인과 가족이 시간적으로도 정신적으로도 여유가 있는 상태를 만들어내는 것이 중요하다. 구체적으로는 그 사람 주변에 될 수 있는 대로 일찍부터 친숙한 관계, 친숙한 장소를 만들어가는 노력이 필요할 것이다. 이와 같은 의미에서도 자립이나 낮은 판정을 받는 것에 의해 현재 받고 있는 서비스에서 배제되는 것은 어떻게 해서라도 제도적으로 방지할 필요가 있다. 예컨대, 자립이라고 판정되어 서비스를 받을 수 없게 되고 방치되어 증상이 진행되어 요개호 상태가 되는 경우도 있다. 이 경우 입원이나 입소라는 형식으로 그 사람의 생활을 뿌리채 뽑아버리는 경우도 있다. 이러한 사태는 장기요양보험이 추구하려고 하고 있는 자기결정을 치매노인에게는 최초부터 배제하고 있는 것이 된다. 이것을 피하는 하나의 수단으로서 이의신청을 최대한으로 이용하도록 할 필요가 있다.

(2) 가족 등 개호자에 대한 지원의 필요성

우선 재택에서 개호하고 싶다고 하는 가족 등 개호자에 대한 지원책도 필요하다. 현재의 장기요양보험에서는 개호자의 가정환경, 생활조건, 경제실정 등은 일체 무시되고 있다. 환자본인의 심신조건만으로 인정되고 있다. 이 때문에 가족 등 개호자에 대한 지원이라고 하는 의미를 강화시킬 필요가 있다.

4) 치매가 되어도 안심하고 생활할 수 있는 사회를 위한 케어매니저의 문제

원조자로서의 케어매니저 존재자체가 문제되는 경우도 있다. 잘못되어 있더라도 현재의 서비스 부족을 당연한 것으로 보고「할 수 없군요」라고 서둘러 가족의 요망을 억제하는 쪽으로 돌아가서는 안 된다. 진심으로 이용자에게 다가가는 것을 회피하는 존재여서는 안 된다. 당연히 가족과 케어매니저가 함께 문제를 해결해나가고 어려움을 어떻게 극복해 갈 것인가 하는 과제가 생기게 마련이다. 가족도 간단하게 단념하지 말고 항상 케어매니저와 대등한 입장에서 진의를 전하는 노력을 해주어야 한다.

이용자 측에 서면「도움을 받고 있으면서 그 방법에까지 불만을 말하는 것을 사치가 아닌가?」라는 생각이 지배적인 것 같으나 결코 그렇지는 않는다. 매우 소중한 한사람 한사람의 인생에 크게 관계되는 문제이므로 자기가 받은 원조나 서비스의 질에 대해서 솔직하게 지적하는 것은 당연하다. 동시에 그것이 서비스 질의 향상에도 연결될 수 있다. 장기요양보험에서는 관계기관의 여기저기에 고충을 접수하는 창구가 설치되어 있으니까 이를 이용하는 것이 좋다.

(1) 법제화를 통한 제도적 실효성 확보

표준장기요양이용계획서 적용을 법제화하여 제도적 실효성을 확보하는 것이 필요하다고 지적하였다. 표준장기요양이용계획서의 모든 내용을 처음부터 강제화하는 것이 현실적으로 어렵다면 방문간호이용, 주야간보호이용 등 제한적으로 먼저 적용해보는 것도 좋을 것 같다는 의견이 있었다.

「일본의 경우에는 케어매니지먼트를 법제도로 만들어 놨잖아요. 우리는 아직 법제도도 안 되어 있고 이용지원도 법규정은 있는데, 47조인가 정확히는 모르겠는데 규정은 있지만 그 안에 어떻게 하라는 구체적인 내용은 없고 업무처리지침만 있어요. 우리가 보는 업무처리지침이지 외부사람들은 모르거든요. 왜 갑자기 와서 이런 걸 자꾸 물어보냐 하죠. 말하기 싫으면 말 안 할 수도 있다는 거죠. 만약 케어매니지먼트가 필요하다면 어느 부분까지는 법적 효력을 발휘할 수 있는, 최소한 그런 부분은 필요하지 않나 싶어요.」

---

(2) 원조자와의 만남을 소중히

치매노인의 재가서비스를 계속할 때 제도적인 지원체제는 가장 필요한 것이지만 동시에 가족을 둘러싼 상황을 긍정적으로 받아들여서 그때그때 작은 지지해주는 친구, 지인, 이웃 등의 존재는 가족의 정신적 안정에 도움을 주게 된다. 실제 치매노인을 가진 가족은 이제까지 증상이 진행되는 속에서 여러 가지 「원조자」와의 만남을 거듭해왔을 것이다. 원조자와 격식 차리지 않고 의식적으로 개인적인 좋은 관계를 쌓는 것은 바람직할 것이다. 또 원조자의 지지에 있어서 긍정적인 면과 부정적인 면을 솔직하게 말해서 원조자에게 도움이 될 수 있도록 하는 것이 좋다.

(3) 「군소리」를 「주장」으로 바꾸자

장기요양보험에 대해서 우려되는 점만을 이야기해왔지만 긍정적으로 볼 수 있는 점도 있다. 그것은 이제까지 개호의 문제는 당사자와 관계자만이 실태를 알고 세심하게 호소한 것에 지나지 않는 경우가 많았다. 하지만 이제부터는 달라져야 한다. 광범위한 입장의 사람들이 장기요양보험에 관련하여 개호문제가 국가사회전체의 최대 관심사로서 주목받아 가고 있다. 생각에 따라서는 심각한 개호의 실태를 사회적으로 확실하게 하는 기회라고 할 수 있다. 그렇게 되려면 우리들은 각각의 입장에서의 「군소리」를 「주장」으로 바꾸어가기 위한 작은 용기가 필요하다.

누구든 3, 40년 후에는 요개호자 속에 들어갈 수 있다. 누구든 치매가 되었다 해도 배우자나 자식에게 신세를 지지 않고 스스로 노력해가고 싶다는 마음가짐도 필요하다. 치매가 되어도 안심하고 생활할 수 있는 사회를 만들기 위해서는 지금의 장기요양보험제도로는 부족하다고 본다. 인정기준도 조사표도 바꿀 필요가 있다. 정말로 필요한 개호를 보장하는 것을 최우선으로 하는 법제도로 개선해야만 한다.

장기요양인정의 프로그램을 작성하는 작업에 관계하는 사람의 주변에서는「한사람 한사람의 실태에 대해서 컴퓨터에 의해 판정될 수 있도록 하고 있으니까 노벨상 감 수준의 같은 일을 하고 있다」고 말하고 있다고도 한다. 그들은 치매증에 정통한 사람은 아니고 컴퓨터 · 소프트에 정통한 공학도이다. 가정환경을 고려하면 프로그램을 짤 수 없다. 가정환경을 무시한 소프트가 노벨상 값어치가 있을 리가 없다. 노인개호의 현장을 모르고는 성공할 수 없는 것이다. 게다가 치매노인 개호의 실태나 도달점의 본질적 부분을 근거로 하지 않는 점에 근본적인 한계가 있다.

일본의 경우 치매노인 부담경감대책과 관련하여 1999년 11월 5일, 개호보험제도의 부담경감대책에 대해서 최종안을 정했다. 그것에 의하면 ① 65세 이상 고령자는 반년간, 보험료를 징수하지 않고 그 후 1년간은 반액으로 한다. ② 40세부터 60세에 대해서는 국가가 1년간 시 · 정 · 촌 국민건강 보험과 재정난의 건강보험조합 등의 의료보험자에게 재정 지원을 해서 부담을 경감한다. ③ 요개호 4와 요개호 5의 중증으로 주민세가 비과세인 고령자를 개호하는 가족에게 1년간의 총액 10만엔을 상한으로 현금을 지급한다. ④ 홈 헬프서비스에 대해서 현재 서비스를 받고 있는 저소득자에 한정하여 당면 3년간은 이용료를 3% 경감하고 그 후 단계적으로 인상하여 2005년도에 10%로 되돌린다는 것 등이다.

하지만 이것은 오로지 당면한 부담경감을 꾀하는 것이고 법제도의 근간을 재평가한 것은 아니며 이용자에게 있어서 만족스러운 것은 아니다. 치매노인과 개호자 가족에게 있어서는 장기요양인정 상태에 대한 재평가나 지역에서 치매노인을 유지하는 서비스의 획기적인 확충이 요구되고 있다. 지방자치단체에 따라서는「자립」판정을 받은 사람을 대상으로 독자적인 시책에서 서비스를 제공하는 체제를 준비하는 곳도 생기고 있다. 장기요양보험이 아니고 의료보험으로 치매노인의 데이케어를 실시하는 길도 열리고 있다.

(4) 장기요양서비스 제공기관에 대한 정보부족

가족주수발자 대부분이 장기요양기관에 대한 정보를 얻는데 어려움을 호소하였다. 공단에서 인정서 및 표준장기요양이용계획서와 함께 제공하는 기관정보를 활용하고 있지 않았고 그 이유로는 정보가 부정확하고 너무 간단하게 나와 있어 실질적으로 활용이 어렵다고 응답하였다. 가족주수발자 대부분이 인터넷검색엔진을 활용하거나 주변전단지, 입소문을 통해 장기요양기관정보를 얻고 있는 경우가 많았다.

「데이케어 자체가 정보가 없어요. 저는 네이버에서 찾았어요. 그러니깐 대도시 구치매지원센터에 물어보니까 없어요. 우연히 거기 안내전단지에 치매지원센터가 있었는데 그 사이트를 들어가니까 각 구별로 구립이 나오고 시립이 몇 개 나오는데 그건 몇 개 안되요, 각 구에서 운영하는 거는(중략) 저희 아파트 단지내에도 저희 차가 들어옴으로 인해서 그 주변에 이제 어르신들이 많으시니까 그 차들을 본 거예요. 그래서 이제 다들 차오는 시간에 나와서 물어보고 전단지 주고 해서 두 분이 더 다니세요. 다들 너무 모르시고 주변지인들도 저를 통해서 데이케어란걸 알게 되고 왜냐면 이제 저희 나이되면 어르신들 많이 계시니까 정보가 없다가 다들 치매가 뭐고 알츠하이머가 뭔지 알게 되고 병원관계된 것도 알게 되고 이런 지원센터도 알고 그러니까 데이케어도 알게 되니까 그나마 도움을 받는 거지. 사실상 행정적으로 상담하는 거는 전혀 도움이 안돼요.」

「저 같은 경우는 방문요양을 했었어요. 4시간을 받는데 어떤 정보라는 게 전혀 없어요. 그렇다 보니까 저희 어머니가 5~6년 됐어요. 처음에 보건소를 가서 그런 걸 해야 한다는 소리는 들어서 갔는데 주문한 게 몇 가지가 있는데 할머니가 성질을 팍 내셔서 못하고 오셨어요. 근데 얼마 전에 누가 그러더라고요. 치매센터에 등록이 되어 있지 않으면 그러니까 치매시지만 일반병원에서 가볍게 검사해서 치매라고 해서 지금 약을 주시고 그러는데, 치매센터에 등록되지 않으면 어떤 도움도 못 받아요. 하다못해 기저귀 하나 도움도 못 받는다는 얘기를 얼마 전에야 들었어요.」

---

(5) 「형성기」에 있는 치매노인 케어

우리나라에서 치매노인 케어는 아직 「형성기」에 있다. 개호자에게 기대되는 케어가 반드시 환자본인에게 바람직한 케어라고는 할 수 없다. 사업자가 경영의 관점에서 개호자가 원하는 서비스를 제공하려고 「평판을 얻는다」라는 경향은 장기요양보험에서 한층 강해질 것이다. 아마 의료기관이라고 해도 예외는 아닐 것이다. 그러나 그러한 서비스는 정말로 치매노인 본인에게 어울리는 장기요양보험 서비스인가를 냉정하게 판단해서 점검할 필요가 있다. 그것이 가능해져 사회적 영향력을 발휘할 수 있는 것은 당사자 조직인 「치매노인을 가진 가족의 모임」 밖에는 없다고 본다. 그리고 전문종사자나 행정기관은 그 소리에 귀를 기울이면서 스스로의 일을 개선해가는 노력을 계속하는 것이 요구된다. 「치매가 되어도 안심하고 살아갈 수 있는 지역 만들기」를 목표로 더욱 착실한 노력은 계속해야만 할 것이다.

6

일본의 개호보험제도와 치매노인개호

제6장

일본의 개호보험제도와 치매노인개호

세계에서 유례가 없는 장수국인 일본에서 고령자가 치매에 걸려도 존엄성을 가지고 질 높은 생활을 보내는 것은 공통적인 소망이다. 일찍이 치매를 아무것도 모르게 되는 병이라고 생각하여 배회나 큰 소리를 내는 등의 증상에만 관심을 가지고 치매환자의 호소를 이해하려고 하지 못하고 대부분 치매환자를 싫어하거나 구속하는 등 부당한 취급을 해온 것이 사실이다. 지금까지 치매환자를 무시해온 배경하에서 치매를 올바르게 이해하고 보다 좋은 케어와 의료를 제공하도록 노력해야 할 때이다.

2000년에 실시된 일본의 개호보험제도는 지금까지 치매환자에 대한 케어에서 충실하게 일정한 역할을 수행하고 있다. 2006년에는 주로 치매환자를 염두에 두고 개호보험법의 목적에 「고령자의 존엄성 유지」가 추가되었다. 2012년의 법개정에서는 '치매에 관한 조사연구의 추진 규정'을 추가하였고 '시정촌 개호보험사업계획'에 치매에 걸린 피보험자의 지역에서의 자립적인 일상생활의 지원에 관한 규정을 하였다.

우리나라에서도 장기요양보험 실시를 계기로 해서 우리나라보다 먼저 시행한 일본의 선진적인 사례 경험이 크게 확산되기를 기대한다. 하지만 과연 일본의 경우에도 개선해야 할 과제나 문제점은 없는가? 일본에서도 개호보험제도가 시행된 후에도 여러 가지 문제점이 나와서 재검토할 과제가 부상하고 있다. 제도적으로 유사한 일본의 개호보험제도에서 나타나는 과제나 문제점은 우리나라 장기요양보험제도에서도 비슷하게 나타날 가능성이 크기 때문에 검토가 필요하다. 이하에서는 이러한 일본의 사례를 통하여 치매노인케어로서 지금 요구되고 있는 과제에 따라서 장기요양보험에 대해 검토해보고자 한다. 장기요양보험으로 서비스를 받기 위해서는 장기요양인정을 신청하고 「당신은 장기요양등급은 이 정도이고, 이만큼의 서비스를 받을 수 있다」라고 장기요양등급판정위원회에서 판정받아야만 한다. 장기요양등급의 정도에 따라 받을 수 있는 서비스 내용과 이용한도가 정해진다.

일본의 치매고령자의 개호서비스 이용 (단위:만명)

치매고령자수의 거주장소별 내역	2012	2017(추계)
치매 고령자수	305	373
재택개호	145	186
소규모다기능형거택개호	5	14
정기순회 · 수시대응형 서비스	0	3
거주계서비스	28	44
특정시설입거자생활개호	11	19
치매대응형공동생활개호	17	25
개호시설	89	105
개호노인복지시설	48	58
개호노인보건시설 등(개호요양형의료시설포함)	41	46
의료시관	38	38

자료 : 건강보험정책연구원, 국외출장보고-일본의 치매정책장기요양보험조사- 2012.12.21면.

일본 개호보험의 신청에서 이용과정을 보면 다음과 같다.

①	시읍면 창구에 인정신청을 한다. 개호보험 서비스를 받기 위해서는 시읍면 창구에 신청서를 제출한다. 개호보험증과 케어 플랜 작성 승낙서가 필요하다. 주치의가 누구인지 확인받는다. 가족 · 업자 등 대리 신청도 가능하다.
②	방문조사를 받는다. 시읍면의 직원이나 위탁을 받은 케어매니저가 자택을 방문해서 면접조사를 한다. 조사원은 주로 필요에 따라 신체 상황에 대해 85항목의 기본조사표를 작성하고 필요에 따라 특기사항을 기입한다.
③	컴퓨터에 의한 1차판정 조사원이 작성한 기본조사를 마크시트(mark sheet) 처리해서 요개호인정 판정을 내린다.
④	단골 의사에게 의견서를 받아둔다. 장해나 질병의 상황 · 경과 · 개호상황 등에 대해서 주치의 의견서를 작성해 달랜다. 단골 의사가 없는 경우에는 시읍면이 지정하는 의사에게 의뢰한다. 작성요금은 무료이다.

⑤	개호인정 심사회에서의 심사 · 인정 전문가로 구성되는 인정심사회로 1차 판정결과, 특기사항, 의사의견서를 바탕으로 2차 판정을 한다. 자립 · 요지원 · 요개호 1~5의 최종판정이 결정된다.
⑥	인정결과의 통지 시읍면은 신청 후 30일 이내에 인정심사회의 2차 판정결과를 신청자에게 문서로 통지한다. 인정결과에 불만이 있으면 재심사청구를 개호보험심사회에 할 수가 있다.
⑦	케어플랜(개호서비스 계획)을 작성한다. 케어매니저가 인정결과에 의거해서 관계자와 상담하고 케어플랜을 작성한다. 신청자는 케어플랜에 계약한다. 자기가 케어플랜을 작성할 수도 있다.
⑧	개호서비스 이용개시 계약한 케어플랜에 의거해서 개호서비스를 받는다. 신청할 때로 거슬러 올라가서 서비스를 받을 수도 있다. 이용자는 10% 부담한다.

요개호인정의 신청에서 이용까지의 흐름

요개호별 서비스 내용과 이용료에 관해서는 다음과 같다.

요개호도별 서비스 내용과 이용료(월 금액)

요개호구분	상태	서비스 사례	서비스이용한도액 서비스 이용료
요지원	일상생활은 기본적으로 할 수 있지만 욕조에 출입하는데 일부 시중이 필요	주 2회 리허빌리테이션(사회복귀요법)을 이용할 수 있다.	61,500엔 6,150엔
요개호 1	배설, 입욕 등에 일부 시중이 필요	매일 얼마간의 서비스를 이용할 수 있다.	165,800엔 16,580엔
요개호 2	배설, 입욕 등에 일부 또는 전체 시중이 필요	주 3회의 통소(외래방문) 리허빌리테이션도 포함해서 매일 얼마간의 서비스를 이용할 수 있다.	194,800엔 19,480엔
요개호 3	배설, 입욕, 의복 입고 벗기 등 전체 시중이 필요	야간 또는 이른 아침에 순회방문개호를 포함해서 하루 2회의 서비스를 이용할 수 있다.	267,500엔 26,750엔
요개호 4	배설, 입욕, 의복 입고 벗기 외의 많은 행위에 전체 시중이 필요	야간 또는 이른 아침에 순회방문개호를 포함해서 하루 2~3회의 서비스를 이용할 수 있다.	306,000엔 30,600엔
요개호 5	생활전반에 걸쳐 전체 시중이 필요	이른 아침, 야간의 방문개호도 포함해서 하루 3~4회의 서비스를 이용할 수 있다.	358,300엔 35,830엔

실제의 운영에서는 방문개호, 통소(외래방문)개호 등의 방문 · 통소(외래방문)서비스에 대해서는 금액이 아닌 단위수로 한도나 이용료가 정해진다. 이용료의 산정기준이 되는 단위의 단가는 서비스의 구분이나 지역에 따라 다르다.

개호보험에서 이용할 수 있는 서비스는 다음과 같다.

재택서비스

가정을 방문하는 서비스

- 방문개호(홈 도우미 서비스)
  - 홈 도우미가 방문해서 일상생활의 잡다한 일을 도와준다.
- 방문입욕개호
  - 입욕차 등으로 방문해서 입욕의 개호를 한다.
- 방문간호
  - 간호사나 보건사 등이 방문해서 간호지원을 한다.
- 방문 리허빌리테이션(사회복귀요법)
  - 이학요법사나 작업요법사 등이 방문하여 리허빌리테이션을 행한다.
- 주택 요양관리 지도
  - 의사나 치과의사, 약제사 등이 가정을 방문해서 요양상의 관리, 지도를 한다.

시설에 당일로 다닐 수 있는 서비스

- 통소(외래방문)개호(데이서비스)
  - 데이서비스센터 등에서 입욕, 식사제공, 기능훈련 등의 서비스를 당일치기로 받을 수 있다.
- 통소(외래방문)리허빌리테이션(데이케어)
  - 노인보건시설이나 의료기관 등에서 입욕, 식사제공, 기능훈련 등의 서비스를 당일로 받을 수 있다.

시설에서의 단기입소 서비스

- 단기입소생활개호(숏스테이)
  - 특별양호노인홈 등에 단기간 입소해서 일상생활의 개호나 기능훈련을 받을 수 있다.
- 단기입소요양개호(숏스테이)
  - 개호노인보건시설이나 요양형 의료시설 등에 단기간 입소해서 의학적인 관리 하에서 간호나 기능훈련, 일상생활의 개호 등을 받을 수 있다.

복지용구의 대여, 구입이나 주택의 개수

- 복지용구의 대여
- 복지용구의 구입(상한가 10만엔)
- 주택개수비 지급(상한가 20만엔)

기타

- 치매대응형 공동생활개호(치매성 고령자를 위한 그룹홈)
- 특정시설 입소자 생활개호(유료노인홈, 경비홈)
- 개호 서비스 계획 작성

1. 시설정비의 지연문제

가령 적절하게 개호인정이 되어도 기대한 만큼 서비스를 받을 수 있는 것이 반드시 보장된다고는 할 수 없다. 개호보험제도 시행에 의해 지금까지 노인복지제도(데이케어, 노인보건시설 등)의 두 조직으로 되어있던 데이서비스가 하나로 통합된다. 그리고 새로이 그룹홈(치매대응형 공동생활개호)이 제도화되어 개호보험 서비스 메뉴에 추가된다. 그러나 치매노인을 위한 시설은 절대수가 부족한 현상이다.

개호보험으로 이용할 수 있는 시설

	특별양호노인 홈	노인보건시설	요양형병상군
대상자	식사나 배설을 자기가 할 수 없고 재택개호가 어려운 사람	증상이 안정기에 있고 기능회복훈련을 받고 가정 복귀를 목표로 하는 사람	장기치료를 필요로 하는 사람
거처방, 요양실 (1사람당)	10.65m² 이상	8m² 이상	6.4m² 이상
직원기준 (100명당)	의사 1명(비상근 가능) 간호사 3명 개호직원 31명 개호지원 전문직원 1명	의사 1명 간호사 10명 개호직원 24명 개호지원 전문직원 1명	의사 3명 간호사 17명 개호직원 17명 개호지원 전문직원 1명
이용자의 월평균 부담액 (식비포함)	5만엔	5만 3천엔	6만엔

특히 그룹 홈의 정비는 불충분하고 많은 보완이 필요한 실정이다. E형의 데이서비스는 치매환자가 이용할 수 있는 제도이지만 이 서비스를 실시하고 있는 곳은 아직 한정되어 있다. 치매노인을 위한 데이케어를 할 수 있는 곳도 극소수이다. 더구나 이들 서비스는 인정단계가 높지 않으면 매일 다닐 수 없게 된다. 이와 같이 메뉴에 있어서도 시설조건의 정비가 지연되고 있는 현상이다. 특히 고령화가 진행되고 있는 지역에서 필요한 서비스의 정비가 늦어지고 있는 것이다. 제도가 시행되어도 시설 정비를 시정촌이 독자적으로 강화하지 않으면 필요로 하고 있는 사람들이 서비스를 받을 수가 없어서 「보험은 있으나 개호는 없다」는 사태를 초래하고 있다.

2. 이용자 부담의 문제

개호보험에서는 서비스를 받으면 이용하는데 따라 10%의 자기부담을 해야만 한다. 지금까지의 노인의료비에서는 치매환자의 데이케어 부담액은 정액이었다. 그것이 개호보험제도로 바뀌게 되면 이용에 따라서 10% 부담이 된다. 일부 고액 소득자를 제외한 대다수의 사람들에게는 현행제도보다도 부담액이 늘어나게 된다. 그 때문에 경제적 이유에서 횟수를 줄일 수밖에 없는 케이스도 나오게 된다. 이제까지 보아온 것처럼 특히 치매노인의 경우, 매일 다니는 것이 매우 중요하다.

개호보험 제도

‖

40세 이상 전 국민이 가입	
(제1호 피보험자) 65세 이상	(제2호 피보험자) 40세 이상 64세 이하
원인에 관계없이 안정된 단계에 따라 서비스를 받을 수 있다.	원인이 「나이 듦에 따른 질병」이라고 하는 조건이 붙는다.

개호보험의 피보험자

익숙한 환경에 정착하는 것에 의해 증상도 안정된다. 그렇게 되면 가족도 여유를 갖고 대응할 수 있게 된다. 이용자 부담 때문에 이용횟수가 줄어들게 되면 그 효과는 저하될 수밖에 없다. 치매노인의 데이케어가 의료보험 서비스로서 남겨졌지만 그 적극적 활용도 필요하다.

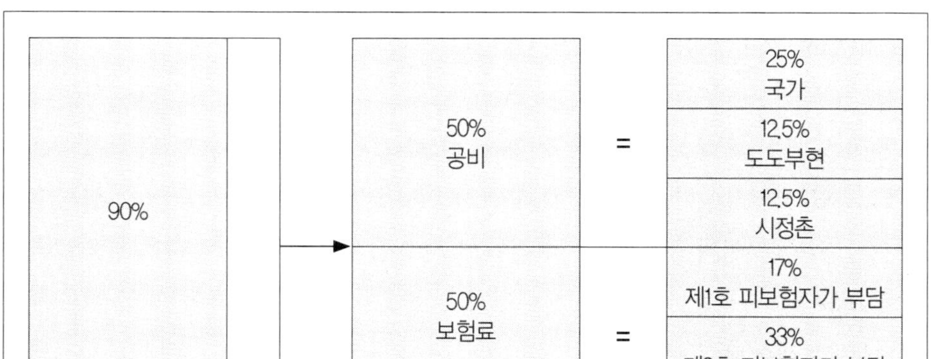

개호보험료의 재원

※ ①은 특별요양노인 홈 등 노인복지를 나타냄
②는 개호보험의 재정부담(①과 ③을 포함)
③은 노인보건 중 개호보험에 이행하는 개호력 강화병동, 의료병동, 노인보건시설, 노인방문간호스테이션 등을 나타냄

출처 : 『개호보험의 포인트』

노인의료 · 노인복지 · 개호보험의 재정부담 비율

3. 치매노인을 위한 조건정비

일본은 개호보호법 시행에 대해 각 시정촌은 개호서비스 양과 메뉴를 늘리는 노력을 해 왔다. 이 점은 개호보험제도에 의해서 한층 전진한 점이다. 그러나 개호보험이 시작되었어도 필요한 시설과 서비스 양이 정비되어 있지 않은 것이 문제로 제기되고 있다. K시 내의 65세 이상 노인은 98년 10월 1일 23만 7,500명이었지만 이 중 개호를 필요로 하는 자가 21,276명이다. 이 사람들이 필요로 하는 서비스가 2000년 3월 말까지 어디까지 달성될 것인가에 대해서 K시는 어림잡기 위해 시험 삼아 계산을 하여 1999년 12월에 발표했다. 이것에 의하면 데이서비스, 재택개호지원센터, 홈도우미, 방문간호스테이션은 거의 100% 달성된 반면 숏 스테이는 67%, 케어하우스가 26%, 노인보건시설은 75%의 달성률에 그치고 있고 그룹 홈은 불과 3개소 수준이다. 개호보험제도에 의해 현행 특별양호노인 홈, 노인보건시설, 요양형 병상군이 동일한 시설서비스로 바뀌게 된다. 새로이 치매노인을 위한 그룹 홈이 제도화 되었지만 본격적인 정비는 시작단계이다. 시설정비가 늦어지고 있는 상황 속에서 치매노인이 이용할 수 있는 시설이 부족할 것으로 예상된다. 현재에도 활발한 배회행동이 있다는 등 「문제행동」이 있는 ADL(자립도)이 높은 환자를 받아주는 시설은 적은 실정이다. 특히 치매노인에게 절실한 그룹 홈이나 숏 스테이 시설의 정비를 서두를 필요가 있다. 이와 같이 현재 필요로 하는 서비스를 모두 개호보험을 통해서 해결된다는 보장이

없는 것이다. 흔히 말하는 「보험 있고 서비스 없다」고 하는 것이 현실이 되는 것은 아닐까 염려하고 있다. 게다가 모든 수치가 100% 달성되었다고 해도 홈 도우미서비스 공급량은 스웨덴의 1/4량 밖에 되지 않는다고 하는 점도 지적하지 않을 수 없다.

4. 개호시간 산정방법과 그 문제점

요개호 인정에서는 트리다이어그램(tree diagram: 프로그램 또는 시스템의 논리적인 구조를 트리 구조로 표시한 그림) 모델을 사용해서 유형마다의 개호시간을 산정하고 그 합계 시간으로 개호도가 결정된다.

① 기본조사 73항목에 대해서 해당하는 선택지를 골라 중간평가 항목(7군) 마다 2득점을 산출한다.

② 기본조사결과 및 중간평가항목의 득점표를 써서 개호유형별 9개의 트리다이어그램 모델 마다에 개호시간을 산정한다.

③ 9유형의 개호시간을 합계해서 「특별한 의료」에 요하는 시간을 더해서 개호에 요하는 총시간을 산출한다.

이 시간으로 요개호도를 결정한다.

요지원	25~29분 또는 간접생활 개조, 기능 훈련 관련행위 2분야의 요개호 인정 등 기준시간의 합계가 10분 이상
요개호1	30~49분
요개호2	50~69분
요개호3	70~89분
요개호4	90~109분
요개호5	110분 이상

이들의 계산은 컴퓨터에 의해서 할 수 있는데, 기본 조사표 · 중간평가 항목득점표, 트리다이어그램도표가 있으면 스스로 1차 판정을 할 수 있다.

＊7개의 중간평가항목

기본조사인 73항목은 연동해서 소견이 나타나기 쉬운 항목을 그룹화 하는 것으로 제1군

(마비 · 구축에 관련된 항목), 제2군(이동 등에 관련된 항목), 제3군(복잡한 동작 등에 관련된 항목), 제4군(특별한 개호에 관련된 항목), 제5군(신변의 도움 등에 관련된 항목), 제6군(커뮤니케이션 등에 관련된 항목), 제7군(문제행동에 관련된 항목)의 7개의 「중간평가항목」으로 나누어져 있다.

＊9개의 개호유형

직접생활개조, 간접생활개조 · 문제행동관련개조, 기능훈련관련개조, 의료관련행위의 5유형, 직접개조는 또 정용(자세를 바르게 함), 배설, 식사섭취 · 입욕, 이동의 5유형으로 나뉘어 합계 9유형이 된다.

여기에서 말하는 개호시간이란 실제로 개호에 걸린 시간이 아니고 후생성이 실시한 「1분간의 타임 스터디 · 데이터」에 의해 얻어진 통계 데이터상의 시간이다.

개호시간이 많은 사람이 개호도가 높아지고 급부액도 높아져서 많은 서비스를 이용할 수 있다. 그런데 재택에서의 개호가 힘들어 통소서비스나 단기입소를 이용해야만 하는 치매증 환자의 개호시간이 많이 산출되는 트리다이어그램 모델로는 되어있지 않은 것이다.

치매증의 개호로 고생하고 있는 상황이 반영되는 기본조사의 중간평가항목은 제6군 「커뮤니케이션 등에 관련된 항목」, 제7군 「문제행동에 관련된 항목」의 하나이다. 문제행동이 전혀 없으면 100점, 모든 증상이 있으면 0점이 된다.

그러나 주로 치매증 환자를 염두에 둔 문제행동관련 개조의 트리다이어그램 모델에서는 조사표에서 모든 문제행동에 해당하고 문제행동의 중간평가가 0점이라고 해도, 개호시간은 11분 이하 밖에 되지 않는다.

실제로 문제행동이 있지만 마비가 없고 배설이나 식사 등의 신변의 일을 스스로 할 수 있는 치매증 환자는 「자립」이 된다. 가령 혼자이면 복도에서 배설한다, 화장지를 먹는다 등의 엉뚱한 행동을 하기 때문에 가족이 지켜보고 지시하고 있는 경우에도 개호시간은 적게 산출된다.

이 개호시간 산출방법이 자리보전 중시, 치매증 결시라고 하는 문제점을 갖고 있다. 가령 직접생활개조 트리다이어그램 모델의 식사섭취 항목에서는 삼킬 수 없고 식사에 개조가 필요하고 의사전달을 할 수 없는 특별한 개호가 필요한 사람은 43.2분이나 된다. 요개호5의 개호기준시간은 110분 이상이므로 2항목만으로 40% 가까이 된다.

이와 같은 상태의 환자는 자리보전상태이고 식사나 신변의 일은 거의 할 수 없으므로 다른 항목에서도 개호시간의 산출이 높아진다. 지켜보는 개호가 치매증 환자 개호의 특징, 일상생활장해를 지켜보는 개호가 치매증 환자 개호의 특징이고 자리보전 환자에 대한 개호와는 전혀 다른 어려움이 있다.

「욕조는 건너갈 수 있지만 들어가는 것은 저항한다」, 「식사는 혼자 할 수 있지만 독이 들어있다고 떠들며 먹지 않는다」 등 행위 그 자체는 할 수 있어도 실행될 수 있을 때까지의 말 걸기, 가려 말하기, 말이 아니고 행위를 모사한 동작으로 이해해 달래기라고 하는 치매증 개호의 어려움은 수치화하기 어렵고 「할 수 있다」, 「할 수 없다」로 단순히 나눌 수 없다.

가령 현재의 조사항목 회답란에 치매용으로서 「말 걸기」, 「행위모사」, 「헤아려 배려하기」의 항목을 넣고 포인트제로 하면 어떨까? 어떤 행위를 해 달라고 하기 위해서 간단한 말을 선택하고 있는 경우는 1포인트, 동작도 함께해서 이해해 달라고 하는 경우는 2포인트, 기회를 봐서 권유하는 경우는 3포인트, 모든 것을 사용하고 있는 경우는 5포인트로 하는 것 같은 방법도 생각할 수 있다고 본다.

일본의 「치매노인을 가진 가족의 모임」에서는 가족분이 어떠한 개호에 어느 정도 시간을 쓰고 있는가를 분명히 하기 위해 「개호시간 조사」에 몰두하고 있다.

요개호 인정에 있어서 조사원이 개호가족의 실태를 정확히 파악하지 못하는 것이 걱정스럽기 때문이다. 그 목적은 ① 개호실태를 기록하는 것에 의해 인정조사시에 조사원에게 평상시의 개호실태를 빠짐없이 전하는 기초자료로 함과 동시에 인정심사회에 대한 정확한 인정자료로 한다. ② 인정결과와 비교해서 불복심사나 6개월마다의 인정갱신 자료로서 활용한다는 것이다.

「가족의 모임」에서는 재택개호자에게 실제의 개호상태를 기록하는 「개호시간 조사」를 실시하고 있으나 여기에서의 데이터도 이용해 주기를 바라고 있다. 가령, 입학시험에서는 각 교과의 합계점수로 합격 · 불합격이 결정되고 각 교과의 배점이 균등한 경우가 많지만 요개호 인정이라고 하는 「입시」에서는 자리보전이나 신체적 개조를 요하는 사람의 「만족함」이라는 「과목」의 배점이 극히 낮게 설정되고 있다고 할 수 있다. 따라서 다음과 같은 「역전현상」도 생각할 수 있다.

배회하고 망상이 있는 치매증 환자가 골절을 계기로 자리보전이 된 경우, 시간마다 기저귀나 체위를 바꾸고 식사를 하게 하면 되기 때문에 이전보다 가족은 편하게 되었다고 할 수 있다. 개호자가 자기 시간으로 개호할 수 있는 여유가 있기 때문이다.

그러나 움직이고 지껄이며 돌아다니고 있던 상태 시에는 그것에 맞추어 개호를 해야만 하기 때문에 개호자의 자유정도는 더욱 적은 것이다. 요개호 인정은 실제의 개호시간을 수치화한 것인데 이와 같은 경우에서는 개호의 노고가 줄었는데도 거꾸로 요개호 인정은 높아지게 된다. 직접 신체에 접촉하는 개조는 아니지만 지켜보기, 지시하기, 단어를 골라서 말 걸기, 상대가 머릿속에서 보내고 있는 시간이나 세계를 통찰하고 상대의 기분이 되어 안정된 생활을 할 수 있도록 하기, 치매노인개호의 노고가 보답받을 수 있는 인정방법으로 해야만 한다고 본다.

5. 왜 치매노인의 판정이 낮게 되는 것일까?

9개의 개호유형 중에서 문제행동관련개조 등, 치매노인과 관계가 큰 항목의 점수가 대단히 낮게 설정되어 있는 것이 최대의 문제라는 지적이 있다. 기본조사에서 직접적으로 치매를 평가하는 항목은 중간평가 항목에서 말하면 제7군(문제행동에 관련된 항목)과 제6군(커뮤니케이션 등에 관련된 항목)이다.

가령 제7군의 문제행동에 관련된 항목 모두에 「문제 있다」고 한 풀스코어의 경우에도, 현시점의 계산방법으로는 문제행동 관련개조의 최대이고 11분밖에 되지 않는다. 요지원에는 25분이 필요하므로 이것으로는 요지원에도 해당되지 않는다. 문제행동이 심한 치매노인이라도 다른 영역에서 득점하지 못하면 「자립」이라고 판정되어 버린다.

이와 같은 계산방법의 구조가 가장 큰 문제라고 생각하고 있다. 왜 이렇게 되는 것일까? 여기에는 컴퓨터에 의한 1차 판정이 의거하고 있는 1분간 타임스터디의 방법론적 결함이 크다고 보고 있다. 1분간 타임스터디의 대상자(3,400명)는 모두 시설에 입소하고 있는 사람들이다. 개호행위 중, 식사개조 라든가 배설개조 라든가 시설에서 일상적인 개호행위에 편입되어 있는 것, 결국 직접생활개조에 대해서는 비교적 잘 평가할 수 있지만, 치매노인이 집에서 지낼 때에 문제가 되는 배회한다든가, 항상 눈을 뗄 수 없는 상태 등에 대해서는 1분간 타임스터디 중에 해당하는 데이터가 없다.

9개의 개호유형과 트리다이어그램 모델에 의한 그 최대치와 최소치 (단위:분)

	직접생활개조					간접생활개조	문제행동관련개조	기능훈련관련행위	의료관련행위	합계
	생활	배설	식사	입욕	이동					
평균치	12.4	11.7	20.7	3.1	14.5	11.6	2.6	8.4	10.6	95.6
최대치	20.5	19.9	43.2	7.3	29.2	18	11	33	339	216
최소치	2.1	1	3.9	0.2	1.9	6	1	1	2.6	19.7

1) 사례 M씨의 장기요양인정 시뮬레이션

60대 전반 중증전기의 알츠하이머병, 주간은 독거, 직전의 기억은 전혀 남지 않지만 생활상 기억의 골격은 유지되고 있다. 장소의 가늠치는 자택주변뿐, 방치하면 많은 시간을 자리에 누워서 지내고 식사도 없으면 먹지 않는다. 움직이지 않기 때문에 문제행동은 없다. ADL은 거의 자립하고 있다. 이 사례를 실제의 방문조사 상태에서의 중간평가항목득점과 장기요양인정 등 기준시간을 산출했다.

M씨의 중간평가항목득점

		최대치	최소치
제1군	마비 · 구축에 관련된 항목	100.0	100.0
제2군	이동 등에 관련된 항목	100.0	100.0
제3군	복잡한 동작 등에 관련된 항목	100.0	89.0
제4군	특별한 개호 등에 관련된 항목	100.0	94.9
제5군	신변의 돌봄 등에 관련된 항목	65.5	31.1
제6군	커뮤니케이션 등에 관련된 항목	83.6	72.3
제7군	문제행동에 관련된 항목	100.0	91.7

M씨의 장기요양인정 등 기준시간

	최소치의 경우	최대치의 경우
자세바르게하기 배설 식사 입욕 이동	6 3 4 1 2	12 5 4 1 6
직접생활개조 합계	16	28
간접생활개조	6	6
문제행동 관련개조	1	1
기능훈련 관련행위	3	8
의료관련행위	3	8
특별한 의료	0	0
의료관련합계	3	8
합계	29	51

최소치의 경우는 29분이고 요지원에 해당. 최대치의 경우는 51분이고 요개호 2가 된다(소수점 이하를 잘라올려 점수로 산정했다).

6. 일본의 치매대책의 향후 방향과 시사점

1) 기본 목표

「치매환자는 정신과병원이나 시설을 이용해야만 한다」는 기존 사고에서 탈피하여 「치매에 걸려도 본인의 의사가 존중되어 가능한 정든 지역인 좋은 환경에서 계속 살 수 있는 사회」의 실현에 기본 목표를 두고 있다. 이를 위하여 새로운 관점에서 시책도입을 적극적으로 추진하고 있다.

무엇보다 「기존의 자택→그룹홈→시설 또는 일반병원 · 정신과병원」이라는 부적절한 「케어의 흐름」을 바꾸어 오히려 반대의 흐름으로 하는 표준적인 Care Pass(상태에 따라 적절한 서비스 제공의 흐름)를 구축하는 것을 기본 목표로 하고 있다.

2) 7가지 관점의 추진노력

기본 목표(「케어의 흐름」을 바꾼다)의 실현을 위해서 현재 실시되고 있는 시책에 대해서 수많은 의견이나 비판을 근거로 재검토나 버전업을 추진하고 있다. 신규시책과 함께 지역에서의 의료, 개호서비스, 지켜보기 등의 일상생활의 지원서비스가 포괄적으로 제공되는 시스템을 목표로 하고 구체적으로는 ① 표준적인 치매 Care Pass 작성 · 보급, ② 조기진단 · 조기대응, ③ 지역에서의 생활을 지지하는 의료서비스의 구축, ④ 지역에서의 생활을 지지하는 개호서비스의 구축, ⑤ 지역에서의 일상생활 · 가족의 지원 강화, ⑥ 약년성(若年性) 시책의 강화, ⑦ 의료 · 개호서비스를 담당하는 인력의 육성 등이다.

3) 새로운 「케어의 흐름」

기존의 케어는 치매환자가 치매행동 · 심리증상(행동 · 심리증상) 등에 의해 '위기'가 발생하고 나서 '사후적인 대응'이 주 목적이었다. 앞으로 지향해야 할 케어는 '조기 지원기능'과 '위기회피 지원'기능을 정비하여 '위기'발생을 막는 '조기 · 사전적인 대응'을 기본으로 한다.

4) 치매환자에 대한 의료 및 개호(장기요양)의 문제점

치매 때문에 정신병동에 입원하고 있는 환자 수(2008년 5.2만명)가 큰 폭으로 증가하였다. 개호보험 시설 · 사업소 직원의 치매에 대한 이해부족으로 본래는 수용가능한데도 불구하고 치매환자의 입소 · 이용을 거부하는 등의 문제가 발생하기도 하였다. 이 또한 개호보험시설 등에서 행동 · 심리 증상에 대한 대응이 되어 있지 않기 때문에 정신과 병원에 입원하는 케이스가 발생한 것이다. 개호와 의료의 연계체계의 구축이 중요함에도 불구하고 대부분의 지방자치단체에서는 그 추진이 늦어지고 있다. 2012년부터 「개호보험사업계획」 중에서 책정하는 노력 의무가 법률상 설치되었던 바로 직후이기 때문에 시정촌의 치매와 관련된 과제나 서비스의 파악 · 분석이 늦어지고 있다. 향후 치매환자가 증가할 것으로 예측되는 가운데 치매환자가 정든 지역에서 가능한 생활을 계속해 가기 위해서 기존의 제공 수준의 거주계 서비스나 재택서비스 등의 개호서비스로서는 충분히 대응할 수 없다는 우려가 있다. 재택에서의 치매케어를 추진해가기 위해서 「치매대응형 공동생활 개호(그룹홈)」의 사업소가 그 지식 · 경험 · 인력 등을 살려서 지역사회에 근거한 치매케어의 거점으로서의 활동을 추진할 필요가 있지만 현재 상태로서는 충분히 기능하고 있다고 볼 수 없다. 또한 입소자의 중증화에 대한 대응이 충분히 되어 있지 않다.

5) 지역에서의 지원에 관한 과제

일반적으로 고령자는 두문불출하기 쉽기 때문에 심신의 기능이 저하해 생활이 활발하지 않게 됨에 따른 인지기능의 저하가 우려된다. 각 시정촌에선 지역요구의 파악이나 개호예방사업 등으로 인지기능저하의 예방에 노력하고 있지만 충분하지 않은 실정이다. 일반적으로 치매환자는 환경변화에 취약한 특성이 있기 때문에 정든 지역의 좋은 환경 아래에서 안심하고 계속 살도록 하는 것이 중요하다. 현재 치매에 관한 올바른 지식과 이해의 보급, 지켜보기, 상담지원 등의 지역에 의한 지원체계를 구축하고 있는 선진적인 지자체로 있지만 수많은 지자체에서는 충분한 대응을 하지 못하고 있는 실정이다.

치매환자나 독거고령자 증가에 따라 일상생활과 관계가 깊은 신상감호(身上監護)[1]와 보호(개호서비스 이용계약의 도움 등)와 관련되는 성년후견의 필요성이 높아지는 것이 예상되면서 후견 등의 심판청구하는 시정촌장의 신청 필요성이 높아지고 있다. 향후 시민도 포함해 후견인을 확보해 나가는 것이 필요하다.

1 친권자가 미성년 자녀의 신체적 · 정신적인 성장을 도모하기 위해서 감독과 보호 · 교육을 실시하거나, 후견제도로 후견인이 피후견인의 생활 · 의료 · 개호 등에 관한 계약이나 절차를 수행하는 것을 말한다.

|용|어|풀|이|

탁노소

치매노인을 낮 동안 맡아서 레크리에이션과 식사제공을 한다. 당초 자원봉사자로 시작된 선구적인 실천은 E형 데이서비스로서 제도화되었다. 택노소라고 부르는 경우도 있다.

탁노소의 특징

- **지역성** : 자기가 사는 지역과 밀접한 관계유지
- **소인수제** : 친숙한 관계가 되는 이용자와 담당자의 수
- **건물의 소규모성** : 이용자 수에 알맞은 크지 않은 건물
- **일상생활성** : 자택과 같은 가정적인 분위기
- **개별성** : 한사람, 한사람의 신체적, 정신적 상황에 맞는 생활 지원
- **동태성** : 필요한 서비스를 개발, 제공

뇌혈관성 치매

뇌경색이나 뇌출혈 등 뇌혈관 장애(뇌졸중)에 의해 생긴 치매증. 일반적으로 기억장애는 있어도 판단력은 유지되고 인격 붕괴는 인정받지 못한다. 일본인에게는 알츠하이머형 치매증보다도 많다고 한다.

소규모다기능형 홈(Home)

10명 정도의 소규모 입소시설로 재택 서비스를 시작하여 다양한 기능을 겸비한 시설

그룹 홈(치매대응형 공동생활개호)

적은 수의 치매노인이 가정에 가까운 환경에서 각각의 페이스로 생활할 수 있는 케어가 행해질 수 있는 입소시설. 「함께 즐긴다」는 것을 기본으로 하고 있다.

택노소 그룹 홈 전국 네트워크

택노소는 각각의 독자성을 유지하면서 「치매증 고령자 케어」라는 공통 목적으로 정보수집이나 제언 등의 제휴를 꾀하고 있다.

치매에 의한 장해의 4개의 레벨과 상호관계

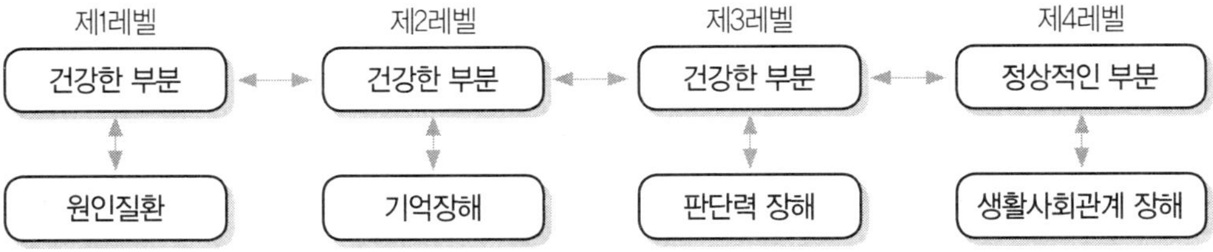

출전 : 이시하라야스지 편저, 『형성기의 치매노인 케어』, 북대로서적, 1999년.

요개호인정 신청

시정촌의 개호보험 담당창구에 신청서와 개호보험증을 제출한다. 환자 본인이 신청할 수 없는 경우에는 가족이나 케어매니저, 노인복지시설 등의 사업자(지정 주택 개호지원 사업자)가 대행해서 신청할 수도 있다.

인정심사회

개호보험 신청자가 어느 레벨의 요개호도에 해당하는지 심사하는 합의체기관. 정원 수 5명이 규준되어 있고 심사건수에 따라 복수 설치할 수 있다. 시정촌이 설치하고 복지 · 의료 · 보건에 관한 전문가를 2년 임기로 임명한다.

케어플랜

개호보험제도에서 서비스 이용계획(개호서비스 계획)의 일. 인정순위에 따른 지급한도액의 범위 내에서 각종 서비스를 어떻게 짜맞출 것인가를 결정한다. 무슨 요일은 어떤 서비스를 이용하는지 1주일 단위가 기본이 된다. 케어플랜 작성은 케어매니저에게 의뢰하지만 이용자 자신이 작성할 수도 있다.

마이케어플랜 연구회

케어플랜 작성을 자신이 하는 것을 목적으로 여러 가지 입장의 사람을 합쳐서 계획 만들기를 생각해가는 워크샵

인정유효기간

요개호 인정의 유효기간은 원칙적으로 최장 6개월이다. 개호서비스를 받기 위해서는 갱신인정수속을 해야만 한다. 6개월마다 심신상황의 재평가와 요개호 인정의 재평가가 행

해진다. 갱신 신청은 기한이 끝나는 60일 전부터 할 수 있다. 또 유효기한이라도 상황이 변한 경우에는 갱신 신청을 할 수 있다.

주치의 의견서

심사판정에 쓰여 질 기초자료. 부상과 질병의 상황이나 경과, 투약내용, 심신상태 등이 기재된다. 요개호인정 신청 때에 첨부를 요구하는 시정촌도 있다.

시설 정비 지연

2000년도부터의 5년간에 대해서 개호를 필요로 하는 노인들 수나 실제로 제공될 수 있는 서비스 량에 대해서 후생성이 시정촌을 통해 실시한 조사에 따르면 2000년 4월 현재의 서비스공급량은 전시정촌 평균 방문간호가 65%, 통소(외래방문)개호가 72%, 단기입소가 76%로 되어 있다. 「치매노인을 가진 가족의 모임」은 99년 11월 29일 후생장관에게 「개호보험에 관한 긴급요망서」를 제출했다.

케어매니저

개호플랜을 만드는 개호 지원 전문원. 5년 이상의 경험이 있는 의사, 간호사, 약제사, 개호복지사, 사회복지사 등의 실무경험이 있는 사람으로 도 · 부가 행하는 시험에 합격하고 소정의 실무연수를 수료한 사람

E형 데이서비스

데이서비스는 97년도까지는 입주자의 지장정도나 종류에 따라 구별되어

A형 중개호 노인대상

(重)

B형 中개호 노인대상

C형 경개호 노인대상

(軽)

D형 기존시설 활용소규모

E형 치매증 노인대상 매일형으로 분류되고 있다. 이 분류는 보조제도의 변경과 함께 98년도부터 제도상으로는 폐지되었지만, 시설의 운용구분을 나타내는 것으로서 현장에서는 아직 사용되고 있다.

재택개호지원센터

노인복지법에 의거한 시설. 집에서 자리보전하고 있는 고령자나 그 가족 등의 재택개호에 관한 상담에 응해서 각종 서비스를 종합적으로 이용할 수 있도록 조정하고 실제로 서비스 제공도 하는 기관. 원칙적으로 24시간 대처하고 특별요양노인 홈이나 노인보건시설 등에 병설되어 있는 경우가 많다.

방문간호스테이션

재택요개호자를 홈 도우미가 방문하여 식사나 배설 등을 거들어주거나 세탁, 청소 등의 가사원조를 해주는 서비스를 제공하는 사업소

케어하우스

노인복지법에 의거한 경비용 노인 홈의 일종. 60세 이상 또는 60세 이상의 배우자를 가진 사람으로서 신체기능저하나 고령 따위 때문에 자택에서 생활하는 것이 곤란한 사람이 입소하는 시설. 자립생활을 계속할 수 있도록 구조나 설비면에서 연구되어 개인실을 원칙으로 하고 있으나 이용료가 비싸다고 하는 단점이 있다.

특별양호노인 홈

노인복지법에 규정되어 있는 노인복지시설. 대부분 65세 이상의 고령자로 심신에 현저한 장해가 있기 때문에 항상 개호를 필요로 하고 재택생활이 곤란한 사람이 입소해서 생활상의 원조를 받는 시설. 개호보험제도의 발족에 따라 개호노인복지시설이라 불린다.

노인보건시설

증상의 안정기에 있어서 입원치료보다도 리허빌리테이션(Rehabilitation)이나 의료간호를 필요로 하는 고령자에 대해서 필요한 의료나 생활서비스를 제공하는 시설. 개호보험제도의 발족에 따라 근거법이 노인보건법에서 바뀌어 개호노인보건시설이라 불린다.

요양형 병상군

병원이나 진료소 중 주로 장기간에 걸쳐서 요양이 필요한 환자를 위한 병상. 일반적인 병동에 비해 기능 훈련실, 욕실, 식당 등의 설치. 방의 면적이나 복도의 폭이 넓다. 개호직원의 배치 등 장기요양에 필요한 간호, 개호체제나 환경을 정돈하고 있다.

ADL(Activity of daily living)

일상생활동작. 식사, 옷 갈아입기, 화장실, 이동 등 인간이 매일의 생활을 하기 위한 기본적인 동작. 리허빌리테이션 의학의 치료목표의 하나로서 중요시되고 있다.

특별요양노인 홈 입소자의 의무

입소자는 자진해서 기능훈련을 이용해서 하루라도 빨리 퇴소할 수 있도록 일상생활동작의 능력유지향상에 노력함과 동시에 퇴소하여도 더욱 적절한 서비스(케어하우스 등)를 이용할 수 있도록 노력해야만 한다(개호보험법 시행령 제13조 7항).

개호보수

개호보험제도에서 서비스 제공사업자나 개호보험시선이 개호보험 서비스를 제공하는 경우에 그 대가로서 지불되는 보수. 개호보수의 단가는 3년마다 재평가하고, 후생장관이 의료보험 복지심의회 의견을 듣고 결정한다.

방문조사

요개호 인정 신청을 받은 경우 인정조사원을 파견하여 면접조사를 한다. 조사원은 85항목이나 되는 기본조사 청취를 하고 필요한 경우 특기사항을 기입한다.

인정조사원

일정의 연수를 받은 경우 직원이 기본이지만 꼭 케어매니저의 자격이 없어도 되고 비상근 직원이라도 괜찮다고 되어 있다. 조사원은 공무원이라고 간주되어 조사에서 알아낸 사실에 대해서는 비밀을 지킬 의무를 다해야 한다.

정신이 왔다갔다하는 치매(증상)

정상상태와 치매상태가 섞여있는 것. 인지기능이 한결같이 저하하는 것이 아니고 양호하게 유지되고 있는 능력(기능)과 저하하고 있는 능력(기능)이 섞여있는 상태. 뇌혈관성 치매에서 볼 수 있다.

『나이 듦에 따른 질병』이란 다음 15개의 특정 질병

초로기의 치매, 뇌혈관 질환, 근위축성측색경화증, 파킨슨병, 척수소뇌변성증,

Shy-Drager 증후군, 당뇨병성 신증 · 망막증 · 신경장해, 폐색성 동맥경화증, 만성 폐색성 폐질환, 양측 무릎관절 또는 고관절에 현저한 변형을 동반하는 변형성 관절증, 만성 관절 류머티즘, 후종인대골화증, 척추관협착증, 골절을 동반하는 골다공증, 조로증 등이다.

재심사청구

개호보험법에서는 인정에 불복이 있는 경우 통지하고 나서 60일 이내에 도 · 도 · 부 · 현의 개호보험심사회에 신청할 수 있다. 심사청구는 도 · 도 · 부 · 현을 시작으로 시 · 정 · 촌의 창구에서도 신청할 수 있고 심사회가 필요하다고 인정하면 시 · 정 · 촌의 재심사를 받을 수 있다. 개호보험심사회는 개호보험법을 토대로 도 · 도 · 부 · 현에 설치되는 제3자 기관. 보험자인 시 · 정 · 촌이 행한 인정결과나 급부제한 등, 행정처분에 대해 심리 · 재결한다.

서비스 내용에 대한 불만

각 도 · 도 · 부 · 현의 국민건강보험단체연합회에서는 서비스 제공자로부터의 청구서 심사, 지불과 함께 이용자로부터의 고충처리 업무를 하고 있다. 연합회사무국은 불만을 접수하면 조사를 실시하고 그 결과를 전문경험자들로 구성되는 고충처리담당위원에 보고함과 동시에 고충 신청인에 통지한다.

7

노화와 질환

제7장

노화와 질환[1]

I. 노인의 질환

1. 인간의 수명

오늘날은 100세 시대라고 한다. 인류역사상 대부분 100세까지 살아본 경험도 없다. 그래서 100세에 대한 의학적 연구조차도 충분하지 않았다. 요즘은 일찍 죽지도 않고 쉽게 죽게 내버려 두지도 않는다. 오래 사는 것이 중요한 게 아니라 눕거나 휠체어에 의존해서 사는 것을 제외한 건강수명이 중요하다.

2. 생활습관병

현대인들에게 가장 큰 문제는 운동부족이다. 100년 전의 사람에 비해 운동량은 1/3로 줄었고, 먹는 음식량은 2배로 늘었다. 그만큼 남아도는 영양분이 혈액을 타고 돌아다니면서 혈액 오염의 주범이 된다. 운동부족에 의한 생활습관병이 늘어나는 가운데 일상생활 중에 신체활동을 증가시키는 것이 '건강만들기'에 매우 중요한 일이 되었다.

몸을 움직이지 않아 비만 상태가 되면 지방세포가 비대해진다. 혈액속 해로운 물질이 증가하여 몸의 감수성을 떨어뜨리고 대사 방해 등으로 합병증이 오기 쉽다. 반면 운동을 하게 되면 혈압, 콜레스테롤 등 심혈관질환 위험 요인들을 개선하여 혈관을 튼튼하게 만들고 심혈관성 합병증을 예방한다. 체력향상 및 면역력이 향상되며 골밀도가 높아지는 등 전체적으로 건강에 긍정적인 효과를 얻을 수 있다.

---

1 이 장은 각종 참고문헌은 네이버 지식백과, 구글 등 인터넷 검색을 통한 직접 간접적으로 인용하였으며, 그리고 주요 대학병원 건강정보, 보건복지부, 보건사회연구원, 국민건강보험공단, 건강보험통계연보, 의학관련 대사전, 위키백과사전, 각종 건강정보포털, 대한의학회, 대한간호학회, 질병관리청 홈페이지, 국가건강정보포털 의학정보, EBS 명의, KBS생로병사, 두산백과, 각종 질병협회 또는 학회, 수많은 관련자료 등을 참조하여 편집되었음을 밝힌다.

노인 인구가 급증하는 일본에서 더 이상 국가에서 노인 건강을 책임질 수 없다는 판단아래 노인 스스로가 자기의 건강을 지키자라는 캠페인으로 생활습관병이란 단어가 주목을 받게 되었다(건강일본 21). 일본에서는 2000년이 시작되면서 모든 매체에서 성인병이란 말이 사라졌다. 대신 생활습관병이라 새롭게 명명되었다. 그럼 어떤 생활습관이 잘못된 것일까? 생활습관이란 식생활습관 · 운동생활습관 · 정신생활습관을 말한다.

식생활에 가장 중요한 것은 밸런스가 잡힌 식사 즉 균형있는 식사이다. 피를 탁하게 하는 가장 큰 원인은 과식이다. 과식하면 혈당이 올라가고 중성지방이나 콜레스테롤이 기준치 이상으로 넘쳐나게 된다.

우리 인체는 여러 장기로 이루어져 있다. 각 장기가 하는 일이 모두 다르듯이 필요한 영양소도 각기 다르다. 편식하지 않고 골고루 먹는 것이 중요하다. 운동을 얼마나 하는 것이 적당할까? 나이에 맞게 건강상태에 맞게 컨디션에 맞게 운동해야 한다. 우리의 맥박은 1분에 72±10회 인데 운동 후의 맥박은 110정도 되고 약간 숨이 찰 정도면 땀이 촉촉이 날 정도이다.

건강한 마음, 편안한 마음, 휴식 그것은 신체의 건강에서도 매우 중요하다. 현대인은 일상생활 가운데 경쟁이 점점 격화하는 경향이 있다. 직장에서도 가정에서도 상당한 정신적 스트레스에 직면해 있다. 스트레스는 정신건강을 나빠지게 하는데 가장 큰 영향을 미치는 것이다. 스트레스를 받으면 코르티솔(cortisol)같이 몸을 흥분시키는 스트레스 호르몬이 분비되면서 혈압이 높아지고 호흡이 빨라진다. 그 결과 몸의 에너지 소비량이 급증하고 산소가 부족한 채로 에너지를 만들어야 하기 때문에 미토콘드리아에서 생성하는 에너지의 양은 줄어든다. 또한 부산물로 젖산이 많이 생겨 피로를 느끼기 쉽다.

3. 현대 의학의 한계

우리의 삶은 과거와 비교할 수 없을 정도로 많은 변화가 일어났다. 그 중에서 눈에 띄게 달라진 점은 바로 '수명'이 늘어났다는 점이다. 과거에는 단순히 '오래 사는 것'이 목적이었다면 평균수명이 늘어난 오늘날에는 '얼마나 건강하게 오래 살 수 있는가' 이다. '건강한 노후'에 대한 요구가 증가하고 있다.

인간이 앓고 있는 질병의 개수는 국제질병분류표에 등록된 것을 보면 12,420이다. 1920년에 페니실린이 만들어지면서 어지간한 상처가 나도 곪아도 치료가 잘된다. MIT 공대생이 칫솔을 발명하면서 치아도 잘 유지되었다. 치아가 좋으니 80살이 되어도 고기를 먹는다.

평균수명에 이르기까지 남성은 세명, 여성은 네명 중 한명은 암에 걸린다. 여성이 유방암에 걸리면 수술 등 치료해주는 의사는 많아도 유방암이 안 걸리도록 원인치료를 해주는 의사도 병원도 없다. 대장암 발생률이 세계 1위라지만 대장암이 발생하는 원인자체를 치료하는 것은 별로 신경쓰지 않는다. 병원은 질병이 생긴 후 치료하는 것이 주된 역할이기 때문이다. 현대의학은 생긴 병이나 증상을 치료해주는 것을 주로 할뿐 병이 생기는 원인을 미리 관리하는 것은 자신의 몫이다. 원인없는 증상은 없다. 증상은 병원에서 치료하지만 원인은 본인이 치료하거나 습관을 고쳐 나가야 한다.

4. 노화와 퇴화

노화와 퇴화는 다르다. 예컨대 다리골절을 입은 경우 기브스를 하면 나중에 기브스 한 다리가 가늘어지게 된다. 사용을 안하니까 퇴화한 것이다. 주름이나 흰머리는 노화이다. 배가 나오고 허벅지가 가늘어지는 것은 퇴화이다. 운동과 식생활습관을 바꾸면 개선된다.

우리나라는 1970년에 60세, 2010년 80세로 40년 동안 평균 수명이 20년 증가했다. 이렇게 빨리 늘어나는 나라는 없다. 프랑스 등의 국가가 지금의 평균 수명이 되기까지 120년 정도 걸렸다. 인간이 장수하게 된 조건으로는 깨끗한 물, 영양, 단백질, 의학의 발전이 큰 기여를 했다.

우리 몸의 순환계는 우리가 먹은 것과 숨 쉬는 것, 즉 산소와 탄수화물을 기계적으로 보낸다. 순환계를 통해서 힘과 에너지가 전달된다. 몸 세포들이 이것을 받아들여 에너지가 되어 살아가는 것이다. 우리가 받아들이는 먹는 것, 숨 쉬는 것이 우리를 살게 하지만 또한 그것에 의해 우리는 죽게 되는 것이다. 예컨대 산소를 몸에서 받아들일 때 95% 정도는 우리를 살리고 5% 정도는 서서히 죽게 한다는 것이다. 활성산소가 그것이다. 먹을 것을 많이 먹인 쥐(100%)와 적게 먹인 쥐(60%) 그룹 중 적게 먹은 쥐가 오래 산다. 해발 3,000 미터 이상 고산지대는 공기가 적어 산소가 적다. 1,000 미터당 산소가 10% 정도 감소한다. 즉, 활성산소의 공격을 적게 받는다. 그래서 고산지대에 사는 사람들이 장수자가 많다. 산소를 덜 흡수하여 활성산소가 덜 나오기 때문이다. 반면 열대지방은 수명이 짧은 편이다(60세). 에너지 소비율도 높고 더워서 지치게 되면 에너지를 많이 써서 대사율이 높다.

여성이 오래 사는 이유 가운데 하나는 산소 호흡량이 남자는 500ml를 들이 마시는데 비해 여성은 400ml 정도를 마신다. 즉, 산소를 적게 들이마시고 적혈구 숫자가 여성이 적다. 적혈구는 산소를 운반하는 트럭이다. 20% 정도 산소를 덜 마시니 활성산소가 덜 나온다. 통계상으로 성직자는 수명이 길고 운동선수나 언론인은 수명이 짧다. 주된 원인은 활성산소 탓이다. 아울러 스트레스 해소와 관련이 있다.

활성산소(Reactive Oxygen Species, ROS)[2]는 인체 내에 섭취된 음식물과 산소가 결합하여 대사과정을 거치는 동안 생성되는 산소화합물이다. 우리 몸속 세포와 DNA를 공격하여 만성질환과 노화를 일으키는 주범이라고 할 수 있다. 즉, 산소는 호흡을 통해 우리 몸속에 들어와 세포에 전달된다. 그 중 약 2~5% 정도는 불안정한 상태로 변하는데 이것을 활성산소라고 한다. 활성산소는 과도하면 질병을 유발하지만 세균이나 바이러스를 막아내는 역할을 하기 때문에 우리 몸에 어느 정도 필요한 물질이다. 하지만 과도한 활성산소는 피부에 영향을 미쳐 피부 노화를 촉진시킨다.

활성산소는 다양한 원인에 의해 발생한다. 화학적 자극(잦은 과음, 흡연, 과식, 의약 및 약품), 물리적 자극(지나친 운동, 자외선 과다, 대수술 등), 감염성 자극(각종 세균성 감염 등), 정서적 자극(스트레스, 지나친 흥분으로 인한 심리자극 등)에 의해서 발생한다.

활성산소는 혈관을 타고 움직이기 때문에 혈관질환으로도 이어질 수 있다. 혈액 속에 혈전이 생겨 혈관이 좁아지고 심해지면 혈관이 막혀 뇌경색이나 심근경색을 유발한다.

활성산소는 다른 세포와 결합하려는 특성이 있고 결합된 세포의 산화를 촉진하기 때문에 우리 몸에 장기적으로 영향을 미치게 될 시 동맥경화, 신경계 질환, 암, 당뇨병, 간질환, 아토피성 피부염, 치매, 백내장과 같은 각종 질병들과 노화를 촉진시킬 위험이 매우 높다. 그래서 활성산소를 제거하는 것이 매우 중요하다. 활성산소의 공격을 방어하는 것이 항산화 능력(Total Antioxidant Status, TAS) 이라고 한다. 식습관 개선과 적절한 처방을 통해 항산화 능력을 높여야 한다.

---

2 활성산소(活性酸素, Reactive oxygen species(ROS)는 일반적인 산소(안정한 상태)보다 활성이 크고 불안정하며 높은 에너지를 갖고 있는 산소를 말한다. 대표적인 예로는 수퍼옥사이드(Superoxide), 과산화수소(H2O2), 히드록시라디칼(hydroper-oxyl radical)등을 활성산소(reactive oxygen species, ROS)라고 한다. 굉장히 불안정한 물질로 다른 분자, 예를 들어 DNA로부터 전자를 빼앗아 산화시키려는 성질이 있기 때문에 방사선과 함께 DNA를 손상시키는 주범이다. 성인병과 암을 비롯한 질병을 일으키는 원인이자, 노화를 일으키는 주범 중 하나이기도 하지만, 반대로 면역체계 강화, 근육 재생, 당뇨병 억제, 퇴행성 관절염을 완화시키는 기능도 한다. 활성산소는 우리 몸에 반드시 필요한 물질로 세포 신호 전달과 항상성 유지에 반드시 필요한 산화환원신호의 매개체가 된다고 한다. 우리 체내에 있는 항산화 효소는 활성산소를 억제하는 기능이 있다.

II. 암

1. 발생률

세계적으로 사망원인 1위는 심장질환이지만 우리나라에서 1위의 사망원인은 암이다. 우리나라의 암 유병자는 2016년 기준으로 총 174만명이다. 국민 29명당 1명이 암 유병자이다. 암환자 5년 생존율은 70.6%이고 암생존율은 높아지고 있다. 암발생 1위는 위암(남자), 유방암(여자)이다.

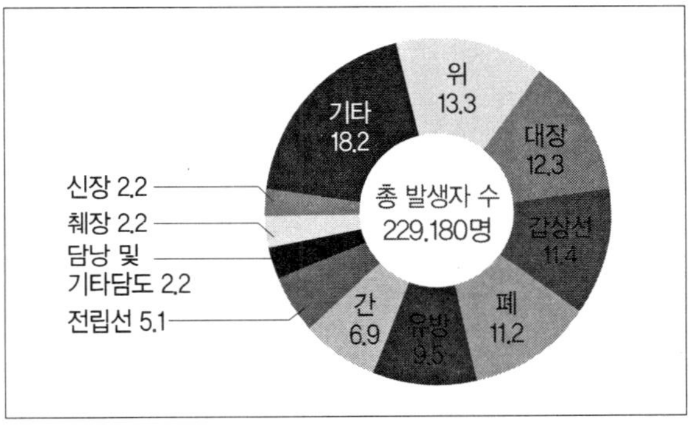

[그림 7-1] 주요 암 발생률

자료 : 국립암센터 소식지

[표 7-1] 암의 5년 생존율 국제비교

암	한국('12~'16)	미국('08~'14)	캐나다('06~'08)	일본('06~'08)
모든암	70.6	69.2	60	62.1
위	75.8	32.1	25	64.6
대장	76.0	66.2	64	71.1
갑상선	100.2	98.3	98	93.7
폐	27.6	19.9	17	31.9
유방	92.7	91.9	87	91.1
간	34.3	18.8	19	32.6
전립선	93.9	98.9	95	97.5
췌장	11.0	9.1	8	7.7
자궁경부	79.8	68.9	73	73.4

2. 암 치료

1) 위암(胃癌, gastric cancer)

위장에서 생기는 암으로 폐암, 간암과 함께 암 사망률 상위에서 늘 빠지지 않는 무서운 질병이다. 한국과 일본에서 발생률이 높다. 수술 사례도 타국에 비해 그만큼 많고 치료법도 훨씬 발전해 있다. 위암의 치료는 일본에서 크게 발전하였다. 한국도 경제 발전 및 위암의 발생률이 높은 현실적인 여건상 일본에 뒤떨어지지 않는 많은 발전을 이룰 수 있었다. 이 때문에 미국같이 의학이 발전한 나라들의 의사들도 위암 수술에 대해 배울 때만은 일부러 한국이나 일본을 방문할 정도다. 실제로 위암 수술로 입원하는 사람들은 종종 같은 병실에 외국인도 위암 수술을 받고 입원해 있는 걸 볼 수 있다.

위암의 명확한 원인은 아직 밝혀지지 않고 있다. 그러나 유전적인 요인과 환경적인 요인으로 발병하는 질병이다. 특히 환경적인 요인에서 먹는 음식의 종류가 위암을 일으키는 데 중요한 역할을 한다. 2016년 미국암연구소(AICR)와 세계암연구기금(WCRF)은 유전을 제외한 위암 발병 3대 요인이 과음, 비만, 가공육 과다섭취라고 발표했다.

대개 초기에는 증상을 느끼지 못한다. 증상이 있다고 해도 알기 어려운 경우가 많다. 소화가 잘 안 되고 식후 상복부가 거북하고 불쾌하고 명치 끝이 아프고 공복 시 또는 식후에 속이 쓰리고 속이 메스껍고 구역질이 나고 트림을 자주 하고 구토, 토혈을 하고 입맛이 없거나 음식을 삼키기가 힘들고 피를 토하거나 혈변을 보고 몸무게가 줄어들고 피로감과 현기증을 느끼고 배에 혹이 만져지고 황달이 생기고 가스가 차면서 대변을 보기가 힘들고 숨이 차면 초기 증상을 의심해야 한다. 증상으로 알기 어렵기 때문에 조기에 위암을 찾으려면 내시경 검사가 권고된다.

요즘은 거의 내시경으로 진단한다. 내시경만으로 95~99%를 진단할 수 있으며 내시경상 의심되는 병변이 보이면 생검(biopsy)[3]을 통해 조직검사를 맡긴다. 이 과정에서 헬리코박터 감염 여부까지 같이 조사할 수 있다. 위장조영술 같은 검사를 보조로 사용할 수 있다.

2) 대장암(colon cancer)

대장암과 직장암은 각각 대장과 직장의 점막에서 발생하는 악성 종양을 의미한다. 대장

---

3 생검(biopsy)은 생체에서 조직의 일부를 메스 · 바늘로 채취하는 것이다. 메스로 조직의 소편을 채취하는 것을 시험절제라고 하여 피부 · 점마개종양 등에 적용되며, 예시(銳匙)로 조직을 소파는 것을 시험소파라고 하여 자궁내막의 검색에 이용된다. 절제감자로서 조직편을 채취하는 것은 협절생검(鋏切生檢)이라고 하며 소화관의 점막, 자궁경부, 기관지 상피 등에 적용된다. 바늘생검에서는 신장 · 간 등의 실질장기에 바늘을 찔러서 조직소편을 채취한다(간호학대사전, 1996. 3. 1., 대한간호학회).

암은 대장 점막이 있는 대장이나 직장의 어느 곳에서나 발생할 수 있지만 S상 결장과 직장에서 가장 자주 생긴다.

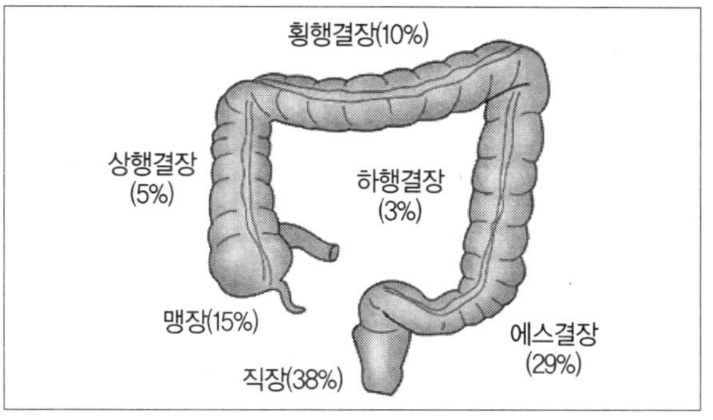

[그림 7-2] 대장암

대장암의 원인으로 전체 대장암의 약 10~30%를 차지하는 유전성 요인이 있다. 다음으로 우리가 스스로 조절하고 미리 원인을 피함으로써 예방할 수 있는 환경적인 요인이 있다. 유전적 요인으로 발생하는 대장암에는 가족성 용종증과 유전성 비용종증 대장암이 있다. 환경적인 요인으로는 음식 섭취가 있다. 특히 과다한 동물성 지방 섭취 및 육류 소비(특히 붉은 고기) 등이 대장암의 발생을 촉진하는 인자로 작용한다. 비만 환자의 경우 인슐린 저항성이 높아지고 IGF-1이 증가하여 장 점막을 자극하므로 대장암 발생의 위험성이 높다.

대장암은 초기에 발견하여 치료하면 치료 효과가 매우 좋다. 검진을 통해 선종 단계에서 용종을 발견하여 대장 내시경으로 제거하면 대장암 발생 자체를 예방할 수 있다. 그러므로 대장 내시경 검사를 통한 검진이 중요하다. 증상이 없는 저위험군인 경우 45세 이후부터 매 5~10년마다 대장 내시경 검사를 받는 것이 좋다. 궤양성 대장염, 크론병(Crohn's disease), 가족성 선종성 용종증 등이 있는 경우와 가족성 선종성 용종증, 유전성 비용종증 대장암이 있는 경우는 고위험군에 속한다. 이 경우는 전문의와 상담 후 검사 방법과 검사 간격을 결정하여 정기적인 검사를 받는 것이 필요하다.

초기 대장암 환자들은 다른 고형암과 마찬가지로 대부분 별다른 자각 증세를 느끼지 못한다. 진행암의 경우 70% 이상의 환자들이 증상을 느낀다. 건강검진 시 분변 잠혈 반응 검사를 실시한다. 이는 대변에 포함되어 있는 극소량의 출혈까지 확인하여 대장암이 존재할 가능성을 알려 주는 간단한 검사이다. 다만 실제로 대장암을 확인하기 위해서는 반드시 추가적인 진찰과 검사가 필요하다. 전체 대장암의 약 2/3 이상이 직장과 S상 결장에서 발생하기 때문에 직장 수지 검사와 S상 결장경 검사를 먼저 실시한다. 집게손가락을 직장 내에

깊숙이 집어넣으면 항문 입구로부터 8~10cm 상방에 위치하는 종괴(腫塊)[4]를 만질 수 있다. S상 결장경 검사는 직장 수지 검사로 만질 수 없는 상부의 직장 및 S상 결장까지도 관찰할 수 있기 때문에 전체 대장암의 40~60%가량을 발견할 수 있다.[5]

(1) 일반적 증상

대장암 초기에는 대부분 증상이 없고 증상이 나타날 때는 이미 상당히 진행되었을 경우가 많다. 다음은 대장암의 주된 증상이다.

- 갑자기 변을 보기 힘들어지거나 변 보는 횟수가 바뀌는 등 배변 습관의 변화
- 설사, 변비 또는 배변 후 후중기(변이 남은 듯 무지근한 느낌)
- 혈변(선홍색이나 검붉은색) 또는 끈적한 점액변
- 예전보다 가늘어진 변
- 복부 불편감(복통, 복부 팽만)
- 체중이나 근력의 감소
- 피로감
- 식욕 부진, 소화 불량, 오심과 구토
- 복부에서 종물(腫物) 즉 덩어리 같은 것이 만져짐

암의 증상은 종양의 발생 위치와 종류에 따라 다르게 나타난다.

(2) 진단방법

대장암을 진단할 수 있는 검사의 종류는 직장 수지 검사, 암태아성 항원검사, 분변잠혈반응검사, 대장내시경검사, 대장이중조영검사, 복부 초음파검사와 직장 초음파검사, PET 및 PET/CT 검사 등이 있다.

(3) 진행단계

대장암의 대부분은 선종성 용종에서 기원한다. 선종성 용종은 대장의 가장 안쪽 층인 점막에서 생겨나 점점 커지다가 그중 일부가 암으로 변하게 된다. 일단 변하고 나면 대장벽으로 침윤해 들어가게 된다. 대장암의 치료 방법을 정하고 예후 인자를 알아내기 위해서는 대장암의 병기(病期, stage)를 정확하게 판정해야 한다. 병기란 암의 진행 정도 혹은 단계

4 종괴(腫塊)는 외상(外傷), 염증 혹은 기타 여러 원인으로 인해 조직 혹은 장기(臟器)의 일부에 분명한 경계로 발생한 종기(腫氣)를 일컫는 용어이다.

5 연세암병원 건강정보자료

를 말하는데 대장암은 애슬러-콜러 분류법(Astler-Coller staging system)이나 TNM 분류법을 바탕으로 병기를 1기에서 4기까지로 나눈다. 숫자가 높을수록 많이 진행된 암이다.

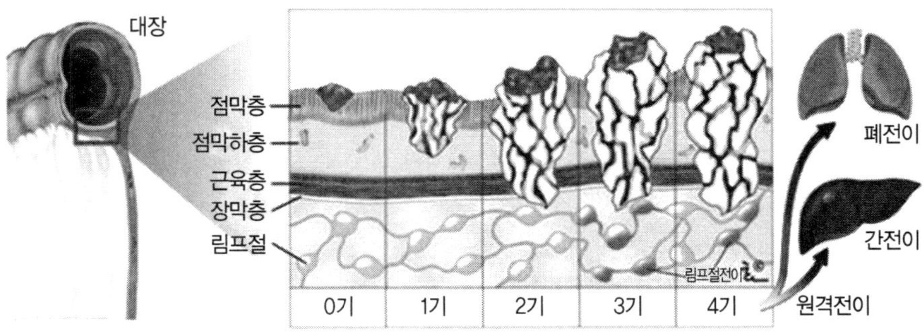

병기 판정은 장벽 침윤 정도(T 분류, tumor), 주위 림프절 전이 정도(N 분류, node), 그리고 간이나 복막, 폐 등 다른 장기로의 전이(轉移) 여부(M 분류, metastasis)를 종합하여 병기를 결정한다.

(4) 치료방법

대장암의 치료방법을 결정하는 데서 중요한 것은 종양의 크기가 아니라 종양이 조직을 침투한 정도이다. 대개 수술과 항암화학요법, 방사선치료를 적절히 병행한다.

[표 7-2] 대장암의 병기별 치료방법

병기	치료방법
대장암 1기	근치적 수술(시술) 후 추가 치료없이 경과 관찰
결장암 2기 및 3기	근치적 수술 후 보조 항암화학요법
직장암 2기 및 3기	근치적 수술 후 방사선 치료나 항암화학요법(경우에 따라 병용) 또는 수술 전 방사선치료나 항암화학요법(경우에 따라 병용)
대장암 4 기	환자의 전신상태에 따라 항암화학요법 시행 필요한 경우 생명 연장을 위해 고식적(완치가 목적이 아닌 상태 완화를 위한) 수술이나 방사선치료를 검토할 수 있음 기타의 병용요법은 다기관 연구결과에 의해 선택될 수 있음

3) 갑상선암(thyroid cancer)

갑상선암은 갑상선에 생긴 암을 의미한다. 갑상선은 목 전면의 튀어나온 부분, 즉 울대의 2~3cm에 위치한 나비 모양 기관이다. 여기서 분비되는 갑상선호르몬은 인체 대사과정을 촉진하여 모든 기관의 기능을 적절히 유지시키는 역할을 수행한다.

갑상선암을 치료하지 않고 방치할 경우 다른 암의 경우와 마찬가지로 주변 장기로 전이가 진행되어 생명을 잃을 수도 있다. 갑상선에 혹(결절)이 만져져서 검사를 하는 경우 약 5%가 암으로 진단받는다.

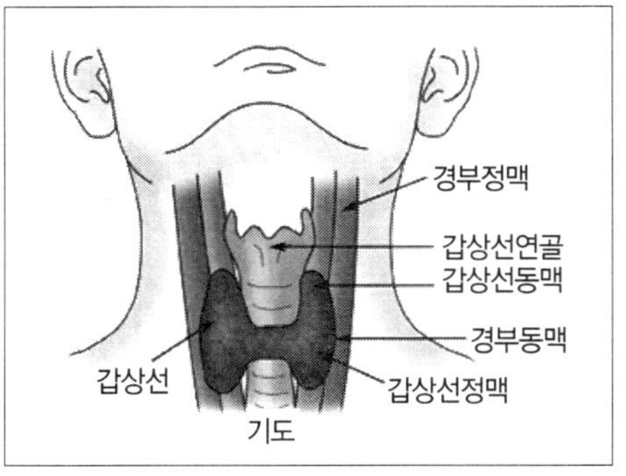

[그림 7-3] 갑상선의 구조

갑상선암은 대부분 원인이 명확하지 않다. 그러나 갑상선암의 발병률을 높이는 요인으로는 방사선 노출, 유전적 요인, 과거 갑상선 질환 병력 등이 있다.

거의 대부분의 암이 그러하듯 갑상선암 역시 초기에는 아프지 않아 늦게 발견하는 경우가 많다. 그러나 갑상선 연골이 있는 부위에서 약간 아래쪽과 양쪽에서 단단하지만 아프지 않은 혹이 만져질 때, 단일 결절(혹)일 때, 결절이 4cm 이상일 때, 결절의 성장 속도가 빠를 때, 호흡 곤란, 성대 마비, 음식물을 삼키기 어려운 증상 등이 있을 때는 갑상선암을 의심해 보아야 한다.

갑상선암을 치료하려면 갑상선암 제거 수술을 시행해야 한다. 초기의 암, 즉 유두암의 크기가 1.0cm 이하인 것을 제외하고는 갑상선에 생긴 유두암뿐만 아니라 갑상선 전체를 다 들어내는 것을 추천하는 의사가 많다. 갑상선암의 종류에 따라 예후가 다르지만 갑상선암의 80~90%를 차지하는 유두상 갑상선암[6]의 경우 치료가 잘 되고 완치율도 높다. 하지만 암이기 때문에 재발하거나 다른 장기로 퍼질 가능성이 있다. 특히 폐나 뼈 등 전신의 각 장기로 암이 퍼진 경우에는 그것이 목에만 국한된 경우보다 예후가 좋지 않다(서울아산병원 건강정보)[7].

---

6 유두상 갑상선암은 갑상선 분화암 중 가장 많은 암으로 갑상선 상피조직에서 생기는 악성종양이다. 현미경으로 보면 유두처럼 작은 돌기를 가지고 있어서 유두선암이라 불리게 되었다.

7 http://www.amc.seoul.kr/asan/healthinfo/disease/diseaseDetail.do?contentId=31594

4) 폐암(lung cancer)

폐암이란 폐에 비정상적인 암세포가 무절제하게 증식하여 종괴를 형성하고 인체에 해를 미치는 것을 말한다. 폐암은 폐에 국한되어 발견되기도 한다. 하지만 폐암은 진행되면 반대쪽 폐뿐만 아니라 임파선이나 혈액을 통하여 뼈, 간, 부신, 신장, 뇌, 척수 등 온몸으로 전이될 수 있다. 한국인 사인 분류 통계에 의하면 폐암은 지속적으로 증가하고 있고 사망률 또한 꾸준히 증가하고 있다.

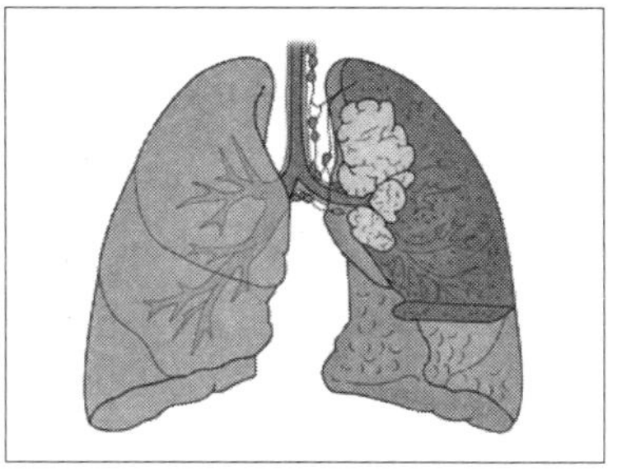

[그림 7-4] 비소세포성 폐암

흡연은 폐암의 가장 큰 발병 요인이다. 흡연자는 비흡연자에 비해 폐암에 걸릴 위험이 15~80배까지 증가하는 것으로 알려져 있다. 대기오염 등의 환경 요인도 폐암 발병과 관련이 있다. 한편 직업에 따라 석면이나 크롬 등의 물질에 노출되는 것이 폐암의 원인으로 지적되기도 한다. 이러한 물질의 노출에 흡연 습관이 더해지면 폐암이 발생할 가능성이 높아진다. 이외에 유전적 요인, 호흡기 질환의 과거력이 폐암의 유발 요인이 된다.

폐암은 특이 증상이 없는 경우가 많다. 일반적으로 감기 증상, 기침, 피 섞인 가래 혹은 객혈, 호흡 곤란, 흉부 통증, 목이 쉰 소리가 나는 등의 증상이 발생한다.

폐암 환자는 대부분 단순 흉부 방사선 검사상 이상 소견이 발견되면 CT와 MRI를 통해 진단할 수 있다. 그러나 폐암 확진은 엑스레이나 CT로 하는 것이 아니라 조직검사를 통해 이루어진다.

폐암 치료는 비소세포암과 소세포암[8]에 따라 방법이 다르고, 진단 당시의 병의 진행 상태에 따라 예후가 달라진다. 치료 시작 당시의 환자의 전신상태 및 환자의 의지에 따라 치

8 폐암은 암세포의 크기와 형태 등 병리조직학적 기준에 따라 소세포(小細胞)폐암과 비(非)소세포폐암으로 나뉜다. 현미경으로 확인되는 암세포 크기가 작은 것은 한자의 '작을 소(小)'자를 써서 소세포폐암이라고 하고, 작지 않은 것을 비소세포폐암이라고 한다(흔히 소세포암, 비소세포암으로 줄여서 말한다). 발생하는 폐암의 80~85%를 차지하는 비소세포폐암은 다시 편평상피세포암, 선암, 대세포암, 선(腺)편평세포암, 육종양암, 카르시노이드 종양, 침샘형암, 미분류암 등으로 나뉜다(국가암정보센터 암정보).

료를 선택해야 하므로 환자 개개인에 따라 최선의 치료법을 선택하는 것이 중요하다.[9]

5) 유방암(breast cancer)

유방암은 유방에 발생하는 모든 악성 종양을 통틀어 말한다. 유방암은 유방에 비정상적인 조직이 계속 자라거나 다른 장기에 퍼지는 치명적인 병이다. 우리나라에서도 유방암의 발생이 꾸준히 증가해 2001년에는 여성 암 중 가장 많은 암이 되었다.

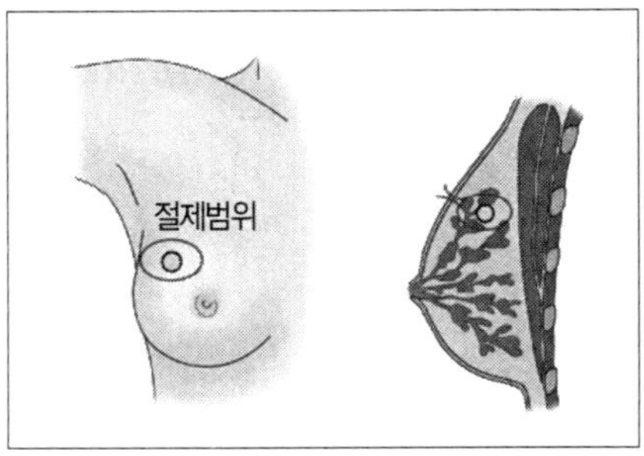

[그림 7-5] 유방암

유방암의 원인을 확실하게 규명하기는 어렵다. 다만 고지방, 고칼로리로 대변되는 서구화된 식생활과 그로 인한 비만, 늦은 결혼과 출산율 저하, 수유 기피, 빠른 초경과 늦은 폐경 등으로 에스트로겐에 노출되는 총 기간 증가 등이 요인으로 작용하는 것으로 보고 있다.[10]

유방암의 초기에는 대부분 아무런 증상이 없다. 유방암이 어느 정도 진행되면 유방에 덩어리가 만져진다. 심한 경우 유두에서 피가 섞인 분비물이 나올 수도 있다. 또한 젖꼭지에 잘 낫지 않는 습진이 생기는 경우에도 유방암을 의심할 수 있다.

유방 병소는 자가 검진, 임상 진찰, 방사선 검사(유방 촬영술, 유방 초음파술 등), 생검 등으로 진단한다.

유방암 환자의 가장 필수적인 치료법은 수술이다. 종양의 상태에 따라 암 조직을 떼어

---

9 http://www.amc.seoul.kr/asan/healthinfo/disease/diseaseDetail.do?contentId=31594(서울아산병원 건강정보).

10 유방암의 위험 요인은 다음과 같다.
- 40대 이후의 여성
- 유방암 가족력이 있는 경우
- 초경 연령이 14세 이전인 경우
- 폐경 연령이 50세 이후인 경우
- 만삭 분만을 한 번도 경험하지 않은 경우
- 첫 만삭 분만이 35세 이후인 경우
- 모유 수유를 하지 않은 경우
- 체중이 63kg 이상, 혹은 비만지수가 25 이상인 여성

내는 수술적인 방법, 수술 부위의 국소 재발을 예방하기 위한 방사선치료, 항암 화학요법, 항호르몬 요법을 시행한다. 유방 전체 절제술을 시행한 경우에는 유방 복원 수술도 함께 시행할 수 있다.[11]

6) 전립선암(prostate cancer)

전립선은 남성에게만 있는 장기로 정액의 일부를 생산하는 역할을 한다. 전립선은 방광에서 나오는 요도를 둘러싸듯이 있고 밤 열매와 같은 모양을 하고 있다. 전립선암은 이러한 전립선에 암세포가 발생한 것이다.

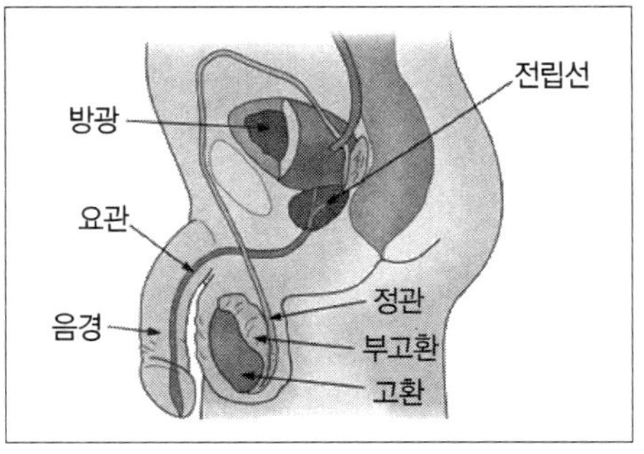

[그림 7-6] 정상 비뇨기 구조

전립선암의 정확한 원인은 밝혀지지 않았다. 전립선암의 위험성을 증가시키는 몇 가지 인자로는 고령, 가족력, 생활양식 요인(비만과 고지방 식사, 특히 동물성 지방이 많은 식사) 등이 있다. 전립선암은 요도를 둘러싸듯이 존재하기 때문에 전립선암이 발생하면 그 증식에 의해 요도가 압박되면서 각종 증상이 나타난다. 증상으로는 배뇨 곤란, 빈뇨, 잔뇨감, 야간 다뇨, 절박뇨, 하복부 불쾌감 등이 있다.

전립선암의 치료법에는 호르몬 치료, 수술적 치료, 방사선 치료, 항암 화학 치료의 4종류가 있다. 의사는 암이 있는 장소, 병기, 연령, 지금까지의 병력이나 일반적 상태에 근거하여 치료 방법을 계획한다.[12]

7) 췌장암(pancreatic cancer)

췌장은 명치끝과 배꼽 사이 상복부에 위치한 일종의 소화기관이다. 각종 소화 효소와 인

11 서울아산병원 건강정보.
12 서울아산병원 건강정보.

슐린을 분비하여 장내 음식물을 분해하고 혈당을 조절하는 역할을 담당한다. 췌장은 십이지장과 연결되어 있어 분비된 소화 효소는 십이지장으로 배출되고 위에서 내려온 음식물들과 섞인다. 췌장은 해부학적으로 두부, 체부, 미부로 나누어진다. 췌장암의 발생부위에 따라 췌두부암, 췌체부암, 췌미부암, 비만성 췌암으로 분류하며 췌두부암이 전체의 70%, 체부 · 미부가 25%이다. 두부는 담관과 연결되어 있어 두부에 췌장암이 발생하면 담관이 막히면서 황달이 나타날 수 있다. 미부는 비장과 연결되어 있다. 소장과 대장 일부에 혈액을 공급하는 상장간막동맥은 대동맥으로부터 분지되어 췌장과 인접해 주행한다.

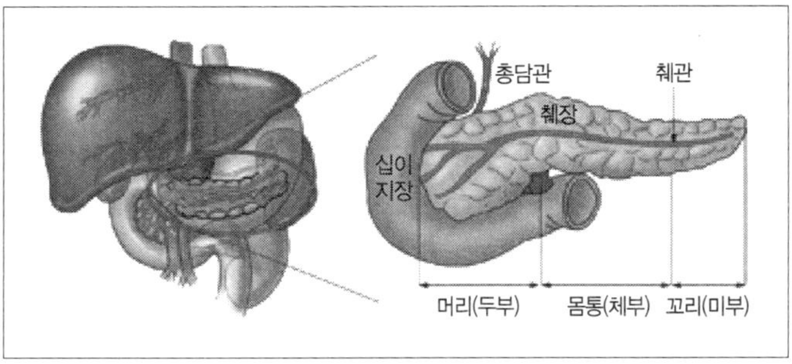

[그림 7-7] 췌장의 구조

췌장에 발생하는 종양은 인슐린 등 호르몬을 분비하는 내분비 세포에서 발생하는 종양(5~10%)과 소화 효소의 분비와 관련된 외분비 세포에서 기원하는 종양(90% 이상)으로 나눌 수 있다.

췌장암은 50세 이상의 고령 남성에서 주로 발생한다. 췌장암의 위험 인자로는 흡연(30%), 고열량 식이(20%), 만성 췌장염(4%), 유전적 요소(10%) 등이 있다. 나머지 췌장암의 원인은 아직 분명하게 확인할 수 없다.

췌장암은 초기 증상이 없기 때문에 조기 발견율이 10% 이하로 매우 낮다. 췌장암에서 가장 흔히 나타나는 증상은 복통이다. 황달, 식욕 감소, 체중 감소 등의 증상도 있다. 췌두부암 환자는 대부분 황달이 나타난다. 하지만 췌장의 체부와 미부에 발생하는 췌장암은 초기에 거의 증상이 나타나지 않아 시간이 지나서 발견되는 경우가 많다.

원칙적으로 전이 췌장암은 항암제 치료를, 국소 진행 췌장암은 항암제 또는 항암 및 방사선 치료를 일차적으로 시행한다. 절제 가능한 췌장암은 일차적으로 수술을 시행한다.[13]

---

13 서울아산병원 건강정보.

8) 자궁경부암(cervical cancer)

자궁은 크게 두 부분으로 나뉜다. 자궁의 약 4분의 3을 차지하는 몸 부분(체부)과 질로 연결되는 목 부분(경부)이다. 자궁경부암은 자궁의 목 부분인 자궁경부에 발생하는 암을 의미한다.

자궁경부암의 원인으로 바이러스 감염, 특히 인유두종 바이러스(Human Papilloma Virus, HPV)[14], 인간면역결핍 바이러스(Human Immunodeficiency Virus, HIV)[15], 헤르페스 바이러스 감염[16] 등이 거론된다. 이 중에서 인유두종 바이러스가 가장 유력한 요인으로 알려져 있다. 일찍 성관계를 시작한 경우, 성관계를 가진 사람이 여럿인 경우, 사회 · 경제적 상태가 낮은 경우에 위험성이 증가한다. 분만 횟수, 감염, 본인 및 배우자의 위생 상태, 흡연 등도 원인 인자로 작용한다.

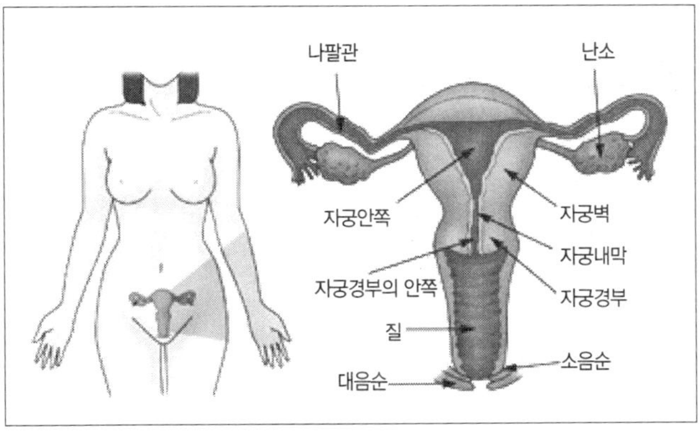

[그림 7-8] 자궁과 나팔관의 구조

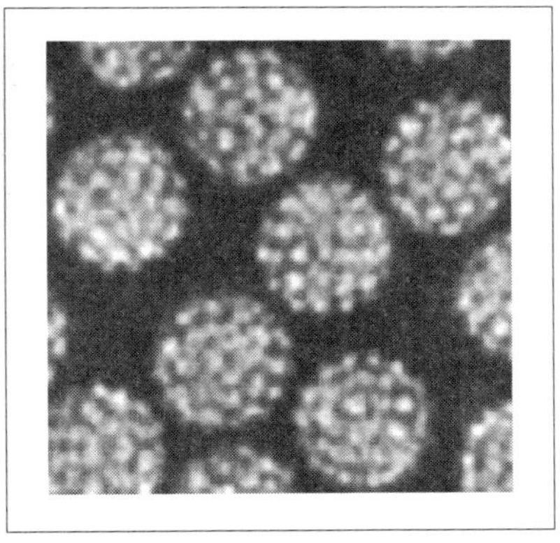

[그림 7-9] 인유두종 바이러스

14 인유두종 바이러스는 자궁경부암의 중요한 원인 인자로 알려져 있으며, 파필로마바이러스과(Papillomavirus family)에 속하는 이중 나선상 DNA 바이러스이다. 현재까지 알려진 100여 종의 인유두종 바이러스 중에서 40여종이 생식 기관에서 발견되며, 자궁경부 상피 내에 병적인 변화를 일으키는 것으로 알려져 있다. 이 중 고위험군(high-risk group)인 발암성 인유두종 바이러스가 자궁경부암과 연관성이 높다고 알려져 있으며, 발암성 인유두종 바이러스 중 16, 18번이 가장 중요하고 전세계적으로 70% 이상의 자궁경부암에서 발견된다(서울대학교병원 의학정보, 서울대학교병원).

15 인간면역결핍 바이러스(human immunodeficiency virus: HIV)는 후천성면역결핍증(acquired immune deficiency syndrome: AIDS)을 일으키는 바이러스로서 1982년 최초로 발견된 이래로 만성 감염 바이러스 중에서 가장 활발하게 연구된 병원체이다. HIV를 처음 발견한 프랑스 파스퇴르 연구소의 Luc Montagnier와 Francoise Barre-Sinoussi는 공로를 인정받아 2009년 노벨 생리의학상을 수상하였다. HIV는 T 세포를 타겟으로 감염하여 일정한 잠복기를 거친 후, 감염된 일부 T 세포에 만성 감염 저장소를 형성하고 점차적으로 바이러스의 복제를 진행하여 숙주의 면역 시스템을 약화시킴으로써 결핵 등의 추가 감염이나 또 다른 만성 감염 바이러스가 유발하는 암 등에 취약하게 만들어서 결국 AIDS 환자를 사망에 이르게 한다(미생물학백과).

16 헤르페스 바이러스 감염증은 바이러스성 질환으로 단순 헤르페스 바이러스(herpes simplex virus)에 감염되어 발생한다. 단순 헤르페스 바이러스를 다른 말로 단순포진 바이러스라고 하며, 1형 단순포진 바이러스와 2형 단순포진 바이러스가 있다. 한 번 감염되면 평생 동안 사람 몸 속에 존재하는 만성 감염증으로 증상 없이 잠복하고 있다가 자극을 받으면 증상이 나타난다(삼성서울병원 질환안내).

자궁경부암에 걸렸더라도 초기에는 아무런 증상이 없으므로 정기적인 검진이 매우 중요하다. 암이 진행되면 성관계 후 출혈, 월경 이외의 비정상적 출혈, 악취가 나는 분비물 또는 출혈성 분비물, 배뇨 곤란, 아랫배와 다리의 통증 등이 나타날 수 있다. 자궁경부암의 첫 증상은 주로 출혈이며 이는 경미한 경우가 많다. 그러나 암이 상당히 진행된 경우에도 출혈이 없을 수 있다. 질 분비물 이상은 담홍색 피가 묻는 정도이며 병이 진행되면 분비물에서 악취가 난다. 또 암이 자궁경부의 앞뒤로 퍼지게 되면 방광과 직장에 불쾌한 느낌을 줄 수도 있다. 통증은 자궁경부암 말기에 나타나는 증상이다.

자궁경부암이 의심되면 질확대경 검사를 통한 생검, 자궁경관 내 소파술, 자궁경부 원추생검 등을 시행하여 암세포의 존재 여부와 암세포의 침범 정도를 확인한다. 배설성 요로 조영술, 방광경 검사, 복부와 골반의 MRI 검사를 시행하여 병기를 결정한다.

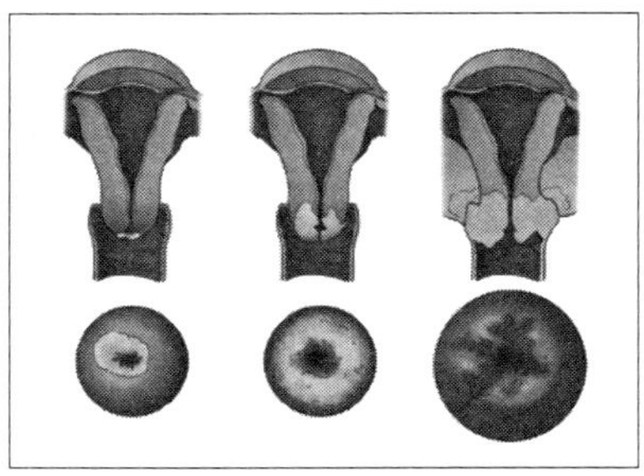

[그림 7-10] 자궁경부암

자궁경부 상피내 암은 원추절제술만 시행하고 자궁을 보존하기도 한다. 자궁경부암 병기가 I, IIA인 경우 근치적 자궁절제술, 골반림프절 절제술을 시행하거나 방사선 치료를 시행한다. IIB, III, IV 병기의 경우 방사선 치료와 항암제 치료를 시행한다.[17]

III. 심뇌혈관계 질환

1. 혈압과 고혈압

1) 혈압

120/80㎜Hg은 정상혈압이라고 알고 있다. Hg는 중금속인 수은(hydrargyrum, mer-

17 서울아산병원 건강정보

cury)의 약자이다. 즉 심장의 수축력은 수은을 약 120㎜(12cm) 높이로 쏘아 올릴 수 있는 힘이라는 이야기다. 수은이 물보다 13.9배 무거우니 결국 물을 1.5m 혹은 150cm 높이로 쏘아올릴 수 있는 힘이 정상적인 심장의 수축력이라고 보면 된다. 80의 숫자는 심장이 이완될 때 동맥압을 의미한다. 보통은 140을 경계로 해서 이보다 높으면 고혈압이라고 진단하는 것으로 알려져 있다.

혈압이 높으면 어떤 문제가 생기는가. 우선 펌프인 심장에 무리가 갈 것이다. 즉, 120의 혈압으로 평생을 산 사람과 180의 혈압으로 산 사람 사이에 심장이 받아 온 손상의 차이가 생긴다. 필요 이상으로 높은 혈압을 유지해온 심장의 수명이 짧을 수밖에 없다. 높은 혈압은 혈관에도 손상을 준다. 특히 혈관(동맥)이 가지치는 곳에 소용돌이를 일으켜 많은 손상을 줄 수 있다. 혈관에 손상이 되면 동맥경화가 된다. 동맥경화가 생기는 조건이 바로 혈관내피의 손상이다. 동맥경화로 각종 혈관질환들이 나타나고, 결국 그 질환으로 생명을 잃게 되는 경우가 많다. 뇌졸중, 심근경색증, 혈관성 신장질환 등이 모두 동맥경화 때문에 오는 질환이다. 동맥경화 때문에 고혈압이 오는 것이 아니다. 고혈압 때문에 동맥경화가 오는 것이다.

2) 고혈압

고혈압을 병으로 인정한 때는 50년 정도로 미국 보험회사에서 검사해보니 고혈압환자가 심혈관 사망률이 높다는 것을 알고서 병으로 인정하게 되었다. 국제 의사협회는 심혈관질환 사망률을 감안하여 130/80을 제시하고 있다. 이 경우 우리나라 30세 이상 성인 중 50.5% 정도가 해당된다.

고혈압은 우리나라 성인에서 주요 사망 원인인 관상동맥질환과 뇌졸중의 가장 흔한 만성질환이다. 하지만 혈압상승과 관련된 특이한 증상은 대개 없으므로 정기적으로 혈압을 측정해야만 고혈압 여부를 알 수 있다.

고혈압이란 성인에서 수축기 혈압이 140mmHg 이상이거나 이완기 혈압이 90mmHg 이상일 때를 말한다. 나이에 따라 유병률이 증가하게 되어 65세 이상 노인 중 절반 이상이 고혈압인 상태이다. 이러한 노인 고혈압의 특징 중 가장 두드러지는 것은 수축기 고혈압이 높다는 것이다. 이는 노화에 의해 혈관의 탄력이 약해지고 딱딱하게 경직되기 때문이다[18].

노인 고혈압은 혈관의 노화에 의한 혈관벽의 구조적 변화와 혈관내피세포의 기능저하로

18 질병관리청 홈페이지

대동맥의 경직도가 증가되어 발생한다. 수축기단독 고혈압이 흔하다. 고혈압 치료를 위해서는 이차성 고혈압(secondary hypertension)[19] 여부, 고혈압의 중증도, 동반된 심혈관질환의 위험인자, 무증상 장기손상 등을 확인해야 한다.

고혈압을 치료하는 이유는 뇌졸중, 심부전, 관상동맥질환 등을 예방하고 이미 심뇌혈관질환이 발생한 환자에서는 질환의 진행을 억제하고 재발을 막음으로써 사망률을 감소시키고 삶의 질을 향상시키기 위해서이다. 고혈압 치료에 따른 이득은 성별이나 나이에 상관없다. 특히 노인의 수축기 단독 고혈압 환자에서도 비슷하다. 최근에는 적극적으로 혈압을 치료하면 경도인지장애와 모든 원인으로 발생한 치매를 예방할 수 있다는 연구도 나오고 있다.

개정된 2018 고혈압 진료지침에 의하면 심혈관질환 고위험군 또는 심혈관질환을 동반한 환자의 목표혈압은 130/80mmHg까지 최대한 낮출 것을 권고하고 있다.

혈압분류	수축기혈압		확장기혈압
정상혈압	< 120	그리고	< 80
주의혈압	120–129	그리고	< 80
고혈압전단계	130–139	또는	80–89
고혈압 1기	140–159	또는	90–99
고혈압 2기	≥ 160	또는	≥ 100
수축기단독혈압	≥ 140	그리고	< 90

노인은 개인차가 크고 치료에 대한 반응도 개인차가 크므로 환자의 특성과 상태를 고려하여 혈압을 조절해야 한다. 특히 과도한 확장기 혈압 감소는 주의해야 한다. 노인은 자율신경조절능력의 저하로 기립성 저혈압이 동반될 수가 있다. 신기능의 저하와 전해질 이상이 쉽게 발생할 수 있다. 뇌혈관질환이 동반되어 있는 경우에 급격한 혈압의 감소는 심각한 뇌허혈을 유발할 수 있어서 약물치료시 주의가 필요하다. 약물치료와 병행하여 혈압을 낮추는 생활습관(건강한 식사습관, 운동, 금연, 절주, 적정 체중 유지)을 유지하여야 한다.

---

19 이차성 고혈압(속발성 고혈압)은 환자에게 고혈압을 일으키는 원인 질환이 있으며, 이로 인해 고혈압이 발생하는 것을 의미한다. 대개 원인 질환을 치료하면 혈압도 조절된다. 고혈압의 대부분은 원인 질환이 발견되지 않는 본태성(일차성) 고혈압이며, 전체 고혈압 환자 중 속발성(이차성) 고혈압의 빈도는 5% 이하로 추정된다. 고혈압을 유발시키는 원인 질환들은 신장질환, 신장 혈관 협착, 부신 종양 등으로 비정상적인 호르몬 분비(일차성 알도스테론증, 갈색종), 쿠싱 증후군, 임신성 고혈압, 대동맥 축착증(대동맥의 일부분이 선천적으로 협착되어 상지에 고혈압이 발생한다), 갑상선 질환, 약제(스테로이드 호르몬(부신피질 호르몬), 소염 진통제, 면역 억제제인 사이클로스포린(cyclosporin), 신부전 환자에서 사용되는 에리스로포이에틴(erythropoietin) 등이다(서울대학교병원 의학정보, 서울대학교병원).

고혈압을 예방하는 것은 노화와 함께 심장, 뇌혈관질환이나 당뇨병 등의 동반되는 질환이 많아지므로 2차 예방의 효과가 더 크다고 볼 수 있다. 이러한 고혈압의 위험인자는 무엇이고 관리 및 예방법에는 어떤 것이 있는가.

고혈압은 나이와 가족력이라는 조절할 수 없는 요인에 의하여 발생률이 증가하는 경우가 있다. 그러나 조절 가능한 위험인자를 교정함으로써 예방할 수 있다. 고혈압의 조절이 가능한 위험인자는 비만, 흡연, 염분섭취, 스트레스, 수면 무호흡증 등이 있다.

체질량지수가 증가할수록 고혈압이 생길 가능성이 높다. 따라서 비만의 지속적인 관리가 필요하다. 흡연은 고혈압 위험과 이에 따른 합병증의 위험을 모두 증가시킨다. 염분을 과다하게 섭취하면 혈관 내 체액이 증가되어 혈압이 상승하게 된다. 통증이나 정신적인 스트레스로도 혈압이 증가될 수 있다. 평소에 스트레스를 관리하는 것이 중요하다. 비만, 음주 등과 연관이 있는 수면 무호흡증은 치료하지 않을 경우 고혈압 및 여러 가지 대사성 합병증을 야기할 수 있다.

2. 고지혈증

고지혈증이란 중성지방과 콜레스테롤 등 지방질이 혈액 중에 많아진 상태이다. 세계 80억 인구 중 10억이 이 질병을 앓고 있다. 그 동안 상대적으로 무시했던 병이 고지혈이다. 지방질은 콜레스테롤과 중성지방이 있다. 우리 혈관에 콜레스테롤은 혈액 6리터에 6그램 정도다. 고작 하루에 흡수되고 배설되는 양은 1g 정도다. 저밀도콜레스테롤(LDL)과 고밀도콜레스테롤(HDL)은 지단백으로 지단백을 지방질이 감싸고 있다. 중성지방은 전날 먹은 음식과 영향이 많다. LDL은 대부분 간에서 나와서 온몸으로 이동하는 수단이고 HDL은 이것들을 간으로 끌어와 간에서 분해시킨다. LDL은 130mg/dL 이하를 정상으로 보지만 55mg/dL 이하가 좋다는 견해도 있다. 신생아는 LDL이 40mg/dL 정도이다.

운동을 많이 하면 고지혈증을 감소시킬 수 있는가. 중성지방은 줄일 수 있지만 콜레스테롤은 줄이기 어렵다. 결국 약을 먹어야 한다. 스타틴(Statin)약은 간에서 콜레스테롤은 낮아지지만 근육에 염증유발 등 근육통, 인슐린 저항성이 높아져서 혈당을 높일 수 있다.

여성의 경우 폐경 이후 여성호르몬 자체가 고지혈, 고혈압으로부터 보호하는 기능을 약화하기 때문에 고지혈 가능성이 높아진다. omega-3는 중성지방감소에 효과 있다.

고지혈증은 혈중에 지질 성분이 증가한 상태로 혈관벽에 쌓여 죽상경화증을 일으키거나 다른 질환을 유발할 수 있다. 비슷한 용어로 비정상적인 혈액 내 지질상태를 이상지질혈증

(dyslipidemia)이라고도 한다. 직장인의 경우 잦은 회식과 야근, 운동부족 등의 이유로 지방간, 고혈압, 고지혈증과 같은 만성질환에 걸릴 확률이 높아지게 된다. 그 중에서 고지혈증은 특별한 증상이 없어 더 위험한 '침묵의 병'으로 알려져 있다. 우리나라 고지혈증은 1,600만명으로 추정하고 있다. 몸안의 지방질은 음식을 섭취하게 되면 소장에서 흡수가 된다. 혈액 내의 지방질은 보통 콜레스테롤이라 부르는 총 콜레스테롤, 중성지방, 저밀도 콜레스테롤(LDL) 및 고밀도 콜레스테롤(HDL)로 나눌 수 있다. 이들 지방질이 비정상적으로 과다한 경우를 고지혈증이라 한다. 고지혈증은 동맥경화의 주원인이다. 동맥경화는 콜레스테롤이 동맥의 벽에 침착되어 혈관을 좁아지게 만드는 것으로 발생하는 부위에 따라 뇌졸중(중풍)이나 협심증, 심근경색의 원인이 된다. 반드시 적절한 수준으로 유지해야 한다.

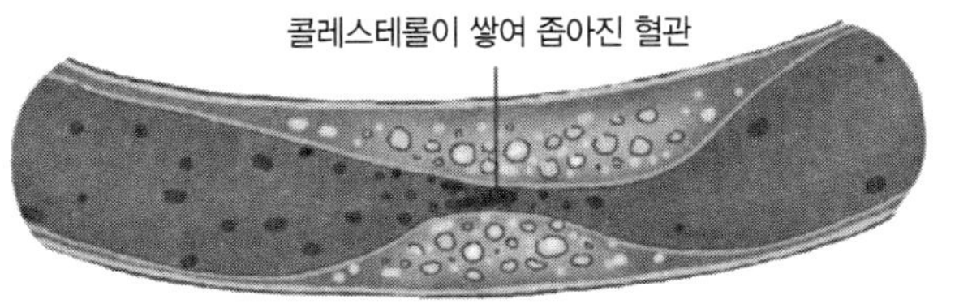

[그림 7-11] 동맥경화

콜레스테롤은 혈액 내에서 순환하고 있는 지방 유사 물질이다. 콜레스테롤은 우리 몸을 구성하는 조직 세포막의 구성 성분이다. 호르몬을 만드는데 관여하며 지질 대사에도 중요한 역할을 한다. 사람의 신체가 원활하게 활동하기 위해서는 소량의 콜레스테롤이 필요하다. 체내에서는 필요로 하는 모든 콜레스테롤을 간에서 생성할 수 있다. 이외에도 우리들이 섭취하는 음식물을 통해서 콜레스테롤을 얻게 된다. 우유(전유), 치즈, 달걀 및 버터와 같은 일부 동물성 식품들은 많은 포화지방 또는 콜레스테롤 성분을 함유하고 있다. 혈액 내에 과잉으로 존재하는 콜레스테롤은 혈관 벽에 침착될 수 있다. 매우 많은 콜레스테롤이 혈관 벽에 침착하게 되는 경우 이것은 혈액의 원활한 흐름을 저해 · 차단할 수 있고 심장혈관질환 및 심장 발작을 유발할 수 있다.

콜레스테롤은 지방 유사 성분으로 물에 녹지 않기 때문에 그 자체로서는 혈액 안에 녹아 운반될 수 없다. 반드시 지단백이라고 하는 특수한 단백질에 둘러싸인 형태로서 운반된다.

3. 콜레스테롤

콜레스테롤수치란 혈액 내에 들어있는 콜레스테롤의 양을 숫자로 표현한 것이다.

LDL 콜레스테롤 수치가 130mg/dL 미만, 총 콜레스테롤수치가 200mg/dL 미만, 중성지방 수치가 200mg/dL 미만, HDL콜레스테롤 수치가 40mg/dL 이상이면 적정수준으로 진단한다.

[표 7-3] 콜레스테롤 수치 기준

	총콜레스테롤	LDL콜레스테롤	HDL콜레스테롤	중성지방
정상	200mg/dℓ 미만	130mg/dℓ 미만	40mg/dℓ 이상	200mg/dℓ 미만
경계	200-239mg/dℓ	130-159mg/dℓ		
위험	240mg/dℓ 이상	160mg/dℓ 이상	40mg/dℓ 이하	

흔히 고지혈증이라고 해서 콜레스테롤 수치는 높으면 모두 나쁘다고 생각하지만 HDL 콜레스테롤의 경우는 오히려 좋은 콜레스테롤로 높을수록 좋다. 이러한 이유로 한국지질동맥경화학회에서는 고지혈증이라는 용어 대신 지질수치에 이상이 생겼다는 의미에서 이상지질혈증이라는 용어를 추천하고 있다. 바람직한 총 콜레스테롤수치는 200mg/dL 미만이며, 200~239mg/dL은 경계수준, 그리고 240mg/dL 이상은 고콜레스테롤혈증이라고 한다. 평소 총 콜레스테롤을 200mg/dL 이하로 유지하는 것이 중요하다. 태어날 때 신생아의 콜레스테롤은 45 정도다. 중성지방이 200mg/dL을 초과하면 고중성지방혈증이라고 한다.

LDL 콜레스테롤은 130mg/dL 미만이면 바람직한 수준이며 130~159mg/dL이면 경계수준, 그리고 160mg/dL 이상이면 높은 것으로 규정한다. 하지만 일반적으로 당뇨병 환자는 LDL 콜레스테롤을 100mg/dL 이하로, 심장병환자는 70mg/dL 이하로 조절해야 바람직하다.

HDL 콜레스테롤이 40mg/dL 이하이면 문제가 된다. HDL 콜레스테롤이 저하되는 원인은 나쁜 식사습관, 운동부족, 비만, 흡연, 스트레스의 축적 등이다. 따라서 생활습관, 특히 개선된 식생활과 운동 등을 습관화하는 것이 치료의 첫걸음이라고 할 수 있다.[20]

콜레스테롤 증가에 따른 심장병의 위험성은 비례적으로 증가하기 때문에 이러한 기준은 동맥경화의 다른 원인들, 즉 고혈압이나 흡연 등의 조건 유무에 따라 같은 콜레스테롤 농도라도 각 개인에 따라 위험도가 달라지게 되므로 개별화된 판단이 필요하다.

20 혈관건강백서, 한국지질동맥경화학회, 헬스경향 참조.

적절한 영양상태를 유지하면서 혈중 지질을 바람직한 수준으로 낮추기 위해서 지속적으로 식사관리가 필요하다. 기본적으로 콜레스테롤 및 포화지방산의 섭취를 줄이고 비만한 환자의 경우 과잉의 총 열량을 감소시키고 운동량을 증가시킴으로 체중감량(한 달에 1~2kg씩 점진적으로 감량)을 해야 한다.

운동은 우리에게 더 많은 에너지를 제공해주고 콜레스테롤을 저하시키는데 도움을 줄 수 있다. 자신이 좋아하는 신체 활동을 찾아서 이를 자주 실시하는 것이 좋다. 걷기는 시작하기 좋은 간단한 운동이며, 수영, 춤추기, 자전거타기와 같은 운동도 좋다.

4. 고혈압과 고지혈

고혈압 · 고지혈증은 70대가 되면 거의 50%가 된다. 우리나라 성인 10명 중 8명은 만성병으로 사망하는데 1위 암, 2위 심장질환, 3위 뇌혈관질환, 4위 당뇨병이다.

당뇨병 역시 결국은 혈관병인 점을 볼 때 심혈관질환이 많다. 연령상으로 볼 때 60대 전반은 암 사망률이 높고 심혈관질환이 다음이지만 60대 후반이 되면 암보다는 심혈관질환이 많아진다. 그만큼 혈관 혈액 관리가 필요하다는 것이다. 동맥경화는 고혈압, 고지혈증, 스트레스 등으로 혈관벽이 손상되어 굳어지고 혈관벽에 콜레스테롤, 중성지방 등이 침착해서 좁아지는 현상이다. 동맥경화의 합병증을 보면 협심증, 심근경색증, 뇌졸중, 신장경화증(말기신부전), 말초혈관질환 등 여러 합병증이 생길 수 있다. 동맥경화의 3대 원인은 고혈압, 당뇨, 고지혈증이고 그 외 흡연 가족력 등도 있다. 고혈압, 고지혈 등을 가지고 있을 때 합병증은 더 늘어나 뇌졸중 7배, 심부전 4배, 관상동맥질환 3배, 말초혈관질환 2배로 늘어난다. 고혈압, 콜레스테롤을 각각 10%만 감소해도 심혈관질환은 45% 감소한다.

5. 뇌졸중(stroke)

뇌졸중(腦卒中)은 뇌기능의 부분적 또는 전체적으로 급속히 발생한 장애가 상당 기간 이상 지속되는 것으로 뇌혈관의 병 이외에는 다른 원인을 찾을 수 없는 상태를 일컫는다. 사망통계를 근거로 할 때 우리나라의 원인별 사망률 중에서 뇌졸중은 암에 이어 두 번째이다. 뇌졸중은 뇌혈관이 막혀서 발생하는 뇌경색과 뇌혈관의 파열로 인해 뇌 조직 내부로 혈액이 유출되어 발생하는 뇌출혈을 통틀어 일컫는 말이다.

뇌졸중의 가장 흔한 원인은 동맥경화이다. 동맥경화가 있으면 혈전이 생겨서 혈관이 점차 좁아져 혈관 내 혈류가 줄어들게 되는데 더 진행되면 혈관이 아예 막혀서 뇌 조직으로 혈액 공급이 차단되고 뇌에 손상이 오게 된다. 또한, 뇌경색의 원인인 뇌 색전증은 심장판막증이나 부정맥과 같은 질환이 있을 때 심장 내에 피가 원활히 흐르지 못하고 고여서 혈전(血栓)이 쉽게 만들어지고 이 혈전은 혈류를 타고 흘러가다가 뇌혈관을 막는다. 뇌졸중의 위험인자로는 고혈압, 당뇨병, 심장병, 일과성 허혈증, 고지질혈증 등이 있고 뇌졸중을 일으키는 생활습관으로는 흡연, 과음, 운동부족, 비만, 과도한 스트레스 등이 있다.

뇌졸중의 증상은 의식장애, 반신 운동마비, 반신 감각마비, 언어 장애, 어지럼증, 갑작스런 두통과 구토, 시야 장애, 복시, 삼킴 장애 등의 증상이 있을 수 있다.

뇌졸중의 발생을 의심하게 하는 몇 가지 위험한 징후(전조증상)로는 마비, 감각 이상, 언어장애, 시력 저하, 시야 장애, 두통, 어지럼증, 평형감각 이상 등의 증상이 나타날 수 있다.

뇌세포는 단 몇 분만 혈액공급이 안 되어도 손상을 입는다. 한 번 죽은 뇌 세포는 다시 살릴 수 없으므로 매우 응급을 요한다. 병원으로 빨리 이송하여 원인을 밝히고 치료를 해야 한다. 뇌경색은 3시간 이내 병원에 오는 경우 혈전 용해치료가 가능하다. 이 치료는 약물로 혈전을 녹이는 것으로 시간이 지나면 시행하기 어려워서 합병증과 재발방지를 위한 치료를 한다. 뇌출혈은 수술적 치료를 요할 수도 있다. 마비없이 심한 두통과 구토를 동반한 뇌지주막하 출혈의 경우는 뇌혈관 조영술로 출혈 부위를 찾아 수술치료를 한다. 뇌졸중의 재발을 막으려면 원인질환 치료를 하고 뇌경색은 혈전예방제를 사용한다. 또한 뇌로 들어가는 혈관이 동맥경화증 때문에 좁아진 경우 수술이나 풍선을 이용한 혈관 확장술로 예방치료를 할 수 있다.

Ⅳ. 내분비계 질환

1. 당뇨병(diabetes mellitus)

초고령화 시대가 되면서 전체 당뇨병 환자도 급증하고 있다. 한국인의 사망원인은 암, 뇌혈관질환, 심장질환, 당뇨병 순서이지만 합병증까지 감안하면 당뇨병은 훨씬 늘어난다. 당뇨병은 침묵의 살인자라고 한다.

당뇨병은 제1형과 제2형, 임신성 당뇨병으로 구분된다. 제1형 당뇨병은 췌장 베타세포 파괴에 의한 인슐린이 절대적으로 결핍되는 것이 특징으로 소아 당뇨로 불린다. 제2형 당뇨병은 인슐린 저항성 이외에 다양한 베타세포 기능 장애가 특징으로 주로 성인에서 나타나는 병증이다. 임신 여성의 약 8%에서 나타나는 임신성 당뇨는 원래 당뇨병이 없던 여성이 임신 중 당뇨병이 발생하는 것을 말한다. 방치하면 임신중독증인 자간전증으로 이어질 수 있고 산모와 태어난 아이 모두 나중에 당뇨병에 걸릴 위험도 커진다. 임신성 당뇨병 환자는 분만 후 정상화되지만 5년 내 약 30~70%가 제2형 당뇨병을 발병하게 된다.

약한 고혈당에서는 대부분의 환자들이 증상을 느끼지 못하거나 모호해서 당뇨병이라고 생각하기 어렵다. 혈당이 많이 올라가면 갈증이 나서 물을 많이 마시게 되고 소변량이 늘어 화장실을 자주 가고 체중이 빠지게 된다. 오랜 기간 고혈당 상태가 유지되면 신체에서 여러 합병증이 발생하는데 대표적인 것이 망막병증, 신기능장애, 신경병증이고 심혈관계 질환의 위험이 높아지게 된다.

[그림 7-13] 당뇨병 주요 증상

자료 : 서울대학교병원 의학정보, 서울대학교병원.

당뇨병은 대부분 췌장 인슐린 분비세포 기능 저하로 발병한다. 인슐린이 분비되지 않아 발병하므로 반드시 인슐린 치료가 필요하다. 제2형 당뇨병은 보통 40대 이후 성인에서 증상이 서서히 시작된다. 비만, 고칼로리 섭취, 약물, 스트레스, 운동 부족, 고혈압, 음주, 흡연 등 많은 요소가 관계되어 있다. 특히 당뇨병을 예방하려면 비만, 복부비만을 줄이는 것이 가장 효과적인 방법이다.

당뇨병은 2010년에는 세계 10대 사망 질환에 포함되지 않았지만 2016년 7위로 올라섰고 상승 속도는 더욱더 빨라지고 있다. 국제당뇨병연맹의 당뇨병 백서(Diabetes Atlas)에 따르면 2017년 전 세계 당뇨병 환자는 4억 2천 5만명으로 집계됐다. 성인 11명 중 1명이 당뇨병 환자인 셈이다. 2045년에는 무려 45%가 증가한 6억 2천 900만명이 당뇨병으로 고생할 것으로 예측하고 있다. 전 세계 당뇨병 환자 중 64%가 아시아에 거주하고 있다.

심각한 문제는 당뇨병에 걸린 사람 2명 중 1명은 정확한 진단을 받지 못해 자신이 당뇨병이라는 사실을 모른다는 것이다.

인구가 급격하게 노령화되는 한국은 지금부터라도 국가 차원에서 관리하고 통제하지 않으면 개인 부담을 넘어 국가 의료보험 체계를 흔들 수 있는 뇌관으로 작용할 수 있다.

2. 당뇨와 췌장

췌장(膵臟, pancreas)은 다른 내분비기관과는 달리 내분비와 외분비를 겸하고 있다. 분비된 물질이 혈관내로 유입이 되는 물질의 경우 '혈관내로'라는 의미에서 내분비기관이 되지만 소화액처럼 절대 혈관으로 들어가서는 안 되는 물질을 분비하는 경우 분비관을 타고 혈관 밖의 소화관으로 물질이 전달되어야 하기 때문에 외분비기관이라 한다. 췌장은 외분비 기능인 소화액의 분비와 내분비의 기능인 호르몬의 분비를 겸하고 있다.

췌장 내의 내분비 세포의 종류에는 알파세포, 베타세포, 델타세포가 그것들이다. 알파세포는 글루카곤이라는 호르몬을 분비한다. 간장에 저장되어 있는 당원질(녹말)을 포도당으로 분해하고 분해된 포도당이 혈중으로 들어가게 함으로 혈중 포도당의 농도를 높이는 역할을 한다. 글루카곤 호르몬의 작용으로 높혀진 혈당은 인슐린이라는 호르몬의 작용에 의해서 혈중에서 세포 속으로 이동되는 것이다. 이 인슐린을 분비하는 세포는 베타세포이다. 이 베타세포가 손상되어 인슐린 호르몬이 제대로 분비되지 않을 때 세포로 이동되어야 할 혈중 포도당이 세포로 가지 못하고 급기야 혈중에 넘쳐서 소변으로 헛되이 배설되는 비정상적 상태, 즉 당뇨병이 된다.

췌도에는 성장호르몬자극호르몬(somatostatin)을 분비하는 델타세포가 있다. 이 호르몬은 뇌하수체에서 분비되는 성장호르몬의 분비를 촉진하는 호르몬이다. 각 세포들의 구성 비율을 보면 베타세포가 60~70%, 알파세포가 15~20%이고 델타세포는 5~10%에 불과하다.

V. 생식기계 질환

1. 전립선(prostate gland, 前立腺)

1) 노화와 전립선 비대

정액의 약 60%는 정낭에서 약 30%는 전립선에서 나머지 5% 정도는 요도에서 생산되는 분비물로 구성된다. 고환에서 생산되는 정자는 정관을 타고 이동하여 정관의 팽대부에 모여 있다가 남성이 사정할 때 전립선액과 정낭[21]의 분비물 등과 함께 섞여서 요도를 따라 배출된다.

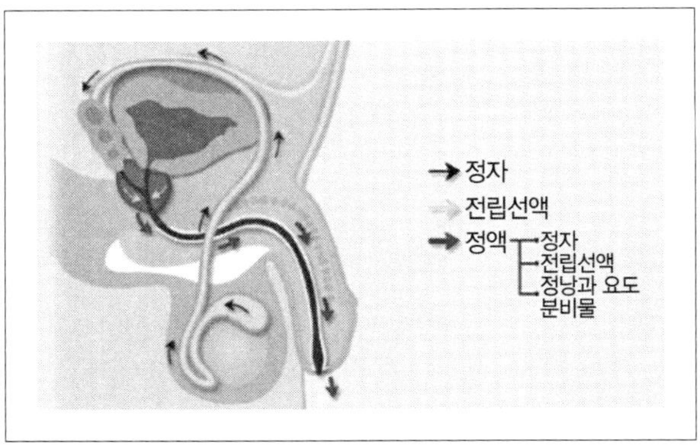

[그림 7-14] 정액의 이동경로
자료 : 보건복지가족부, 대한의학회

젊은 남성의 전립선은 호두알 정도의 크기이다. 나이가 들수록 크기가 점점 커진다. 그 정도가 심해지면 전립선 내부를 지나가는 요도를 눌러서 각종 증상을 일으킨다. 이것이 '전립선비대증'이다. 남성의 경우 나이가 들면서 전립선이 비대해져 점차 소변 흐름을 막기 마련이다(양성 전립선 비대증). 전립선비대증은 나이가 들면서 노화의 일종으로 발생하는 질환이다. 치료하지 않을 경우 거의 막히거나 완전히 막혀 소변 정체 그리고 신장 손상까지 초래할 수 있다.[22]

21 정낭(精囊)은 남자 생식기의 일부로 한 쌍으로 되었으며 길쭉한 막질의 주머니로 오줌통의 밑에서 수정관의 바깥쪽에 위치하며 정액을 생산한다.

22 Glenn M. Preminger , MD, Duke University Medical Center, 2019년 6월 12일.

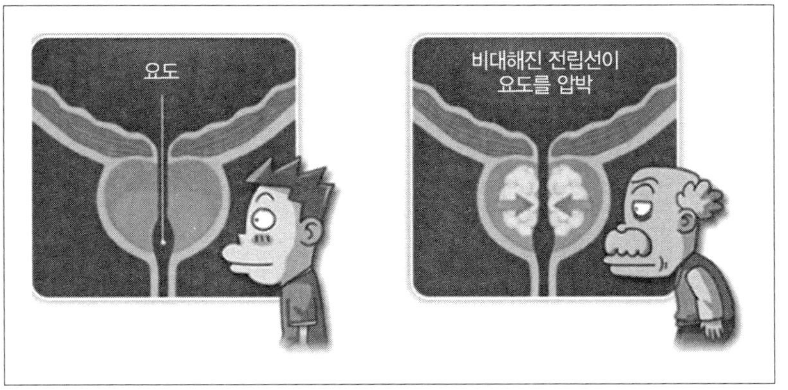

[그림 7-15] 전립선비대증
자료 : 보건복지부, 대한의학회

전립선은 방광 아래쪽에 위치하면서 방광에서 소변이 나가는 요도를 감싸고 있기 때문에 전립선비대증 발생 초기에는 특별한 증상을 일으키지 않으나 ① 시간이 지나면서 전립선이 커질 경우 요도를 막아서 소변을 보기가 힘들어지고, ② 소변줄기가 가늘고 힘이 없어지며, ③ 중간에 소변줄기가 끊어지기도 한다. ④ 소변을 보고 나서도 시원하지 않은 느낌이 든다. ⑤ 소변을 볼 때 소변이 나오기 시작할 때까지 시간이 걸리거나 힘을 주어야 소변이 나온다. ⑥ 소변이 자주 마렵거나 갑자기 소변이 마렵고 참기 힘들다. ⑦ 밤에 잠을 자다가 일어나서 소변을 보아야 하는 등의 증상들이 발생한다.

한편, 전립선비대증으로 인해 소변을 본 후에도 방광이 완전히 비워지지 않으면 방광 속에 정체되어 있는 소변으로 인해 요로감염(방광염)이나 방광 결석이 생길 위험이 높아진다. 경우에 따라서는 방광에서 요로를 통해 신장으로 압력이 가해지면서 요로와 신우가 늘어나는 수신증(水腎症, hydronephrosis)[23]이 발생하여 신장이 손상될 수도 있다. 그리고 심하게 비대해진 전립선이 소변배출을 완전히 막을 경우 소변을 전혀 볼 수 없는 요폐(尿閉)가 발생하여 응급으로 소변줄을 꽂아 소변을 배출시켜야 하는 경우도 있다.

전립선비대증으로 인한 증상을 점수화해서 전립선비대증의 심한 정도를 쉽게 확인하기 위해 '국제전립선증상점수', 영어로는 IPSS (International Prostate Symptom Score)라는 점수표가 널리 이용되고 있다. 합계점수가 1~7점인 경우는 경미한 증상, 8~19점은 중

23 수신증(水腎症, hydronephrosis)은 주로 뇨관의 선천적협착(先天的狹窄), 또는 결석, 염증 등에 의한 후천적협착에 의해 일어난다. 방광뇨관역류(膀胱尿管逆流)나 하부뇨통과장해(下部尿通過障害)에 의해서도 일어난다. 신우신배(肾盂腎杯)는 확장하고 신실질의 압박위축(壓迫萎縮)이 일어난다. 초기에서는 협착의 해제에 의하여 회복이 가능 하나 신실질의 위축이 심할 경우에는 기능의 회복은 바랄 수 없고 신절제술이 시행된다 고도의 수신증(水腎症)에서는 신실질(腎実質)은 거의 볼 수 없고, 전체로서 낭상(囊狀)을 나타내고, 내용액도 수리터에서 수십리터에 미치는 일이 있다(간호학대사전, 1996. 3. 1., 대한간호학회).

간정도 증상, 20~30점인 경우는 심한 증상을 의미한다.

[표 7-4] 국제전립선증상 점수

질문 문항	전혀 없음	5번중 한번	5번중 1~2번	5번중 2~3번	5번중 3~4번	거의 항상
1. 평소 소변을 볼 때 다 보았는데도 소변이 남아 있는 것 같이 느끼는 경우가 있습니까?	0	1	2	3	4	5
2. 평소 소변을 보고 난 후 2시간 이내에 다시 소변을 보는 경우가 있습니까?	0	1	2	3	4	5
3. 평소 소변을 참기 어려운 경우가 있습니까?	0	1	2	3	4	5
4. 평소 소변줄기가 약하거나 가늘다고 생각되는 경우가 있습니까?	0	1	2	3	4	5
5. 평소 소변을 볼 때 소변이 금방 나오지 않아서 아랫배에 힘을 주어야 하는 경우가 있습니까?	0	1	2	3	4	5
6. 평소 잠을 자다 일어나서 소변을 보는 경우가 하룻밤에 몇 번이나 있습니까?	없다	1번	2번	3번	4번	5번이상
	0	1	2	3	4	5

이상의 증상 중 어떤 것이라도 생활에 불편이나 지장을 줄 경우 비뇨기과 의사와 상의하는 것이 좋다. 그리고 이상의 증상들은 전립선비대증 뿐아니라 요로감염이나 방광암, 전립선암, 방광결석 등에서도 발생할 수 있으므로 정확한 감별진단이 필요하다.

한편, 소변에 혈액이 나오거나 소변을 볼 때 통증이 있는 경우, 소변을 볼 수 없는 경우에는 즉시 병원을 방문해야 한다. 비만이나 고지방, 고콜레스테롤 음식섭취 등이 전립선비대증의 위험요인이라는 연구들이 있다. 식이요법과 적당한 운동으로 적정체중을 유지하는 것이 도움이 될 수 있다.

전립선비대증으로 진단받은 사람은 소변을 너무 오래 참지 않도록 주의해야 한다. 방광이 늘어나면서 힘이 없어져 소변을 전혀 볼 수 없는 요폐가 발생할 수 있을 뿐 아니라 장기적으로는 방광의 기능이 손상될 수도 있기 때문이다. 마찬가지 이유로 지나친 음주는 소변양을 늘이기 때문에 삼가는 것이 좋으며 자극성이 강한 차나 커피도 가능하면 피하는 것이 좋다.

한편, 감기약(특히 코감기약)의 일부 성분(항히스타민 제제)은 배뇨기능을 떨어뜨려 소변이 전혀 나오지 않을 수 있기 때문에 감기에 걸렸을 때는 반드시 전립선비대증이 있음을 의사에게 알리고 주의해서 약물을 처방받아야 한다. 잠자기 전에 많은 양의 수분을 섭취하면 야뇨증상이 심해질 수 있다. 저녁 7시 이후에는 수분섭취를 자제하는 것이 좋다. 모든 약물이 그렇듯이 전립선비대증 치료제 또한 부작용이 발생할 수 있다. 특히 남성호르몬 전환효소 억제제는 성욕감퇴, 발기부전 등의 부작용이 올 수 있다.

VI. 뇌신경계 질환

1. 노인의 정신건강

1) 노인 우울증(depressive disorder)

일반적으로 우울증은 생각의 내용, 사고 과정, 동기, 의욕, 관심, 행동, 수면, 신체 활동 등 전반적인 정신 기능이 지속적으로 저하되어 일상생활에도 악영향을 미치는 상태를 의미한다. 즐거운 일이 있을 때 즐겁고, 슬픈 일이 있을 때 슬퍼하는 것은 자연스럽고 건강한 것이다.

우울증의 확실한 원인은 아직 명확하게 밝혀지지 않았다. 다만 다른 정신 질환과 마찬가지로 다양한 생화학적, 유전적, 환경적 요인이 우울증을 일으킨다고 한다.

치료가 필요한 병적 우울증의 특징은 다음과 같다.

① 우울 증상이 2주 이상 오래간다. 일시적인 우울 상태라면 대개 며칠 안에 괜찮아지기 마련이다. 하지만 이런 상태가 2주 이상 장기화된다면 치료가 필요하다.

② 식욕과 수면 문제가 심각하다. 입맛이 없어서 전혀 식사를 못하고 잠을 거의 못 잔다. 이처럼 식욕과 수면 문제가 심하다는 것은 약물 치료가 필요한 상태임을 의미하는 중요한 증거이다.

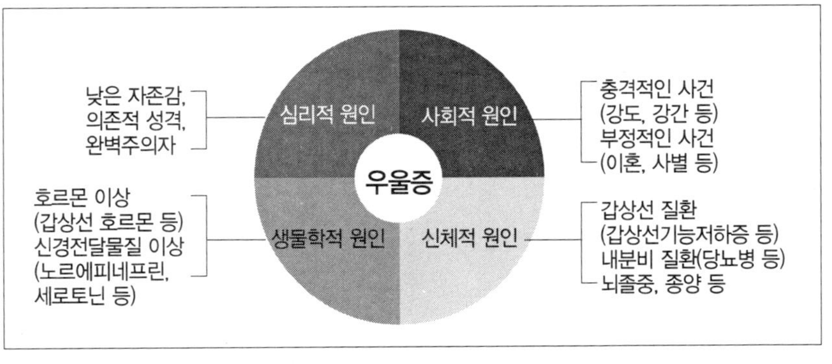

[그림 7-16] 우울증의 원인

자료 : 서울아산병원 의학정보

③ 주관적 고통이 심하다. 우울증 환자들은 스스로 우울증으로 인한 정신적 고통을 견디기가 매우 힘들다고 느낀다. 이러한 상태가 낫지 않고 계속될 것이라는 비관적인 예상이 들면 자살 기도를 한다. 이럴 때는 더 이상 혼자 힘으로 회복하려고 하지 말고 정신과 의사의 도움을 받아야 한다.

④ 사회적, 직업적 역할 수행에 심각한 지장이 있다. 우울증 상태에서는 여러 가지 일이 잘 안될까 봐 많이 걱정하지만 정작 그 일을 해결하기 위한 실행 능력은 매우 떨어진다. 가정주부가 살림을 전혀 못 하거나 학생이 공부를 할 수 없을 정도면 치료가 필요한 상태로 보아야 한다.

⑤ 환각과 망상이 동반되는 경우이다. 우울증 중에는 정신병적 증상인 환각이나 망상이 동반되는 경우가 있다. 이런 경우 자타해 위험성이 높으므로 우울 증상의 심각도와 상관없이 치료를 받는 것이 좋다.

⑥ 자살 사고가 지속되는 경우이다. 주요 우울증은 정신건강의학과 의사와 면담하여 병력을 청취하고 환자의 상태가 진단 기준에 부합하는지 확인한 후 진단한다. 우울증의 치료 방법에는 크게 약물 치료와 정신 치료가 있다.

고령화 사회에 접어들면서 경제적인 어려움, 건강문제, 자녀의 독립 등으로 인해 우울증을 겪는 노인 환자가 크게 늘어나고 있다. 노인 우울증의 경우 의욕이 없고 슬픔을 느끼는 보통 우울증의 증상과 달리 두통이나 위장 장애 등 신체적인 증상이 먼저 나타난다고 한다. 우리나라의 노인 인구 5명 중 1명이 고독하다는 말이 있을 정도로 주변에 외롭게 홀로 사는 어르신들이 많다. 노인이 우울증을 겪게 되면 무기력하고 인지기능이 떨어지는 증상은 우리가 흔히 알고 있는 치매와 비슷해 보인다.

우울증은 노년기에 있어 가장 흔한 정신증상 중의 하나다. 실제로 노인은 사별, 은퇴, 경제적 곤란 등의 정신적 · 사회적 스트레스를 많이 경험하고 각종 신체질환에 이환될 확률이 높기 때문에 우울증상이 많이 동반된다. 또한 노화에 따른 뇌의 신경 생물학적 변화도 우울, 불안과 같은 정신증상을 경험할 확률을 높여줄 수 있다. 노년기 우울증은 환자뿐만 아니라 가족들에게도 고통을 줄 수 있는 흔하고 심각한 질환이다. 일반인구의 우울증과 마찬가지로 노인성 우울증의 원인은 아직 명확히 밝혀져 있지 않다. 노인 우울장애의 원인적 가설들은 인구통계학적 요인, 사회적 요인, 그리고 생물학적 요인 등이 있다.

노인성 우울증과 치매를 감별하는 것은 중요하다. 치매환자에서 우울증상과 유사한 증상들이 나타나는 경우가 흔하다. 많은 환자에서 치매와 우울장애가 동반될 수 있으며 비록 치매가 없다 하더라도 주요 우울장애 환자들은 인지기능의 손상을 보일 수 있다. 이를 가성치매로 부르기도 한다.

질병이나 약물에 의해 유발된 신체의 생리적 변화나 대사성 변화에 의한 우울증이 생길 수 있다. 발견되지 않았거나 혹은 치료되지 못한 이러한 신체적 질환들은 활력상실, 식욕저하, 체중감소, 인지기능저하, 정신운동 지연 등을 유발한다. 노인성 우울증은 신체적 질환과 동반될 가능성이 높으므로 진단적 평가를 철저하게 해야 한다. 가장 중요한 것은 완벽한 신체검사이다. 특히 신경학적 검사, 환자의 약물복용, 광범위한 검사실 검사 등에 중점을 두어야 한다. 일단 진단이 내려진 후 치료방법이 선택되어져야 하며 치료법으로는 약물치료, 정신치료, 전기경련요법, 가족치료 등이 있다. 또한 관련된 신체적 질환에 대한 치료도 함께 이루어져야 한다. 노인성 우울증의 치료에 있어서 약물치료는 항우울제를 사용한다. 일단 우울증상이 좋아진 후에도 재발을 방지하기 위해 6개월 이상의 지속적인 항우울제 유지치료가 필요하다.

약물치료의 부작용을 견디기 힘든 노인의 경우는 정신치료가 약물 치료의 보조요법이나 대치요법으로 선택될 수 있다. 지지적 정신치료, 단기 역동적 정신치료, 인지치료, 행동치료 등이 있다. 또한 사회와 가족들의 지지가 도움이 된다. 사회적 철퇴[24]는 노년기 우울증의 흔한 증상이기도 하다. 외로움이나 고립감 등은 그 자체가 우울장애 발생에 영향을 줄 수 있다. 그렇기 때문에 우울증 환자들이 타인에 대해 관심을 잃고 스스로 철퇴하려는 경향은 주변의 가족 및 친지들의 격려와 지지에 의하여 부분적으로 경감될 수 있다.

2) 조현병(schizophrenia)

조현병은 망상, 환청, 와해된 언어, 와해된 행동, 정서적 둔마 등의 증상이 주로 나타나고 사회적 기능에 장애를 일으킬 수도 있는 질환이다. 일부 환자의 경우 예후가 좋지 않고 만성적인 경과를 보여 환자나 가족들에게 상당한 고통을 준다. 최근 약물 요법을 포함한 치료법에 뚜렷한 발전이 있어 조기 진단과 치료에 적극적인 관심이 필요한 질환이다.

현재 조현병의 명확한 원인이 밝혀지지는 않았으나 일반적으로 조현병은 뇌에 이상이 생겨서 발생하는 생물학적 질환이라고 알려져 있다. 그러나 다른 고혈압, 당뇨병 등의 만성질환들과 마찬가지로 조현병의 원인을 한가지로 설명하기는 어려우며 생물학적인 원인 및 유전적인 원인, 스트레스 등 심리학적 원인들 또한 복합적으로 작용하는 것으로 알려

24 사회적 철퇴는 사람들을 대하기 싫어하고 밖에도 잘 나가지 않으려는 경향을 보이며 이는 다른 사람이 자신을 해치려고 한다는 두려움 때문이거나 다른 사람과 교제하는데 필요한 사회기술이 부족하기 때문인 경우가 가장 많다.

져 있다.

생물학적인 원인의 경우 뇌에 있는 도파민이라는 신경전달물질이 너무 많이 분비되어 조현병이 발생한다는 가설이 가장 유력하며 뇌에서 왜 이러한 물질들의 이상이 일어나는지는 아직 명확히 알려져 있지 않다. 그 외에도 전두엽, 변연계, 기저핵 등의 뇌 부위에서 다양한 이상 소견이 관찰되어 이러한 뇌 부위들의 이상이 조현병의 원인과 관련되어 있을 것으로 생각되고 있다.

조현병에만 나타나는 특이 증상은 없다. 따라서 정신상태 검사만으로 조현병으로 확진하면 안되며 다양한 내과적 질환과 타 정신과 질환에 대한 감별이 이루어져야 한다.

조현병의 대표적인 증상은 망상과 환각이다. 망상이란 사고에 장애가 생긴 것으로 그 사람의 교육적, 문화적 배경을 고려하더라도 사실이 아닌 것을 사실이라고 확신하는 것을 말한다. 망상의 내용은 피해 망상, 과대 망상부터 신체적 망상에 이르기까지 다양하다. 환각이란 감각기관에 대한 외부자극이 없는데도 마치 있는 것처럼 지각하는 것으로 질적으로 실제 지각과 비슷하다. 조현병에서는 환청이 가장 흔히 나타나는데 사람 목소리가 가장 많고 그 밖의 소리나 음악으로도 경험한다. 이상한 말과 행동을 하는 등 와해된 언어와 행동을 보이고 움직임과 의사소통이 심하게 둔화되는 긴장증적 행동을 보이는 경우도 있다.

조현병에서는 시간이 지날수록 정서표현 감소, 의욕 감소, 대인관계 감소 등 음성증상이 특히 뚜렷해지는 경향이 있다. 음성증상이란 정상적으로 나타나는 정신기능이 결핍된 것을 의미한다.

조현병의 진단은 정신건강의학과 전문의의 진찰과 병력 청취, 질의 응답 과정을 통해 내려진다. 조현병의 진단기준은 다음과 같다.

다음 증상 가운데 2개 이상 해당해야 하며 1개월 중 상당 기간 동안 존재해야 한다.

망상, 환각, 와해된 언어, 심하게 와해된 행동이나 긴장증적 행동, 음성증상, 즉 정서적 둔마, 무논리증 또는 무욕증, 사회적, 직업적 기능부전, 발병 이후 상당 기간 동안 직업이나 대인 관계 또는 자기 관리와 같은 하나 또는 그 이상의 주요 생활 영역의 기능 수준이 발병 이전과 비교하여 현저히 감소되어야 한다.

장해의 징후가 적어도 6개월 이상 지속 되어야 한다. 6개월의 기간은 위의 특징적 증상을 충족시키는 증상이 존재하고 적어도 1개월의 기간을 포함하고 있어야 하며 이 기간은 전구기와 잔류기를 포함할 수 있다.

조현병의 치료로는 약물치료가 기본적이며 필수적인 치료이다. 또한 정신치료, 정신사회적 재활치료를 포함한 정신사회적 치료가 병행되면 더 나은 치료 성과를 가져온다고 보고되고 있다. 또한 가족을 포함한 환자를 돌보는 사람들에 대한 교육이 매우 중요하다. 약물치료는 조현병 환자의 70~80%에서 효과가 있다고 알려져 있으며 사람에 따라 효과가 있는 항정신병 약물의 종류와 용량이 다르고 조현병이 재발하는 경우 처음 치료에 비해 효과가 줄어드는 경우도 있다고 알려져 있다. 조현병 증상이 나아진 상태라도 약물치료를 중단하거나 큰 스트레스가 있는 경우 등에는 2년 내에 약 90%의 환자에서 조현병이 재발하기도 하며 재발 시마다 일반적으로 기능이 저하되는 경향이 있는 것으로 알려져 있다. 조현병 발병 전에 기능이 우수했던 사람일수록 조현병 발병 후 지체없이 약물치료를 시작했을수록 경과가 더 양호한 것으로 알려져 있다.

조현병의 확실한 예방법에 대해서는 알려져 있지 않다. 조현병이 발병하기 전에 약한 조현병 증상을 보이는 '조현병 발병 고위험군' 등을 조기에 발견하여 조현병을 예방하려는 연구와 노력이 진행되고 있다.

조현병에 도움이 되는 식이요법 등은 알려져 있지 않다. 생활습관을 규칙적으로 하는 것이 중요하며 유산소운동 등 운동을 하는 경우 음성증상 호전, 체중 감소 등의 여러 이점이 있는 것으로 알려져 있다.[25]

2. 노인 치매(dementia)

장수 시대에 사랑하는 배우자 가족을 위해서도 내 건강은 내가 챙겨야 할 때다. 고령화시대에는 노인이 노인을 케어(care)해야 하는 시대다. 가장 나쁜 병 또는 가장 무서운 병을 들라고 하면 사람마다 차이가 있으나 중풍 등 혈액관련 질환을 치매, 암 등을 말하곤 한다. 나이가 더 들어가면서 암보다 치매를 더 두려워하는 어르신들도 많다. 100세까지 사는 동안 중풍 치매 가능성은 높다. 특히 치매는 50세 이상에서 좀 더 시간이 지나면 치매는 늘어난다.

인지장애를 늦추게 해줄 뿐 예방약이나 완치하는 치료약은 없다. 뇌경색이나 중풍, 당뇨, 고혈압, 고지혈증, 동맥경화, 비만, 우울증, 가족력을 가진 사람이 치매에 잘 걸리는 요인이 된다. 누구든 자유로운 사람은 없다. 그만큼 좋은 건강한 생활습관을 가질수록 치매에 걸릴 원인을 줄일 수 있다.

고령화되면서 치매는 세계에 4초에 한 명씩, 아시아는 1,600만명, 우리나라는 몇 년 후면 100만명에 이를 것이라는 통계전망치다. 65세 10명 중 한 명이 인지기능이 떨어지거나

25 서울대학교병원 의학정보, 서울대학교병원.

치매예비증후군이라고 한다. 독거노인은 네 명 중 하나가 치매예비군이다. 85세가 되면 두 명 중 하나가 걸릴 가능성이 있다. 치매 쓰나미라 할 만하다.

사람들은 '설마 나는 아니겠지, 아닐거야'라고 생각한다. 하지만 누구도 예외일 수 없다. 유병장수시대에 살고 있는 사람은 적어도 나는 치매에서 예외일 것이라는 생각보다 적극적으로 체크하며 예방하고 준비해야 한다. 뇌세포가 죽고 연결 세포가 끊어지면서 치매가 발생한다. 기억은 1000억 개 정도의 신경 연결 세포를 통해서 저장되고 기억된다.

치매는 후천적으로 기억, 언어, 판단력 등의 여러 영역의 인지기능이 감소하여 일상생활을 제대로 수행하지 못하는 임상 증후군을 의미한다. 치매와 건망증은 다르다. 건망증은 일반적으로 기억력의 저하를 호소하지만 지남력(指南力, Orientation)이나 판단력 등은 정상이어서 일상적인 생활에 지장을 주지 않는다. 건망증 환자는 기억력 장애에 대한 주관적인 호소를 하며 지나친 걱정을 하기도 하지만 잊어버렸던 내용을 곧 기억해 낸다거나 힌트를 들으면 금방 기억해 낸다. 치매는 기억력 감퇴뿐 아니라 언어 능력, 시공간 파악 능력, 인격 등 다양한 정신 능력에 장애가 발생함으로써 지적인 기능의 지속적 감퇴가 초래된다. 일반적으로 치매는 초기에 일상생활에 지장이 없다. 단지 기억력 등의 인지장애가 먼저 나타난다. 하지만 시간이 지나면 일상생활에 지장이 발생하여 직업을 유지하거나 집안일을 하는 데 어려움이 생긴다. 질환이 더 진행하면 다양한 행동 증상(예: 배회, 환각, 화를 냄, 불면)이 나타나기 시작한다. 치매 환자 사망의 가장 흔한 직접적 원인은 폐렴, 요로감염증, 욕창성 궤양 등의 감염으로 인한 패혈증이다.

치매의 진단은 먼저 환자와 보호자를 통해 간단한 병력을 청취하고 간단한 선별검사를 시행하여 인지 능력을 평가한다. 이를 통해 치매가 의심되면 정밀 검사를 시행하여 인지 능력이 실제로 저하되어 있는지를 진단한다. 정밀 검사에서 환자의 인지 능력이 저하된 것이 확인되면 치매라 진단할 수 있다. 치매의 원인을 찾기 위한 혈액 검사, 뇌영상 검사(MRI 등)를 시행한다. 이 검사를 통해 치매의 원인이 확인되면 원인에 맞는 치료를 진행한다.

치매의 증상 및 종류는 다양하다. 현재까지 발생 기전이 확실히 규명되지 않았고 원인을 치료할 수 있는 치료법도 없는 상태이다. 미리 예방하는 것이 중요하다. 일반적으로 권장되는 것은 두뇌 회전을 많이 시킬 수 있는 놀이나 독서이다. 건전한 수준의 게임, 바둑, 카드놀이와 같은 종합적인 인지 능력을 요구하는 놀이가 건망증을 예방하는 데 도움이 된다. 신문, 책을 읽거나 글을 쓰는 것이 효과적인 예방법이다. 건강한 식습관을 가지고 생선과

야채를 즐겨 먹어야 한다. 꾸준한 걷는 운동은 인지기능을 유지하는 데 도움이 된다. 지나친 음주와 흡연을 삼가야 한다. 술과 담배는 기억력 등의 인지기능에 나쁜 영향을 미친다. 수면 부족은 기억력을 떨어뜨릴 수 있다.

한국표준질병 사인분류에 따르면 ① 알츠하이머병에서의 치매, ② 혈관성 치매, ③ 달리 분류된 기타 질환에서의 치매, ④ 상세불명의 치매, ⑤ 알츠하이머병이 있다. 전반적인 뇌기능의 손상을 일으킬 수 있는 모든 질환이 치매의 원인이 될 수 있다. 알츠하이머병(alzheimer's disease)[26]은 치매를 일으키는 가장 흔한 퇴행성 뇌질환이다. 알츠하이머병은 매우 서서히 발병하여 점진적으로 진행되는 경과가 특징적이다. 초기에는 주로 최근 일에 대한 기억력에서 문제를 보이다가 진행하면서 언어기능이나 판단력 등 다른 여러 인지기능의 이상을 동반하게 되며 결국에는 모든 일상생활 기능을 상실하게 된다. 알츠하이머병은 그 진행과정에서 인지기능 저하뿐만 아니라 성격변화, 초조행동, 우울증, 망상, 환각, 공격성 증가, 수면 장애 등의 정신행동 증상이 흔히 동반된다. 말기에 이르면 경직, 보행 이상 등의 신경학적 장애 또는 대소변 실금, 감염, 욕창 등 신체적인 합병증까지 나타나게 되며[27] 알츠하이머병은 전체 치매의 50~60%를 차지한다.

알츠하이머병은 두뇌의 수많은 신경세포가 서서히 쇠퇴하면서 뇌 조직이 소실되고 뇌가 위축되는 질환이다. 이 질환의 원인은 명확하게 밝혀져 있지 않다. 유전적 이상이 없는 상태에서 발병하는 알츠하이머병이 80% 이상을 차지하고 있다.

혈관성 치매는 뇌 안에서 혈액순환이 잘 이루어지지 않아 서서히 신경세포가 죽거나 갑자기 큰 뇌혈관이 막히거나 뇌혈관이 터지면서 뇌세포가 죽으면서 발생하는 치매를 의미한다. 뇌의 혈액순환장애에 의한 혈관성 치매가 20~30%를 차지한다. 혈관성 치매(Vascular dementia)는 뇌졸중으로 조직이 손상되어 정상적인 뇌 기능을 유지할 수 없을 때 생기는 치매를 말한다. 인지기능의 저하가 기억력뿐만 아니라 계산력이나 판단력, 일상생활 수행 능력 등에 영향을 주어 사회생활이 어려운 상태를 뜻한다.

혈관성 치매는 뇌혈관의 손상으로 인해 발병하기 때문에 당뇨병, 고지혈증, 고혈압이 그 주요 원인이라고 할 수 있다. 30~50세 고혈압 환자의 혈관성 치매 발병률은 62%나 될 정도로 그 위험성이 높다고 할 수 있다. 혈관성 치매는 뇌혈관의 손상으로 인해서 발병하기 때문에 뇌혈관 위험인자인 당뇨병, 고지혈증, 고혈압 등의 혈관질환이 있다면 혈관성 치매

26 1907년 독일의 정신과 의사인 알로이스 알츠하이머 (Alois Alzheimer) 박사에 의해 최초로 보고되었다.

27 서울대학교병원 의학정보, 서울대학교병원.

발병 확률도 높아지게 된다.

뇌혈관질환 고위험인자는 고혈압, 당뇨병, 고지혈증으로 나이와 상관 없이 혈관성 치매의 위험도를 높이는 위험인자이기 때문에 더 주의해야 한다. 고혈압이 장기간 지속되면 뇌의 소혈관(cerebral small vessel)이 손상되면서 치매와 뇌졸중 위험이 높아진다는 연구 결과도 있다.

국제 알츠하이머 협회가 주최한 컨퍼런스(AAIC)에서 치매를 예방하는 생활습관 9가지를 발표하였다.[28]

첫째, 약 40세부터 수축기 혈압을 130mmHg 이하로 유지한다. 중년이 됐을 때 고혈압이 아니면 치매 발병률이 2% 줄어든다.

둘째, 청력에 문제가 생겼다면 보청기를 사용하고 큰 소음을 피한다. 청력이 온전하면 치매 발병률이 8% 줄어든다.

셋째, 공기가 나쁘고 미세먼지가 많다면 외출을 자제한다. 오염된 대기를 피하면 치매 발병률이 2% 줄어든다.

넷째, 금연하고 주변 사람이 담배를 피운다면 금연하게 돕는다. 담배를 피우지 않으면 치매 발병률이 5% 줄어든다.

다섯째, 머리를 다치지 않도록 주의하고 그럴 위험이 있는 행동은 완전히 피한다. 뇌가 손상되지 않으면 치매 발병률이 3% 줄어든다.

여섯째, 과도한 음주는 하지 않는다. 알코올을 과도하게 섭취하면 치매 발병률이 1% 높아진다.

일곱째, 모든 어린이는 초등 및 중등 교육을 받는다. 조기교육을 받으면 치매 발병률이 7% 줄어든다.

여덟째, 중년층과 노년층은 삶을 활동적으로 산다. 활동적으로 몸을 움직이면 치매 발병률이 줄어든다. 우울증에 걸릴 확률도 줄어드는데 우울증은 치매를 유발하는 요인이다.

아홉째, 당뇨병에 걸리지 않고 비만하지 않게 관리해야 한다. 당뇨병에 걸리고 비만하면 치매 걸릴 확률이 각각 1% 오른다.[29]

---

28 이 연구는 유니버시티 칼리지 런던 · 알츠하이머 협회 등의 전문가 28명이 치매 관련 보고서를 바탕으로 조사한 것이다.

29 http://health.chosun.com/site/data/html_dir/2020/08/03/2020080302921.html

3. 파킨슨병(Parkinson's disease)

파킨슨병은 치매 다음으로 대표적인 퇴행성 뇌 질환이다. 우리 뇌 속에는 여러 가지 신경전달 물질이 있다. 그 중에서 운동에 꼭 필요한 도파민이라는 신경전달물질이 있다. 파킨슨병은 중뇌에 위치한 흑질(substance nigra, 黑質)[30]이라는 뇌의 특정 부위에서 도파민을 분비하는 신경세포가 원인 모르게 서서히 소실되어 가는 질환이다.[31] 흑질 도파민 신경세포의 소실이 어떤 원인에 의하여 일어나는가에 대해서는 아직까지 확실하게 밝혀지지 않았다. 파킨슨 환자는 파킨슨병의 가족력이 있는 경우가 있고 이러한 가족들 중 일부에서는 유전자 이상이 발견되기도 하였으나 대부분의 환자에서는 가족력 및 뚜렷한 유전자 이상 없이 파킨슨병이 발생하며 환경적 영향이나 독성물질이 파킨슨병의 발병 원인이 된다는 연구 결과도 있으나 대부분의 파킨슨병 환자에서는 아직 파킨슨병의 발병 원인을 알 수 없다.[32]

파킨슨병(Parkinson's disease)은 중뇌의 흑색질(substantia nigra)이라는 부분에서 도파민 세포가 사멸되면서 나타나는 신경계 퇴행성 질환이지만 도파민 세포의 소실이 보이지 않는 비전형적 파킨슨 증후군도 파킨슨병이라 통칭한다. 파킨슨병과 비슷한 임상 양상을 보이는 '파킨슨 증후군' 이나 '이차성 파킨슨 증후군' 역시 파킨슨병에 속하는 것으로 본다.

파킨슨병은 신경 퇴행성 질환의 하나로 주로 진전(떨림), 근육의 강직, 몸 동작이 느려지는 서동(徐動) 등의 운동 장애가 나타나는 질환이다. 초기 증상이 매우 서서히 나타나고 막연한 증상이 많아서 초기에 파킨슨병을 진단하기 쉽지 않다. 즉 계속되는 피곤함, 무력감, 팔다리의 불쾌한 느낌, 기분이 이상하고 쉽게 화내는 등의 증상이 나타날 수 있다. 걸음걸이나 자세가 변하고 얼굴이 무표정해지는 것을 먼저 느낄 수도 있으며 우울증, 소변 장애, 수면 장애 등의 증상이 나타나기도 한다. 그 밖에 뒷목이나 허리 통증 등이 초기에 나타날 수 있고 글씨를 쓸 때 글자 크기가 점차 작아지거나 말할 때 목소리가 작아지는 경우도 있다. 또 걸을 때 팔을 덜 흔들고 다리가 끌리는 느낌 등으로 병원을 방문하여 파킨슨병을 진단받는 경우도 있다. 파킨슨병에 주로 나타나는 증상은 운동 기능과 관련된 것들이 많다.

이차성 파킨슨증은 파킨슨 증상이 파킨슨병이 아니라 다른 특정한 원인에 의해 이차적으

30 흑질 또는 흑색질(黑色質,substantia nigra)은 중간뇌(中間腦)에 있는 검은 갈색의 큰 회백질로 신경 세포가 많이 모여 있어서 골격근의 무의식적인 운동을 담당하며, 식물성 기능과 깊은 관계가 있다(위키백과).

31 발생빈도는 인구 1,000 명 당 1명 내지 2명 정도로 알려져 있으며 60세 이상의 노령층에서는 약 1%, 65세 이상에서는 약 2% 정도가 파킨슨병을 앓고 있다.

32 서울대학교병원 의학정보, 서울대학교병원.

로 발병한 질환을 말한다. 따라서 발병 원인을 교정하면 치료할 수 있는 질환이다. 약물 유도성 파킨슨증은 다양한 약물에 의해 발생할 수 있다. 특히 도파민 수용체를 차단하거나 고갈시키는 약물은 파킨슨병과 같은 떨림, 운동 완만, 보행 장애 등의 증상을 유발한다. 정상압 수두증은 뇌척수액이 원활하게 순환되지 않아 뇌실이 확장되면서 주변 뇌를 압박하여 정상적인 기능에 장애를 초래하는 질환을 말한다. 정상압 수두증의 가장 주된 증상은 보행 장애이다. 환자는 발을 넓게 벌리고 종종걸음을 걷는다. 혈관성 파킨슨증은 뇌의 기저핵이나 피질하 백질에 분포하는 작은 혈관들의 장애로 발생한다. 갑작스럽게 발생하는 일반적인 뇌경색 증상과는 달리 발음 이상, 운동 완만, 보행 장애, 인지기능의 저하 등의 증상이 서서히 진행할 수 있다. 이 중 가장 두드러진 증상은 보행 장애로 종종걸음, 동결 보행 등의 모습을 보인다. 배뇨 장애도 흔히 동반된다.[33]

4. 치매와 파킨슨병

치매는 자신을 잃어버리는 것이고 소중한 기억을 잃는 것이다. 파킨슨은 움직일 수 없게 하는 것이다. 두 병의 원인은 뇌에 있다. 모두 남에게 짐이 되고 싶지 않는 병이다.

파킨슨은 안정기에 떨림, 행동이 느려지거나 보폭이 줄고 끌거나 발에서 떨어지지 않는 경우, 근육이 뻣뻣해지는 등 세 가지 증상이 대표적이다. 한쪽 몸에 떨림이 있거나 행동이 느려지거나 보행이 힘들어지고 자주 넘어져 몸의 균형을 유지하기 힘들어지다가 독립적으로 걸을 수 없게 된다. 누워있는 동안에 각종 합병증이 오게된다. 치료보조약으로 도파민이 처방되기도 한다. 쫒기는 꿈 등 꿈을 자주 꾸고 벌떡 일어나 벽을 치기도 한다. 나이가 들면 보통 뇌의 무게가 가벼워지고 뇌가 위축되기도 한다. 치매는 뇌세포가 죽고 뇌 연결세포가 서로 끊어져 뇌세포가 망가지는 것이 치매다. 냄새맡는 기능이 떨어지면서 기억력이 감퇴하는 인지기능이 떨어지게 된다. 현재 진행을 늦추는 약은 있지만 획기적인 치료약은 없다. 남아 있는 세포간의 강하게 연결해주는 약이 필요하다.

5. 불면증(不眠症, insomnia)

1) 개요

우리나라 국민 100명 중 1명은 밤에 잠을 못 자거나 자주 깨는 불면증을 앓는 것으로 나

33 서울대학교병원 의학정보 http://www.snuh.org.

타났다. 특히 인구의 고령화로 노인인구가 급증하게 되면서 불면증 환자도 증가한 것으로 나타났다.

남녀별 연령대별 불면증 진료환자는 남자가 70대에서 4만4114명(21.1%)으로 가장 많았고 여자는 50대에서 7만5047명(22.6%)으로 가장 많았다. 고연령으로 갈수록 인구 10만명당 진료인원이 많아졌다. 80세 이상에서는 100명 중 약 4명(10만명당 4098명)이 '불면증'으로 요양기관을 방문했다. 나이가 들면 여러 신체적 그리고 정신적 문제들이 많이 생기게 마련이다. 노인이 되면서 느끼는 소외감, 불안, 걱정 때문에 우울증, 불안증과 같은 정신적 문제도 늘어난다. 또한 소화기계, 호흡기계, 근골격계 등 신체적 질환에 따른 불편함이 생기면서 수면을 방해하게 된다.

불면증을 예방하기 위해서는 잠자리에서 스마트폰, TV 등 전자기기 사용을 삼가고 커피와 술 등을 삼가는 생활습관이 필요하다.

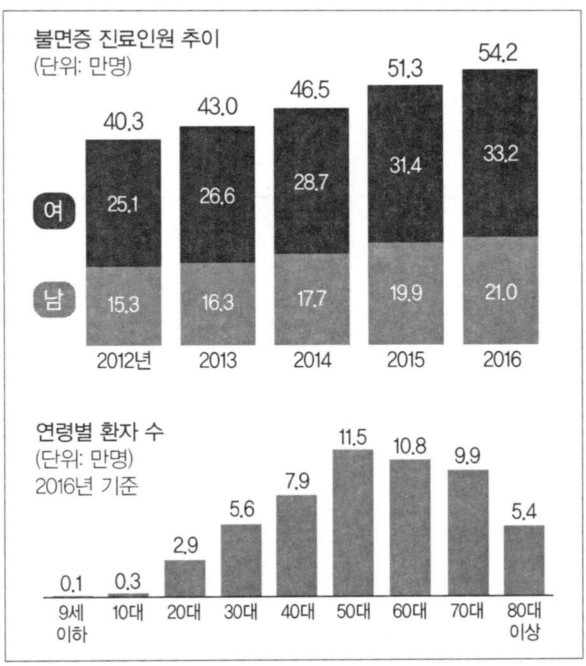

[그림 7-17] 불면증

자료 : 국민건강보험공단

평소에는 보통 잠이 드는데 걱정거리가 있거나 흥분하거나 하면 잠이 오지 않는 것은 누구에게나 있는 것으로 불면증이라고는 할 수 없다. 불면증은 만성적으로 이어지는 것을 말한다. 불면증은 수면장애로 잠들기가 어려운 입면(入眠) 장애와 자는 도중 자주 깨거나 너무 일찍 잠에서 깨어나는 수면유지 장애를 뜻한다. 밤에 충분히 자지 못하면 수면 부족 상태가 되어 낮 동안 졸음, 피로감, 의욕 상실 등을 초래해 자동차 사고의 원인이 되거나 일상생활에 지장을 준다. 이 질병은 단기적으로는 며칠 또는 몇 주, 장기적으로는 한 달 이상 지속될 수 있다.

입안장해(入眠障害)는 잠이 잘 안 오는 증세로 저혈압이나 야행성 생활습관인 사람에게 많다. 조기각성은 아침에 매우 빨리 눈이 떠지는 증세로 고혈압 및 고령자에게 많다. 숙면장해는 밤중에 몇 번이고 눈이 떠진다. 신경질적인 사람에게 많고 잠을 잘 수 있지만 "오늘 밤도 잠이 안 오면 어떻게 하나"라는 불안의식이 지나쳐서 불면증에 빠지는 것이 특징이다. 그 외에도 불면증은 스트레스가 많거나 소화불량 등 속이 편하지 못하거나 혈액순환이 잘 안 되거나 냉기를 느끼며 깨거나 소변을 자주 보는 경우는 불면증을 야기시키기도 한다.

우리가 매일 잠을 자는 이유는 내일을 위해 오늘의 피로를 풀기 위함이다. 우리가 낮 동안 뇌와 몸을 사용하면 몸속에서는 피로인자(Fatigue Factor; FF)가 만들어지고 이에 대항해서 피로회복물질(Fatigue Recovery Factor; FR)도 만들어진다. FR은 밤낮으로 만들어지지만 FF는 잠자는 동안에는 줄어들기 때문에, 밤에는 FR의 기능이 상회되면서 피로를 회복하게 된다.

코르티솔(cortisol)은 부신피질호르몬으로 스트레스호르몬이라고도 하며 염증반응 및 면역을 억제하는 역할을 하는데 자는 동안 분비가 최소로 떨어진다. 밤 중 면역활동이 가장 활발하다. 몸의 방어력이 최대가 되는 때는 수면 중으로 자는 도중 면역세포 중 NK세포(natural killer cell)가 활성화된다. 잠을 충분히 자지 못하는 경우 몸의 치유력 및 예비력을 떨어뜨리게 만든다.

자는 동안 부교감신경이 활발하게 작용하고 교감신경이 휴식을 취한다. 반대로 잠을 잘 자지 못하면 부교감신경이 작용하지 못하고 교감신경이 제 때 쉬지 못한다. 자율신경계 균형이 깨지게 되면서 자율신경계 이상 증상이 발생한다.

가벼운 불면증은 쉽게 회복될 수 있기 때문에 해롭지 않다. 그러나 습관성으로 나타나고 만성이 되면 몸에 나쁜 영향을 끼치게 된다. 가벼운 불면증은 커피나 홍차 등의 카페인을 많이 섭취해 흥분상태일 때 혹은 각성제나 비타민제 등의 약제사용이 원인이 될 수 있다. 또한 환경변화나 스트레스 등으로도 불면증이 찾아올 수 있다. 만성 불면증은 뇌혈행 장애성과 자율신경 및 내분비의 이상, 천식이나 심장질환, 폐질환, 두통 등의 신체적 고통, 정신병 등으로 인해 자주 발생한다. 또한 불면증의 원인으로 수면에 대한 비합리적 신념을 들 수 있다. 수면에 대한 비합리적 신념은 수면의 도움이 되지 않는 안전행동을 촉발시킨다. 이는 인지적 각성을 일으키게 되고 결국 불면증을 유지하게 된다. 예를 들면 '제대로 기능하기 위해서 8시간은 자야 한다'는 수면에 대한 비합리적 신념을 갖고 있는 사람이 수면에 대한 결핍을 느낄 경우 낮잠을 자거나 늦게까지 침대에 깨어 있는 채로 누워있는 등 부적절한 대처 행동(안전행동)을 하게 된다. 개인은 '안전행동'을 함으로써 수면에 대한 비합리적 신념을 교정하지 못하게 된다. 결국 이 안전행동으로 인해 비합리적 신념이 강화되고 그로 인해 불면증이 지속되는 악순환에 빠지게 된다.

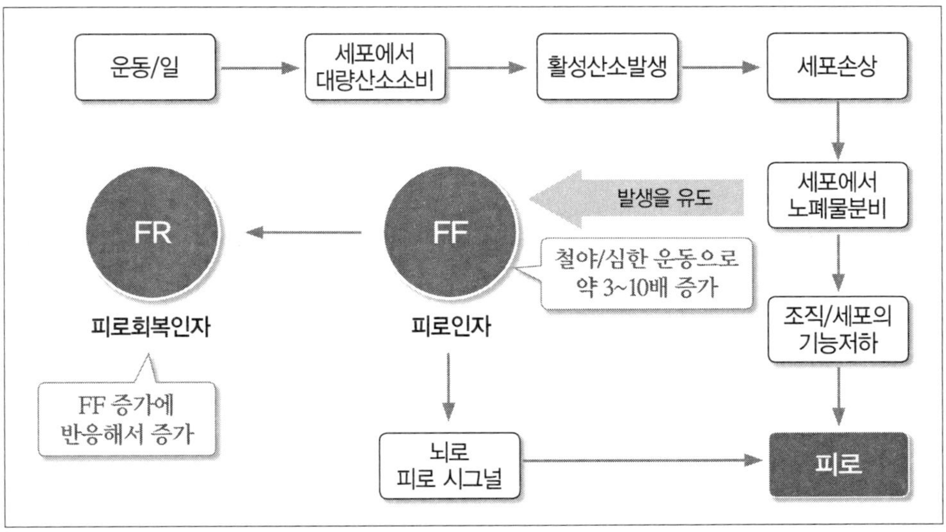

[그림 7-18] 육체피로와 피로회복의 메커니즘

자료 : https://hc.kowa.co.jp/

2) 불면증 치료

수면 환경을 좋게 해주는 것이 가장 중요하다. 또한 요가나 명상 등의 이완요법을 사용하기도 한다. 심각한 경우에는 약물 치료를 이용하기도 한다.[34] 니코틴이나 카페인, 술을 멀리하고 바나나나 상추 등 수면을 유도하는 음식을 섭취할 필요가 있다. 그리고 균형잡힌 식습관도 중요하다. 불면증은 잠에 대한 생각의 왜곡, 즉 인지적 왜곡에 의해서 생기고 유

34 졸피뎀(상품명으론 '졸피드(한미약품)' 및 '졸피신(명인제약)' 등이 사용된다) 및 트리아졸람(상품명으론 '트리람(환인제약)' 및 '졸민(명인제약)' 등이 사용된다) 등 기존 벤조디아제핀계 불면증 치료제는 현행법상 향정신성 의약품이므로, 의존성이 문제가 되기도 하기 때문에 의사의 지시와 처방을 따라야 하지만, 최근 삼환계(TCA) 및 사환계(TeCA) 항우울제를 주성분으로 하는 비습관성 약제인 독세핀이나 트라조돈, 진정 작용이 강한 약제인 미르타자핀(상품명으론 '멀타핀(현대약품)' 및 '밀타(명인제약)' 등이 사용된다)을 쓰는 경우가 있으므로, 수면 유지가 곤란한 불면증 치료로 널리 쓰이고 있다.

지되는 특성이 있다. 불면증에 대한 가장 근본적인 치료는 불면증 인지행동치료이다. 인지행동치료는 불면증 환자가 가지고 있는 잠에 대한 잘못된 생각을 교정하고 잠을 방해하는 행동을 줄이고 잠에 도움이 되는 행동을 늘리는 형태로 구성된다. 정신적인 긴장이 불면증의 중요한 원인 중 하나이다. 긴장을 줄이기 위해서 다양한 이완요법이 사용된다. 복식호흡, 심상법 등이 사용되며 기기를 이용한 바이오피드백(biofeedback)[35]도 효과적이다.

불면증을 앓고 있는 사람들은 주로 술을 마심으로서 잠을 자고자 한다. 그러나 수면을 유도하기 위한 알콜 섭취는 불면증의 또 다른 원인이다. 알콜을 장기간으로 섭취하는 것은 숙면과 수면을 방해한다. 불면증은 내 몸과 마음이 무엇인가 편하지 않다고 알려주는 증상이다. 그 원인을 찾아 몸과 마음을 건강하게 하는 것이 불면증에서 건강하게 벗어나는 길이다.

VII. 근골격계 질환

1. 노화와 골다공증

골다공증(osteoporosis)과 근육감소증(sarcopenia)은 노화가 진행되는 노령 인구에서 주로 일어나는 퇴행성질환이다. 골다공증은 골절(fracture)의 위험도가 높은 골격질환이다. 폐경 후 여성에서 나타나는 1차 1형, 75세 이상의 남녀(남녀의 발병비율이 대체로 1:2 정도)에서 나타나는 1차 2형과 남녀의 모든 연령에서 스테로이드 약물복용 등 다양한 원인으로 나타나는 2차 골다공증으로 나눌 수 있다. 근육감소증은 근육덩이의 감소로 진행되는 근육질환으로 40세에서 시작하여 대략 75세 이후에 발병이 가속화 된다.

골다공증은 19세기부터 의학에서 사용하던 용어였다. 실제로는 20세기에 들어와서 이것이 뼈의 미네랄 밀도가 감소되어 뼈의 현미경적 구조가 악화된 상태라는 것이 밝혀졌다. 그러나 이것이 어쩔 수 없이 노화과정에서 일어나는 돌이킬 수 없는 변화가 아니고 치료할 수 있는 장애라는 것이 알려지면서 호르몬(estrogen) 요법에 사용되는 약제를 생산하는 제약업체, 뼈의 석회화를 촉진하는 유제품을 생산하는 낙농업체의 선전효과로 의료계뿐만 아니라 일반 대중도 골다공증에 대한 인식을 갖게 되었다.

35 바이오피드백(biofeedback)은 몸에 부착된 감지기를 통해 심박수, 근육 긴장, 호흡, 발한, 피부온도, 혈압, 뇌파 등의 생리적 기능의 변화를 알려 주어 신체기능을 의식적으로 조절하도록 유도하는 기법이다(상담학 사전).

그러나 근육감소증은 골다공증보다 그 역사가 훨씬 짧아 1980년대에 와서야 용어가 처음 만들어졌다. 근육감소증은 근육 부피 · 무게의 감소, 근육의 힘 또는 기능의 감소 등이 혼용되고 있다. 근육은 수축 · 이완의 운동기능 외에도 다양한 생리적 조절기능을 가지고 있다.

골다공증은 건강의 상징인 뼈 속에 살아 움직이는 세포들, 즉 골아세포와 파골세포의 활동력에 의해 결정된다. 칼슘의 부족이 골다공증의 원인으로 알려져 있다. 하지만 과다한 칼슘복용은 위벽 손상과 변비, 신장결석의 우려가 있다. 물론 칼슘 섭취는 모든 나이에서 뼈의 질량 증가에 중요하며 중년여성의 골절위험을 30%나 줄여준다.

보통 20세까지는 강한 뼈를 만들어 내는 골아세포의 활동이 활발, 뼈의 소실을 유발하는 파골세포의 활동을 앞서가므로 자연히 뼈는 강해진다. 그러다 30~40대가 되면 조골(골아)세포(osteoblast, 造骨細胞)와 파골세포(osteoclast, 破骨細胞)가 같은 활성력을 갖게 된다.

40대 이후는 파골세포가 더 활발해지면서 생리적으로 뼈의 약화가 일어난다. 그러나 너무 빨리 약화가 일어난다면 골다공증은 뼈의 골절을 가져오게 된다. 조기 골다공증은 머리카락이 더 빨리 세며 치아가 연약해지는 조기노화현상과 관련이 있다. 때로는 과도한 우울증과 고혈압까지 동반된다. 이를 통해 칼슘의 결핍만이 골다공증의 원인이 아니라는 것을 알 수 있다.

운동은 칼슘 침착을 예방, 칼슘의 섭취가 적더라도 뼈를 재생시키는 능력이 있다. 반면 피를 산성으로 만드는 육고기는 중화가 필요하며 이를 위해 우리 몸의 가장 많은 무기질인 인, 칼슘을 사용하고 심지어 뼈의 칼슘까지도 빼내어 쓰게 한다.

핏속에 들어있는 칼슘도 신장을 거치면서 빠져나가게 되는데 이때 현미나 깨 등 알곡 곡물에 많은 마그네슘이 그 정도를 조절해준다. 마그네슘은 뇨 결정 예방에 좋을 뿐만 아니라 밤새 통증을 동반하는 골격통증을 완화시키며 칼슘 섭취로 인한 변비를 해결해 준다.

우리가 섭취한 칼슘이 체내에 충분히 남아 있게 해주는 마그네슘은 뼈 성장에 중요한 요소이다. 1992년 미국의 카펜터 등은 성장기 동안의 마그네슘 섭취 부족이 뼈의 질과 양을 바꾸고 마그네슘 결핍으로 골다공증이 증가됨을 지적하였다.

뼈세포의 재생을 위해 세포막 성분인 인지질(phospholipid)[36]과 그의 항산화제인 비타민 E와 C도 필요하며 식물성 에스트로젠 또한 무엇보다 중요하다. 이는 특히 서양에 비해 아

36 인지질(phospholipid)은 당지질, 콜레스테롤, 단백질과 함께 생체막의 주요 성분으로 인을 포함하는 지질의 일종이다. 인지질의 구조는 지방과 유사하지만, 글리세롤에 세 개의 지방산이 결합되어 있는 지방과는 다르게 두 개의 지방산과 하나의 인산기가 결합되어 있다. 이때 인산기에 결합된 유기물의 종류에 따라서 종류가 달라지며, 지질 이중층의 주요 구성성분으로 세포내 항상성에 중요한 역할을 담당한다. 지방산이 결합된 방향은 소수성을 나타내고 인산기가 결합된 방향은 친수성을 나타낸다. 그러므로 물에 대칭적인 두 개의 층으로 인지질 이중층을 구성할 수 있다(네이버 지식백과, 생화학백과).

시아권이 더 낮은 골다공증 유병률을 보이는 중요 이유가 된다.

에스트로젠은 골아세포의 활성, 그리고 칼슘, 마그네슘, 칼륨 등 무기질의 침착을 자극하고 뼈질량의 재흡수를 방해한다.

콩의 이소플라본은 식물성 에스트로젠으로 하루에 단지 90mg만 섭취해도 뼈의 골밀도를 현저히 증가시킬 수 있다. 또한 이소플라본(isoflavone)[37]은 자궁과 유방의 종양 발생이나 증식을 억제하는 효과가 있다. 이소플라본에는 간세포를 보호하고 위암, 대장암의 암세포를 파괴하는 알파리놀렌산(Alpha-linolenic Acid)[38]이 많이 함유되어 있다.

나트륨 소금은 소변에서 1:20의 비율로 칼슘이 빠져나가게 한다. 때문에 맛을 내는 소금과 소금의 활동을 증가시키는 설탕은 섭취를 줄어야 한다. 반면 무기질 소금이 많이 함유된 채소나 과일은 많이 섭취해야 한다. 노화와 골다공증은 역시 식이와 생활습관에 의해 조절되는 대사성 질환인 셈이다.

Ⅷ. 안과질환

1. 백내장(白內障, cataract)

백내장은 가장 흔한 노인성 안질환이다. 백내장은 노화, 당뇨병, 외상 등의 원인에 의해 수정체가 혼탁해져 빛을 제대로 통과시키지 못하게 되면서 시야에 안개가 낀 것처럼 뿌옇게 보이게 되고 시력의 장애를 일으키는 질환이다.

백내장은 유전적인 원인이나 임신초기의 풍진 감염 등에 의해 선천적으로 발생하는 경우도 있지만 노화나 외상, 전신질환, 눈 속 염증, 독소 등에 의해 발생하는 후천백내장이 대부분을 차지한다. 특히 나이가 들면서 노화의 일부로 발생하는 노인성 백내장은 60대의 절반 이상, 75세 이상 노인의 대부분이 어느 정도씩은 있을 정도로 매우 흔한 질환이다. 백내장은 양쪽 눈에 다 생길 수 있지만 한쪽이 더 심한 경우가 많다.[39]원인은 잘 모르나 나이가 들면서 수정체 섬유단백의 분자량이 증가하면서 서서히 투명성을 잃어 가게 되면 시

37 이소플라본(isoflavone)은 콩에 들어있는 화학물질로 여성호르몬인 에스트로젠과 유사한 기능을 담당하여 '식물성 에스트로젠'이라 불린다(두산백과).

38 불포화지방산인 오메가 3 지방산으로서 체내에서 EPA와 DHA로 전환되는데, 아마씨유나 호두 기름과 같은 식물성 유지 등에 많이 들어있다. 혈중 콜레스테롤을 저하시켜 주고 혈관 염증 지표 물질들을 감소시켜 주어 심장 질환 예방에 효과적이라고 알려져 있다(두산백과).

39 국가건강정보포털 의학정보, 국가건강정보포털

력장애를 초래하게 된다.

초기에는 시력장애가 심하지 않으나 혼탁이 중심부에 발생하면 밝은 곳에 나가면 동공이 줄어들게 되며 이로 인하여 시력이 급격하게 떨어지고 어두운 곳이나 그늘진 곳에는 시력이 회복되는 현상이 있을 수 있다. 수정체핵의 경화로 수정체의 굴절률이 증가하면 눈의 굴절력은 근시상태가 되어 돋보기를 쓰던 사람이 돋보기 안경이 없이도 근거리 글씨를 잘 보는 경우가 있다.

백내장은 통증이나 염증 등의 증상이 동반되지 않아 자신이 백내장이 있는지 조차 모르는 경우가 많다. 안경을 쓰던 사람이 안경을 쓰지 않아도 잘 보이거나 밝은 곳에서는 시력이 더 떨어지지만 실내나 약간 어두운 곳에서 더 잘 보인다면 백내장을 의심해 볼 수 있다. 또 최근 들어 시력감퇴, 사물이 이중으로 보이는 복시 등이 발생했다면 백내장이 어느 정도 진행됐음을 의심해 볼 수 있다.

당뇨병과 고혈압, 고지혈증을 꾸준히 치료해야 한다. 당뇨병 환자는 당뇨병이 없는 사람보다 실명할 위험이 무려 25배가 높다. 혈당과 혈압, 혈중지질이 높으면 당뇨망막병증의 진행이 가속되어 이를 엄격하게 조절하는 것이 중요하다. 혈당이 잘 조절될수록 백내장의 위험이 줄어들기 때문에 관리가 필요하다. 고혈압의 조절 역시 당뇨망막병증의 진행을 막아주므로 적극적인 치료가 필요하다.

2. 녹내장(綠內障, glaucoma)

'눈의 성인병'이라고도 불리는 녹내장은 주로 노인층에서 발병률이 높다. 최근에는 모니터나 스마트폰을 장시간 보는 젊은 층에서도 환자가 늘어나고 있다. 녹내장은 안구 내 압력(안압)[40]이 상승해 시신경이 손상되는 병이다. 즉, 녹내장은 눈 속에 있는 각막과 수정체의 영양을 공급하는 '방수'라는 액체가 정상적으로 흘러가지 못해 안압이 정상(12~20mmHg) 이상으로 올라가 시신경이 손상되는 질환이다. 안구가 받아들인 빛을 신호로 전환해 뇌로 전달하는 시신경은 한 번 손상되면 다시 좋아지지 않으므로 정말 심한 경우엔 시력을 잃게 되는 경우도 생길 수 있다.

---

40 안압(intraocular pressure, 眼壓)은 안구 내부의 일정한 압력으로 안내압이라고도 말한다. 안구방수의 분비, 눈방수유출(안구방수유출)에 대한 저항, 상공막정맥압에 의해 결정된다. 안압은 녹내장의 진단과 치료에 중요한 지표가 되며 각막, 수정체, 유리체, 망막 질환의 수술 후 경과관찰에도 중요하다. 정상적인 안압은 약 15mmHg 정도로 알려져 있고 10~20mmHg를 정상 안압이라 생각한다. 일반적으로 21mmHg 이상의 안압을 높은 안압이라고 보고 있다. 그러나 모든 눈이 특정 높이의 안압에 동일하게 반응하지 않으므로 정상적인 안압을 정확한 수치로 표현할 수는 없다(서울대학교병원 신체기관정보).

시신경이 손상되면 시야에 안 보이는 부분(암점)이 생기게 되고 진행되면 실명에 이르게 된다. 한번 손상된 시신경은 다시 살아나지 않기 때문에 안압을 내려주는 치료를 하지 않으면 영구적인 실명상태가 된다.

녹내장의 발병 원인은 뚜렷하지 않으나 나이가 많아짐에 따라 발생률도 점차 높아진다. 또 고도근시가 있거나 가족 중에 녹내장이 있는 사람, 그리고 과거 눈 외상이 있었거나 장기간 스테로이드 점안약을 투여한 경우, 당뇨, 고혈압, 갑상선 질환, 동맥경화증 같은 전신성 질환 또는 심한 출혈 등이 있었던 사람들 중에서 더 많이 나타난다.

질환이 천천히 진행되는 녹내장은 자각 증상이 전혀 없다. 진행된 녹내장이라고 하더라도 시력은 정상인 경우가 많으며 다만 시야가 좁아져 보일 수 있다. 녹내장 치료를 위해서는 시신경이 손상되기 전 조기 진단 및 치료가 필요하지만 두통, 구토, 충혈, 시력 감소 등 녹내장 증상이 나타났다면 이미 치료가 어려운 말기인 경우가 많다. 따라서 시력을 지키기 위해서는 평소에 혈액 순환을 개선해 녹내장을 예방하고 증상 개선에 도움을 줄 수 있는 음식을 먹는 것도 한 방법이다.

녹내장으로 손상된 시신경은 회복시킬 수가 없으므로 손상되지 않은 시신경을 보전하는 것이 녹내장 치료의 목적이다. 녹내장은 안약, 약물복용, 레이저수술 등의 방법으로 안압을 조절해 시신경의 장애를 최소화해야 한다. 특히 약물치료는 규칙적으로 지속되어야 효과적이다. 이러한 이유 때문에 전문가들은 녹내장을 고혈압이나 당뇨병과 같이 일생 동안 관리하는 질환이라고 입을 모은다. 약물요법으로 녹내장을 조절할 수 없는 경우에는 수술치료가 필요하다. 최근에는 레이저의 발달로 녹내장 수술의 많은 부분을 레이저로 대치, 좋은 결과를 얻고 있다.

3. 고혈압망막병증(hypertensive retinopathy)과 당뇨망막병증(diabetic retinopathy)

고혈압망막병증(高血壓網膜病症)은 고혈압이 진행하면 눈의 망막혈관에도 변화를 초래하며 망막의 출혈, 삼출액, 유두부종 등이 나타나서 시력이 감소하는 증상이 나타나는데 이것을 고혈압성 망막증이라고 한다. 사진기의 필름에 해당하는 망막에는 혈관이 분포되어 있고 이 혈관의 양상을 검안경을 통하여 직접확인 할 수 있다. 고혈압이나 당뇨병 모두 혈관에 영향을 줄 수 있는 전신질환이며 눈의 혈관형태를 관찰하여서 질병의 진행정도를 파악할 수 있다. 따라서 이러한 질환을 10년 이상 장기간 앓고 있다면 반드시 안과 검사를 하여야 한다. 지속적으로 혈압이 높은 경우 망막세동맥의 경화가 나타나게 되는데 이것은 고혈압의 기간과 정도에 비례하게 되므로 임상적으로 매우 중요한 지침이 된다.

당뇨망막병증은 당뇨병에 의해 발생한 고혈당으로 인하여 일어나는 말초 순환 장애로 인하여 망막에 발생한 합병증을 말한다. 당뇨병치료법이 발달함에 따라 당뇨병 환자의 수명이 연장되어 당뇨병으로 인한 합병증의 발생빈도가 증가하고 있다. 당뇨망막병증은 결국 실명을 초래한다. 그 치료법은 단순하지 않으며, 최근 서구에서 실명원인 중 가장 많은 원인으로 알려져 있다. 망막병증의 정도는 병을 앓는 기간과 밀접한 관계가 있다. 또한 당뇨병의 초기에 적절한 치료를 받은 환자에서 망막병증이 늦게 나타난다고 하나 당뇨병의 정도와 망막병증의 정도는 일치하지 않는 경우가 많이 있다.

4. 노년 황반변성(macular degeneration, 黃斑變性)

황반이 노화, 유전적인 요인, 독성, 염증 등에 의해 기능이 떨어지면서 시력이 감소되고 심할 경우 시력을 완전히 잃기도 하는 질환이 바로 연령관련 황반변성이다.[41] 최근 들어 시력을 잃는 노인 3명 중 1명꼴로 발견될 정도로 황반변성이 흔하다. 황반변성은 세계적으로도 노인 인구에서 실명을 유발하는 가장 중요한 원인 중 하나로 노인 인구가 증가할수록 그 발생률 및 유병률은 더욱 증가할 것으로 보인다.

연령과 관련 있어 '노인성 황반변성'이라고도 불린다. 황반(黃斑)은 우리 눈의 가장 안쪽 면을 감싸고 있으며 시력을 형성하는 신경조직인 망막의 한가운데 부분이다. 지름 1.5㎜정도 아주 작은 연필심 크기의 이 점조직에 쌓인 노폐물이나 부종, 출혈로 인해 시력이 떨어지는 질환이 바로 황반변성이다. '황반'은 사진기로 따지면 필름 역할을 하는 것으로 눈의 망막 가운데 중심 시력을 관장하는 가장 중요한 부위이다. 나이가 들면서 이곳에 여러 가지 병적 변화가 발생(변성)하여 시력 장애를 일으키는 질환이 바로 황반변성이다. 즉, 황반변성은 눈의 안쪽 망막의 중심부에 위치한 '황반'이라는 신경조직의 기능이 떨어져 시력저하, 실명 등으로 이어지는 무서운 질환이다. 황반은 우리 눈에서 물체의 상이 맺히는 곳으로 눈세포의 대부분이 모여 있어 시력에 중요한 역할을 한다.

황반변성은 변성이 온 상태에 따라 메마른 건성과 축축한 습성으로 나뉜다. 나이관련 황반변성의 90%를 차지하는 건성은 망막에 노폐물이 쌓이거나 신경조직이 약해지는 병증이다. 천천히 진행되고 시력저하도 크지 않은 편이다. 반면, 습성은 황반에 안 좋은 혈관(비정상 신생혈관)이 생기고 이 혈관들이 출혈을 일으키거나 망막부종을 유발, 급속히 시력을 손상시키

41 국가건강정보포털 의학정보

는 것이 특징이다. 망막 밑에 새로 생긴(신생) 혈관은 태생적으로 매우 약해서 체액이 빠져나가는 통로가 되기도 한다. 이래저래 압박을 받은 황반은 급속히 제 기능을 잃고 만다.

증상은 건성이냐 습성이냐에 따라 다르다. 건성 황반변성은 초기에 아무 증상이 없다. 안과를 방문, 안저검사를 받아보지 않고는 알 수가 없다.

황반변성은 노화, 가족력, 인종, 흡연, 콜레스테롤, 환경, 항산화비타민의 부족, 자외선 등의 원인에 의해 발병한다. 질환은 초기에는 자각증세가 없다가 시력저하와 함께 시야 중심이 흐릿하게 보이면서 직선이 휘어져 보이고 시야에 흐릿한 점 같은 것이 보이는 증상이 나타난다. 더 진행되면 시야 중심이 검거나 비어 있는 부분이 보이기도 하며 물체가 찌그러져 보인다.

황반변성의 적절한 치료법은 없으나, 정기검진과 한 달에 한번 이상 암슬러격자[42]를 이용한 자가진단, 항산화비타민 섭취, 규칙적인 운동 등이 실명예방에 도움이 된다.

건성 황반변성의 경우 안과적으로 특별한 치료를 받는 경우는 별로 없다.[43]

습성 황반변성의 경우 대부분 항혈관내피세포인자 안구 내 주사 치료를 시행하게 된다. 이는 시력저하의 원인이 되는 맥락막 신생혈관을 유발하는 혈관생성 인자에 대한 항체를 안구 내에 주사하여 맥락막 신생혈관을 쇠퇴시키는 치료방법이다.

IX. 귀 질환

1. 노화성 난청(hearing impairment, 難聽)

노화성 난청은 연령의 증가로 발생하는 퇴행성 변화에 의한 청력감소를 의미한다. 노화에 따른 모든 전체기관의 노쇠화 현상의 일부로 그 발생 연령과 진행정도는 유전적 요인과 주위환경에 의해 결정된다. 최근 주위환경과 노화성 난청의 관련성에 대해여 남자에서는 담배, 술, 두부외상 등의 여성에서는 약물복용력이 관련이 있다고 알려져 있다. 일반적으로 노화성 난청은 65세 이상의 연령에서 외상, 귀에 독성이 있는 약물, 귀의 질환, 소음에

42 '암슬러 격자검사'는 모눈종이처럼 정사각형 격자무늬가 새겨진 검사지를 평소 책 읽는 정도의 30~40㎝ 거리에 두고 한쪽 눈을 가린다. 이어 검사지 중앙에 표시된 검은 점을 주시하면 된다. 이 때 격자 선 일부가 끊어지거나 흐려지고 휘어 보이면 이상이 있다는 신호다.

43 대개 식이 조절(콜레스테롤 및 포화지방 많은 음식을 줄이고, 녹황색 채소나 등 푸른 생선은 권장됨)과 루테인 및 항산화 비타민이 들어간 영양제를 복용하는 것이 병의 진행을 막는데 도움이 될 수 있다.

의 노출, 귀 수술 등의 과거력이 없으면서 양쪽 귀에 대칭성 난청형태를 보이는 것을 기준으로 정하고 있다.

진행성 청력 상실(노인성 난청)은 특히 높은 음의 소리에서 일반적이다. 청력 손상은 나이가 많은 성인들에게서 흔히 나타나며 청력 손상의 속도는 나이가 들수록 증가한다. 65세나 그 이상의 사람들 중 1/4 이상이 청력 손상을 겪는다. 75세가 되면 1/3의 사람들에게서 청력 손상의 징후들이 나타난다. 청력 손상은 사람의 말을 이해하는 능력을 변화시킬 수 있다. 전정계[44] 불균형 및 귀의 울림(귀울림) 또한 고령의 사람들에게서 흔히 찾아볼 수 있지만 일반적이지는 않다. 이러한 변화들은 청력 또는 균형을 돕는 귀의 일부 구조들이 약간 저하되거나 종양이나 장애가 발생했을 때 나타난다. 보청기는 청력 상실을 겪는 많은 사람들이 좀 더 잘 들을 수 있도록 도울 수 있다.

양측의 주파수 영역에서 경도 혹은 중등도 청력감소가 나타나고 소리의 방향을 감지하는 능력이 떨어지게 된다. 실제 어르신들 중에는 안 들린다고 호소하는 경우가 많으나 실제로는 무슨 소리가 들리긴 하지만 무슨 말을 하는 것인지 이해하지 못하는 경우가 많다. 대개 남자가 여자보다 낮은 연령에서 시작되고 청력의 감소가 심하게 나타난다.

노인성 귀 질환의 경우도 마찬가지이다. 대표적인 노인성 난청 이외에 어지럼증, 중이염, 이명 등 다양한 질환들이 있지만 부족하거나 잘못된 정보로 올바른 치료를 받지 못해 증상이 악화되는 경우가 많다.

귀가 가렵거나 답답하다고 해서 습관적으로 귀지를 파는 노인들이 많다. 그렇지만 귀지는 오히려 제거하지 않는 편이 귀 건강을 위해 좋다. 귀지는 귀 안으로 물기나 이물질이 스며드는 것을 막고 pH6.5~6.8의 산성을 띠어 병원균의 증식을 억제해 준다. 귀지가 쌓이면 파내지 않아도 외이도의 바깥쪽을 향해 자연스럽게 배출되므로 인위적으로 제거하지 않아도 된다.

귀지를 무리하게 파내거나 외상 등으로 고막에 구멍(천공) 등 손상이 생기면 중이염 등 염증성 귀 질환이나 난청의 원인이 될 수 있다.

노인성 난청은 초기에는 크게 증상이 나타나지 않다가 여러 명이 대화를 하거나 빠르게 말하는 경우 작은 말소리 등을 놓치는 일이 발생하며 자각하게 된다. 난청 초기에 별다른

---

44 전정계(vestibular system)는 신체의 균형과 위치를 파악하여 평형감각을 담당하는 기관이다. 전정계는 난형낭(utricle)과 구형낭(sacule)의 2개의 이석기관(otolith organ)과 3개의 반고리관(semicircular canals)으로 이루어진다. 중력과 선형적인 움직임을 감지하여 신체의 위치를 파악하도록 도와준다(네이버 지식백과).

불편함을 느끼지 못하다가 재활시기를 놓칠 수 있으므로 가족과 이웃 등 주변인들이 작은 변화에 귀 기울일 필요가 있다.

난청은 단계별로 증상이 다르다. 만약 주변이 조용한 상태에서 상대방이 또렷하게 이야기할 때, 대화에 어려움이 있다면 경도난청(25~40db), 일상적인 대화에 어려움이 있는 경우 중등도난청(41~55데시벨), 가까이에서 큰 소리로 이야기해야 알아듣는 경우 중고도난청(56~70db), 대화가 거의 불가능할 경우 고도난청(71~90db)이다. 청력장애는 초기에 확인하고 보청기 등 적절한 치료를 시작해야 기능 손실을 최소화 할 수 있으므로 조기 진단이 매우 중요하다.

어지럼증을 자주 느낀다면 이석증(耳石症), 메니에르병(Meniere's disease), 전정신경염(vestibular neuritis) 등의 귀 질환을 의심해 볼 수 있다.

귓속에서 평형기능을 담당하는 이석기관에는 우리 몸의 균형을 잡도록 해주는 수만 개의 작은 돌들이 존재하는데 이것을 '이석'이라고 한다. 이석이 노화나 외부 충격에 의해 세반고리관 쪽으로 굴러 들어가면, 평형감각세포를 자극해 어지럼증을 일으키게 된다. 이석증은 특정 자세에서 안구가 떨려 초점을 유지할 수 없고 심한 어지럼증과 오심, 두통, 식은땀 등의 증세가 나타난다.

메니에르병은 평형기관에 이상이 발생한다. 세반고리관과 이석기관은 림프액으로 차 있는데, 림프액이 생성되고 흡수되는 과정에서 액체가 과도하게 고이면 귀속에 압력이 점점 높아진다. 이때 귀가 꽉 막히고 먹먹해지면서 잘 들리지 않게 되고 평형감각세포가 비정상적으로 작동되면서 어지럼증이 생긴다. 메니에르병은 초기에는 한쪽 귀에서만 나타나다가 병이 진행됨에 따라 양쪽에 증상이 나타난다.

내이(inner ear, 속귀)에는 몸의 평형을 감지하는 전정기관이 있으며 여기서 수집된 평형감각의 정보는 전정신경을 통해 뇌로 전달된다. 전정 신경염은 이 전정신경에 발생한 염증으로 인해 전정말단에서 기시되는 구심성 신호가 갑자기 단절되어 환자가 어지럼증을 경험하는 질환이다. 심한 어지럼증과 구역, 구토가 자연적으로 발생하여 수시간 동안 길게는 하루 이상 지속되는 것이 특징이다. 이후에도 수일간 회전성 어지럼증이 지속되고 정상쪽을 향하는 안진(눈떨림)이 발생하여 안진의 급속 성분 방향을 따라 세상이 도는 것 같은 어지럼증을 느끼게 되고 구역과 구토가 나타난다.[45]

귀 이상으로 발생하는 현기증은 오심 · 구토를 동반하는 경우가 많고 20~30분 내지 수

45 서울대학교병원 의학정보, 서울대학교병원.

시간 동안 지속된다. 이명의 정도는 난청의 정도와 관계가 있으며 들리는 음의 강도나 높낮이의 변동이 심한 것이 특징이다.

대부분의 노인성 귀 질환들은 초기에 적절한 대응을 할 경우 청각 기능 손실을 최소화할 수 있으므로 생활 속에서 위와 같은 증상들을 느낄 경우 '나이 탓'으로 치부하지 말고 곧바로 이비인후과를 찾아 진단과 처방을 받는 것이 중요하다.

2. 이명(tinnitus, 耳鳴)

귀울림 또는 이명이란 외부에서 소리가 나지 않는데도 자신의 귀에 소리가 들리는 현상이다. 정상인의 경우에도 귀 부위를 세게 부딪히거나 큰 소음을 들었을 때 이명을 경험하는 경우가 있는 데 수시간 내지 수 주후에 없어지면 "생리적 이명"이라 하고 이보다 오래 지속되어 생활에 지장을 주게 되면 "병적 이명"이라 한다.

이명은 전 세계 인구의 약 15%에서 발생하며 특히 청각장애를 가진 사람들의 70~80%에서 나타난다. 이명 유병률은 연령이 증가함에 따라 증가한다.

이명의 원인은 청각 기관의 손상으로 인한 청각성 이명이 대부분을 차지한다(85%). 완전히 밝혀지지는 않았지만 청각 기관의 손상으로 인해 비정상적인 신호가 발생하고 이것이 중추신경계에서 이명으로 감지되는 것으로 추정하고 있다. 청각기관의 손상을 일으키는 근본적인 원인으로는 나이에 따른 변화(노인성 난청), 강한 소음에 따른 손상(소음성 난청), 기타 원인 미상의 감각신경성 난청(sensorineural hearing loss), 메니에르병, 만성 중이염(chronic otitis media), 약물로 인한 청각 손상, 뇌신경 종양 등을 들 수 있다.

비청각성 이명의 원인으로는 고혈압, 동맥경화, 심장질환, 혈관의 기형, 혈관성 종양, 빈혈, 갑상선 질환, 당뇨, 근육의 경련, 외이도의 막힘, 턱관절이나 목뼈의 이상 등이 있다.

이명의 증상은 윙~ (전선줄 우는 소리, 기계소리), 쏴~ (김빠지는 소리)하는 소리, 벌레우는 소리(귀뚜라미, 매미 등), 찡~하는 소리, 바람소리, 물 흐르는 소리, 육체적 스트레스(과로, 수면장애 등)로 인해 악화되며 또한 주위가 조용할 때 심해지고 신경이 예민해져 있을 때 악화되는 경향이 있다. 원인 질환에 따라 청력저하나 어지럼증이 이명에 동반되는 경우도 있다. 이명은 뇌수의 이상에서 생기는 것으로 신장의 기운이 부족할 경우 발생된다고 할 수 있다. 흔히 실증과 허증으로 구분하는데 실증(實症)과 허증(虛症)의 차이는 이렇게 구분한다.

실증(實症)은 이명이 나면서 다소 막히는 듯한 감이 잘 나타나고 손으로 막았을 때 소리가 큰 편이며 더욱 심해지는 경향이 있다. 시끄러운 소음의 자극 속에서 이명 음이 더욱 예민해지는 경향이 있으며 이명이 돌연히 생기는 경우가 많다. 실증에는 자주 화를 내거나 스트레스를 많이 받는 등 간 기능의 지나친 기능 항진으로 생기는 간화이명(肝火耳鳴), 즉 간의 화로 인해 이명이 생기는 경우가 있고 기름진 음식과 자극적인 음식 등을 과다하게 섭취한 결과로 나타나는 담화이명(痰火耳鳴)이 있다. 그 외에 중이염 등으로 인한 농이이명(膿耳耳鳴)이 있다.

허증(虛症)의 이명은 대개 신허(腎虛), 기허(氣虛), 혈허(血虛), 비위허약(脾胃虛弱)으로 인해 발생한다. 이명이 있다가 없다가 하거나 피로할 때나 한밤중에 또는 영양섭취가 부실할 때 좀 더 심하게 나타난다. 임상에서는 주로 실증보다는 허증인 경우가 대다수다.

X. 감염병

1. 감기·독감·코로나19

감기, 독감 바이러스는 대개 코, 목, 후두 등 상기도 안에서 존재한다. 거의 치사율도 없다. 코로나바이러스(Coronavirus; CoV)는 사람을 포함한 동물에 광범위한 호흡계 및 소화계 감염을 일으키는 RNA 바이러스이다.[46] 코로나19 바이러스는 폐등 하기도에 침투할 경우 폐렴 등의 증상을 일으켜 심각한 문제를 일으킨다. 추워지거나 건조해지는 등 증식조건이 충족되면 증식하게 된다. 이런 조건하에서 혈관이 수축되어 면역체계가 활성화될 수 없다. 그래서 몸안에 백신이 안 만들어 지는 것이다. 백신은 나한 테 없는 바이러스를 죽여서 넣어주는 것이다. 그것은 병은 못 일으키지만 그 바이러스가 우리 몸안에 들어가면 그 실체를 인지하고 있다가 살아있는 바이러스가 세포안에 들어가지 못하게 하여 제거하게 되는데 그게 백신의 기본원리다.

코로나19 바이러스가 우리 몸안에 있을 때 백신을 넣어주면 면역체계가 생기지 않는다. 코로나 바이러스는 스스로 증식할 수 없어 우리 몸안의 세포중 핵을 이용하여 복제하여 증식하게 된다. 이 때 우리 몸을 순찰 중인 면역체계가 복제하는 것을 찾아내어 이물질인 단백질을 제거하게 된다. 결국 코로나 바이러스는 감기바이러스로 유전자는 RNA로서 백신

46 표면을 현미경으로 관찰했을 때 특징적인 왕관 모양의 돌기 때문에 '코로나(왕관)'라는 이름이 붙었다. 알파코로나바이러스(Alphacoronavirus), 베타코로나바이러스(Betacoronavirus), 감마코로나바이러스(Gammacoronavirus), 델타코로나바이러스(Deltacoronavirus))의 4가지 속(屬, genus)으로 세분된다.

은 우리 몸안에 없는 바이러스를 넣어주는 것인데 우리 몸에서 바이러스로 인지하고 바이러스가 들어오면 면역체계가 제거하게 된다.

코로나 바이러스가 죽게 될 경우 폐가 어느 정도 회복되어도 섬유화가 진행되면서 완치되어도 폐기능이 손상된 상태로 남는 것이다.[47] 면역기능을 망가뜨리고 약화시키는 것은 과로와 극단적인 스트레스다. 스트레스를 예방해주는 백신은 없다. 단백질을 비롯한 균형있는 영양상태 역시 중요하다. 충분한 수분섭취도 중요하다. 몸을 따뜻하게 하고 마스크 잘 쓰고 손 잘 씻는 것은 바이러스 방역의 기본이다.

일반 감기 원인은 바이러스이다. 감기는 우리 몸이 춥다고 느낄 때 걸린다. 기온이 영하 20도라서 걸리는 게 아니다. 감기를 영어로 'Common cold'라고 한다. 코로나 바이러스가 대표적인 감기 바이러스다. 거기에 아데노바이러스(Adenovirus), 리노바이러스(Rhino-virus) 등 감기 바이러스는 200종이 넘는다. 이 바이러스는 인류와 역사를 같이 했다. 지금도 사람들 부비동에, 코와 목 뒤 상기도에 적은 양이지만 살고 있다. 온도가 떨어져 춥다고 느낄 때 밖의 찬 기운이 몸 안으로 전달되는 첫 루트가 호흡기다. 호흡기 온도가 제일 먼저 떨어진다. 코로나 바이러스 같은 감기 바이러스는 낮은 온도를 좋아해서 0도에서 20도 사이에서 증식을 잘 한다. 가령 이 바이러스가 몸에 10마리 정도만 있어 별 탈 없이 잘 지내고 있다가 온도가 떨어지면 엄청 증식해서 만대 억대로 늘어나게 된다. 그러면 이 숫자를 낮추기 위해 면역기능이 작동한다. 우리 몸은 체온을 지키려는 항상성이 있다. 체온을 지키기 위해 혈관을 수축한다. 이때 혈관을 통해 전달되던 우리 몸의 여러 바이러스 억제물질이 공급이 안 된다. 감기 바이러스는 굉장히 빠른 시간에 증식해 몇 시간 안에 수천배, 수억 배가 된다. 균형이 순식간에 깨지면서 첫 번째 증상은 콧물이 흐른다. 증식된 바이러스를 씻어내는 작용이다. 감기는 내 몸의 바이러스가 균형이 깨지면서 급속하게 증식하다 방어가 무너지는 현상이다.

평소 면역에 문제가 없는 사람은 콧물 나는 정도로 끝이 나고 그렇지 못한 사람은 고생하게 된다. 감기에 걸리면 열은 안 난다. 열이 나는 독감과 중요한 차이다. 감기가 열이 안 나는 것은 감기 바이러스가 내 몸에 공생하는 바이러스이기 때문이다.

독감은 인플루엔자 바이러스에 의해서 생긴다. 그래서 독감은 플루(flu)이다. 독감의 첫 번째 증상은 열이다. 독감 바이러스는 평상시 사람 몸에 살고 있지 않는다.

반면 감기는 적은 양이지만 감기 바이러스가 내 몸에 공생하고 있기 때문에 바이러스 수가 어지간히 많지 않고는 전염이란 말을 쓰기 어렵다. 그래서 유행성 독감이란 말은 있어도 유

47 이왕재(서울대 의대 교수), "코로나19 대응, 처음부터 감기 바이러스로 접근했어야", 미래한국, 2020.10.15.

행성 감기란 말은 없다. 독감은 내 몸에 없던 바이러스가 감염됐기 때문에 전염성이 강하다.

독감 바이러스도 더위를 싫어해 한여름에는 유행되지 않는다. 또한 독감 바이러스는 너무나 추운 남극 북극에서는 당연히 활동을 못한다. 우리 몸은 세균, 바이러스와 같이 우리 몸에 있어서 안 되는 물질이 들어오면 열을 낸다. 그때 침입한 세균이나 바이러스의 수에 맞춰 시상하부에 있는 장치를 이용해 체온을 올린다.

심한 경우 42도까지 열이 오를 수도 있다. 더운 온도를 싫어하는 감기나 독감 바이러스는 올라간 체온으로 바이러스를 죽일 수 있다, 정작 우리 몸의 면역세포가 바이러스를 죽이는 데는 최소한 3일 정도 걸린다. 그러니 일단 체온으로 숫자를 줄이고 본격적인 면역세포가 해결하는 것이다. 체온은 혈관을 통해 안 가는 곳이 없기 때문에 바이러스가 숨을 곳이 없다. 바이러스가 돌아다니다 열을 만나면 증식을 못하고 죽는다. 감기는 콧물로 해결하는 지엽적인 방어이고 독감은 열로써 해결하는 전신적인 방어라고 보면 된다. 그래서 독감의 첫 번째 증상은 열이고 콧물은 거의 나지 않는다. 이처럼 바이러스가 이미 침투해서 콧물로는 도저히 씻어낼 수 없기 때문에 일단 열을 내서 죽이는 것이다. 두통이 생기는 것은 바이러스 침입 때문에 면역세포들이 낸 면역물질들이 혈관에 작용해서 나타나는 증상이다.

2003년 사스(SARS · 중증급성호흡기증후군)나 2015년 메르스(중동호흡기증후군 · MARS) 2019년 코로나19(COVID-19) 모두 코로나 바이러스이다. 2009년 신종플루의 경우는 인플루엔자 변종 독감이다.

지금 문제가 되는 바이러스는 RNA 바이러스이다. 유전학적으로 볼 때 DNA는 개개인마다 다른 고유의 유전 정보를 담고 있다. 그 유전 정보는 어떤 세포들을 만들어야 하는지, 몸속 장기부터 전체적인 모습까지 어떻게 구성할지에 대한 정보라고 할 수 있다. 특히 우리 몸에 필요한 단백질을 적재적소에 만들기 위한 정보이다. 그런데 이것을 위해서는 누군가가 DNA가 지령한 정보를 '해석'한 뒤, 단백질을 만드는 곳에 '전달'하는 역할을 해야 한다. 그 가교 역할을 하는 것이 바로 RNA다. DNA는 두 줄의 선이 새끼 꼬듯 되어 있고, RNA는 한 줄로 보인다. 유전자 제1의 존재 목적은 단백질을 만드는 정보를 전달해주는 것이다. 그 정보를 라이보좀(ribosome)이란 단백질 만드는 공장에 전달해줘야 한다. 단백질은 아미노산으로 돼 있다. 아미노산 하나에 유전 정보가 3개씩 코드가 돼 있다. RNA를 가지고 그 정보를 준다. DNA를 복사한 게 RNA이고 RNA 정보에 의해 단백질이 만들어지는 것이다. DNA는 유전정보의 창고로서 굉장히 안정돼 있다. 그런데 이것을 복사한 것은 굉장히 불안정하다. RNA 바이러스가 그래서 불안정하다. RNA 바이러스는 변이가 심하여 백신 개발이 잘 안 된다.

저자소개

조 현

- 인제대학교 보건행정학과 교수
- 서울대학교 보건대학원에서
「우리나라 호스피스 프로그램의 개발에 관한 연구」로 박사학위 취득
- Georgetown University(USA, 박사후 과정)
「Telemedicine for Hospice」로 우수연구상 수상
- Dow House Hospice 와 Flinders University(Australia, Visiting Scholar)
- 아시아 · 태평양 호스피스 · 완화의료학회(APHA) 간행위원장
- 한국호스피스 · 완화의료학회 이사
- 경남호스피스센터장
- 김해시호스피스센터장
- 한국호스피스 · 완화의료협회 회장
- 인제호스피스 · 완화의료 연구소장
- 백인제기념도서관 관장

고준기

- 한양대학교 대학원 법학과 졸업(법학박사)
- (국립)군산대학교 법학과 교수 역임
- 동아대겸임교수 및 김해외국인력지원센터 원장
- 예원예술대학교 교수 및 산학협력단장
- 원광대학교 등 법학전문대학원 강사
- 한국노동법학회/한국비교노동법학회 부회장
- 일본 동경대학 객원연구교수
- 지방노동위원회 심판담당공익위원
- 법원조정위원/행정심판위원회 심판위원
- 사법시험 · 행정고등고시시험출제위원

조서영

- 2020/서양화 명인(한국문예박물관 · 전문예술단체 2013-27호)
- 2020/한국미협(본부) 서양화분과 이사
- 2019/대한민국 미술대전 심사위원
- 2019/통일명인미술대전 심사위원
- 2019/대한민국 공예 · 회화예술대전 심사위원장 · 초대작가
- 2019/한양문예예술공예대전 심사위원(2016-2019) · 초대작가
- 2018/대한민국 공예예술대전 심사위원장
- 2018/평창동계올림픽 세계미술축전 운영위원
- 2017-2018/인천광역시 미술전람회 심사위원
- 2016-2017/현대미술대전 심사위원 · 운영위원
- 2018-2019/강원도 한얼박물관 자문위원

노인 보건 · 복지 값 20,000원

2021년 3월 5일 제1판 인쇄
2021년 3월 10일 제1판 발행

공저자 : 조 현 · 고 준 기
발행인 : 주 영 일
발행처 : **계 축 문 화 사**

서울특별시 종로구 통일로12길 16-17
우편번호 : 03029
TEL : 735-2257 · 738-9746
FAX : 723-9025
E-mail : gyechuk@hanmail.net
홈페이지 : http://gyechuk.co.kr
1973. 10. 31 등록번호 제300-1973-8호
ISBN 978-89-5629-627-2 93510